Martin Hengel
Juden, Griechen und Barbaren

Stuttgarter Bibelstudien   76

herausgegeben von
Herbert Haag, Rudolf Kilian und Wilhelm Pesch

Martin Hengel

Juden, Griechen und Barbaren

Aspekte der Hellenisierung des Judentums in vorchristlicher Zeit

KBW Verlag Stuttgart

ISBN 3-460-03761-X
Alle Rechte vorbehalten
© 1976 Verlag Katholisches Bibelwerk GmbH, Stuttgart
Umschlag: Hans Burkardt
Gesamtherstellung: Buch- und Offsetdruckerei Georg Riederer, Stuttgart

Elias Bickerman in dankbarer Verehrung gewidmet

Vorbemerkungen

Die vorliegende Studie ist die wesentlich erweiterte Fassung zweier Beiträge, die in englischer Sprache in der Cambridge History of Judaism erscheinen werden. Ihr Thema ist die Begegnung zwischen dem Judentum und der hellenistischen Kultur der Frühzeit vor Beginn der Römerherrschaft im östlichen Mittelmeerraum. Gerade in jener für die Geschichte des Judentums aufgrund der Quellenlage weithin dunklen Epoche, die in der Regel dem Alttestamentler wie dem Neutestamentler und Kirchenhistoriker gleich ferne liegt, wurden die entscheidenden Grundlagen zum Selbstverständnis des jüdischen Volkes in »neutestamentlicher Zeit« gelegt, und zwar nicht nur in der Diaspora der griechischsprechenden Welt, sondern auch im palästinischen Mutterland. Insofern bringen die folgenden Seiten nichts anderes als einige Kapitel einer »praeparatio evangelica«, die versuchen, eine Brücke zwischen dem Ausgang des Alten Testaments und der neutestamentlichen Zeit zu schlagen. Der Verfasser kann dabei teilweise auf seine sehr viel ausführlichere Untersuchung »Judentum und Hellenismus. Studien zu ihrer Begegnung unter besonderer Berücksichtigung Palästinas bis zur Mitte des 2. Jh. v. Chr. (WUNT 10) Tübingen ²1973« zurückgreifen, auf der anderen Seite bildet die vorliegende Studie in vielen Punkten eine Weiterführung der dort geleisteten Arbeit. Die laufenden neuen archäologischen Funde wie das ständige Weiterschreiten der Forschung geben dazu reiches Material in die Hand. Vor allem im Kapitel II, Aspekte der »Hellenisierung« des Judentums, und im Kapitel III, wo der Schwerpunkt auf der Entwicklung in der Diaspora liegt, geht die vorliegende Untersuchung zum Teil ganz eigene Wege. Sie ist so weniger eine Zusammenfassung als eine Ergänzung meiner früheren und umfangreicheren Arbeit.

Im I. Kapitel (§ 1-5) wird die in der deutschen Forschung relativ vernachlässigte Geschichte Palästinas und der Juden in den knapp 150 Jahren zwischen dem Alexanderzug 334 v. Chr. und dem Tod des Seleukiden Antiochos III. 187 v. Chr. behandelt. Es geht dabei um jenen Zeitraum, in dem es zur ersten fruchtbaren und nachhaltigen Begegnung des antiken Judentums mit der hellenistischen Kultur kam, und zwar im Mutterland wie in der Diaspora, hier wieder besonders im ptolemäischen Ägypten. Die uns interessierende Epoche endet an dem Punkt, wo mit der Schilderung der Vorgeschichte des Makkabäeraufstandes in 2 Makk 3 die jüdischen Quellen wieder reichlicher zu fließen beginnen. Das II. Kapitel widmet sich dem unscharfen und oft in falscher Weise verwendeten Begriff der »Hellenisierung« und untersucht dessen politische, soziale und kulturelle Komponenten. Dabei wird nicht nur jüdisches Material herangezogen, sondern grundsätzlich nach dem Verhältnis von »Hellenen« und orientalischen »Barbaren« gefragt sowie nach der Möglichkeit für die Nichtgriechen, sich an die neue Zivilisation zu »assimilieren«.

Das III. Kapitel behandelt die Entwicklung der jüdischen Diaspora im griechischsprechenden Milieu Ägyptens, Griechenlands, Kleinasiens und Syriens sowie ihr Verhältnis zu ihrer hellenistischen Umwelt; am Ende steht eine knappe Zusammenfassung der Situation in Palästina selbst.

Das Ganze will nicht mehr, als eine Einführung geben und zum eigenen Weiterstudium anregen. Darum wurde am Ende eine ausführliche, weiterführende Bibliographie beigefügt.

Für seine Hilfe bei der Literaturbeschaffung danke ich Herrn Klaus W. Müller, für die Durchsicht des Manuskripts den Herren Helmut Kienle und Fritz Herrenbrück. Letztere unterstützten mich auch tatkräftig beim Lesen der Korrekturen. Herr Kienle hat sich darüber hinaus um die Karten und um die Stammtafeln der hellenistischen Könige bemüht.

Tübingen, im Juli 1975　　　　　　　　　　　　　　　　MARTIN HENGEL

Inhalt

I. Die politische und soziale Geschichte Palästinas
   von Alexander bis Antiochos III. (333-187 v. Chr.) . . 11

   § 1 Der Alexanderzug und Palästina
        (333-331 v. Chr.) 11
   § 2 Palästina während der Diadochenkämpfe
        (323-301 v. Chr.) 25
   § 3 Palästina unter den Ptolemäern bis zum
        Regierungsantritt des Seleukiden Antiochos III.
        (301-223 v. Chr.) 35
   § 4 Palästina bis zur Eroberung durch Antiochos III.
        (223-200 v. Chr.) 51
   § 5 Palästina unter seleukidischer Herrschaft bis zum
        Tode Antiochos' III. (200-187 v. Chr.) 63

II. Aspekte der »Hellenisierung« des Judentums 73

   § 6 Das Problem der »Hellenisierung«
        in frühhellenistischer Zeit 73
   § 7 Hellenen, Barbaren und Juden: Der Kampf
        um den politischen und sozialen Status 77
   § 8 »Hellenisierung« als literarisches, philosophisches,
        sprachliches und religiöses Problem 94

III. Die Begegnung zwischen Judentum und Hellenismus
    in der Diaspora und im Mutterland 116

   § 9 Juden in einer griechischsprechenden Umwelt:
        Söldner, Sklaven, Bauern, Handwerker und
        Kaufleute 116

§ 10 Die Übernahme griechischer Sprache und Bildung
durch die jüdische Diaspora
im ptolemäischen Ägypten 126
§ 11 Zur Hellenisierung der Diaspora
außerhalb Ägyptens 144
§ 12 Der Einfluß der hellenistischen Zivilisation
im jüdischen Palästina bis zur Makkabäerzeit . . 152

Literatur 176

Stammtafeln und Karten 181

I. Die politische und soziale Geschichte Palästinas von Alexander bis Antiochos III. (333-187 v. Chr.)

Die politische und soziale Geschichte Palästinas in der frühhellenistischen Zeit zwischen dem Alexanderzug und dem Tode Antiochos' III. wenige Jahre nach seiner Niederlage gegen Rom, die den Verfall der hellenistischen Monarchien einleitet, liegt für uns weitgehend im Dunkeln. Die an sich schon sehr fragmentarisch erhaltenen antiken Quellen erwähnen das uns interessierende Gebiet nur sporadisch in Verbindung mit größeren politisch-militärischen Verwicklungen. Man wird daher bei der Darstellung von diesen umfassenderen Zusammenhängen ausgehen müssen. Einen Einblick in die sozialen Verhältnisse erhalten wir nur durch die Kombination zufälliger archäologischer und papyrologischer Funde, die an bestimmten Punkten, etwa bei den Zenon-Papyri, das Dunkel ein wenig erhellen. Die Nachrichten über die Juden sind noch spärlicher, wobei in unserer Hauptquelle, Josephus, Legende und historischer Bericht eng miteinander verwoben sind.[1] So vermag ich über Strecken nur ein umrißhaftes und zum Teil auch hypothetisches Bild zu zeichnen, das aufgrund neuer Funde jederzeit wieder revisionsbedürftig werden kann. Dennoch besteht kein Zweifel, daß gerade in dieser für uns so dunklen Zeit die erste intensive Begegnung Palästinas und des antiken Judentums mit der überlegenen hellenistischen Kultur erfolgte, die die weitere Entwicklung entscheidend geprägt hat. Das macht die Bedeutung dieser Epoche aus.

§ 1 Der Alexanderzug und Palästina (333/331 v. Chr.)

Schon die letzten Jahrzehnte des Perserreiches hatten für Palästina und die Juden kriegerische Unruhen gebracht. Der Kampf Ägyptens um seine Unabhängigkeit und erst recht der Aufstand des Königs Tennes von Sidon (ab 401, beziehungsweise etwa 354-346 v. Chr.) gegen die persische Herrschaft betraf auch palästinisches

---

[1] S. die Übersicht bei *Smith*, Palestinian Parties 149f.

Gebiet, da sich ein großer Teil der Küstenebene in sidonischem Besitz befand; wahrscheinlich hatte auch Judäa unter dem persischen Gegenschlag schwer zu leiden.[2] Wenige Jahre später gelang es Artaxerxes III. Ochos, von Palästina aus Ägypten zurückzuerobern, das zwei Generationen zuvor mit griechischer Hilfe das persische Joch abgeschüttelt hatte. Schon längst waren die westlichen Gebiete des Perserreiches, insbesondere auch Phönizien, wirtschaftlich, kulturell und militärisch nach Griechenland und der Ägäis hin orientiert. In den oben genannten Kämpfen wurden auf beiden Seiten griechische Söldner kriegsentscheidend eingesetzt. Griechische Keramik, Terrakotten und andere Luxusgegenstände dürften in keinem vornehmen Hause in Palästina gefehlt haben, griechische Münzen und deren lokale Nachprägungen bildeten schon längst ein wichtiges Zahlungsmittel.[3] Das heißt, als die Griechen in der Gestalt der Makedonen die Herrschaft antraten, waren sie durchaus keine Unbekannten mehr. Dennoch bewirkte der Siegeszug des jungen makedonischen Königs eine tiefe Erschütterung der semitischen Völkerschaften Syriens und Palästinas. Hatte man bisher die Griechen nur als Gäste gekannt, so lernte man jetzt die ihnen stammesverwandten Makedonen als harte Herren kennen. Der Sieg von Issos im November 333 v. Chr. demonstrierte die militärische Überlegenheit des 23jährigen Alexanders und seiner kleinen Streitmacht gegenüber dem Vielvölkerheer des Großkönigs; auch die griechischen Söldner des Dareios konnten das altgewordene Weltreich nicht mehr retten. Nach dem Sieg stieß Parmenion bis nach Damaskos vor, unterwarf das syrische Hinterland und erbeutete den unermeß-

---

[2] Diod. XVI,41-45; *F. Kienitz*, Die politische Geschichte Ägyptens vom 7. bis zum 4. Jh., Berlin 1953; *Smith*, Palestinian Parties 59f.156f.
[3] *D. Auscher*, Les Relations entre la Grèce et la Palestine avant la conquête d'Alexandre: VT 17 (1967) 8-30; *Smith*, Palestinian Parties 57ff; *S. S. Weinberg*, Post-Exilic Palestine-Archaeological Report: Proceedings of the Israel Academy of Sciences and Humanities, IV (1971) 78-97; *Hengel*, Judentum und Hellenismus 61-67. Eine Literaturübersicht über die syrisch-phönizische Münzprägung vor Alexander gibt *G. Le Rider*, Les ateliers monétaires de la côte syrienne, phénicienne, palestinienne ..., in: Congresso Internazionale di Numismatica, Roma 11-16 Settembre 1961, Vol. I Relazioni, Rom 1961, 69-71.

lich reichen persischen Troß mit dem Kriegsschatz.[4] Dem entlang der Küste vorrückenden König unterwarfen sich nacheinander bereitwillig die phönizischen Städte Arados, Marathos, Byblos und Sidon, letztere hatte die grausame Rache der Perser noch in allzu guter Erinnerung. Nur Tyros glaubte, im Vertrauen auf seine Insellage, Neutralität und Freiheit bewahren zu können. Es verweigerte dem König, der im Heiligtum des Stadtgottes Herakles-Melkart, seines mythischen Ahnherrn, opfern wollte, den Zugang zur Stadt.[5] Doch »nichts konnte der König weniger ertragen, als wenn man mit ihm auf der Basis der Gleichberechtigung zu verhandeln suchte«[6]. Da die persisch-phönizische Flotte in der Ägäis immer noch eine Bedrohung darstellte, brauchte er sichere Rückenfreiheit. In einer siebenmonatigen Belagerung von Januar bis August 332 bezwang das junge Genie mit Hilfe des berühmten Dammbaues und seiner durch die phönizischen Städte vergrößerten Flotte die stolze, als uneinnehmbar geltende Seefestung, die einst Sanherib fünf und Nebukadnezar dreizehn Jahre erfolgreich Widerstand geleistet hatte, eine Tat, die in der antiken Belagerungsgeschichte einzigartig dasteht.[7] Die staunenden Orientalen erfuhren nicht nur die Übermacht griechischer Militärtechnik und Strategie, sondern zugleich die Härte der fremden Eroberer. 30 000 Überlebende, meist Frauen und Kinder, wanderten auf die Sklavenmärkte, 2 000 Waffenfähige ließ Alexander an der Küste kreuzigen. Dagegen sollen 15 000 von sidonischen Schiffen gerettet worden sein, die auf seiten der Belagerer kämpften. Die phönizische Volkssolidarität war hier stärker als der Zorn des Siegers.[8] Die niedergebrannte Stadt wurde als makedonische Festung wiederaufgebaut und mit Landbewohnern und Kolonisten besiedelt, wobei selbst das alte Stadtkönigtum er-

---

[4] Arr. II,11,10; Curt. Ruf. III,13,1ff; IV,1,4; Plut. Alex. 24. Zum Folgenden s. *Abel*, Alexandre le Grand; ders., Histoire de la Palestine I, Paris 1952, 1-22; *F. Schachermeyr*, Alexander der Große, Wien 1973, 206ff.211f. V. *Tcherikover* in: *A. Schalit* (ed.), World Hist. VI 56ff.

[5] Diod. XVII,40,2f; Arr. II,16,7f; Curt. Ruf. IV,2,2f.

[6] *Schachermeyr*, Alexander 215.

[7] O. *Eißfeldt*, Art. Tyros, in: PRECA 2. Reihe VII (1948) 1887-1890.

[8] Diod. XVII,46,4; Arr. II,24,5f; Curt. Ruf. IV,4,17; *H. Volkmann*, Die Massenversklavungen der Einwohner eroberter Städte in der hellenistisch-römischen Zeit (AAMz 1961 Nr. 3) 62.112.

halten blieb. Das hatte zur Folge, daß die zerstörte Stadt wieder erstaunlich rasch aufblühte.[9]

Von Tyros eilte der König, ohne Widerstand zu finden, auf der phönizisch-palästinischen Küstenstraße nach Süden. In Gaza, dem wichtigsten Umschlagplatz des Arabienhandels und der einzigen Küstenstadt, die nicht unter phönizischer Herrschaft stand,[10] verweigerte jedoch der persische Stadtkommandant Batis die Übergabe und leistete mit seiner persisch-arabischen Besatzung dem Heere Alexanders zwei Monate lang verzweifelten Widerstand. Der König selbst wurde bei einem Ausfallversuch verwundet. Die Maschinen, die schon die Mauern von Tyros bezwungen hatten, mußten auch hier ihre Stärke beweisen. Mit ihrer Hilfe wurde die Stadt schließlich beim vierten Angriff erstürmt, die männliche Bevölkerung niedergemacht, die Frauen und Kinder wie in Tyros als Sklaven verkauft.[11] Den tapferen Batis, der verwundet in die Hände des Siegers gefallen war, ließ dieser — so wie einst Achill den toten Hektor — von einem Streitwagen um die Stadt schleifen.[12] Auch das weitere Schicksal der Stadt entsprach dem von Tyros. Sie wurde durch Bewohner der Umgegend wiederbesiedelt und in eine makedonische Festung verwandelt.[13] Der hartnäckige Widerstand der Tyrer und Gazäer gegen Alexander, wie zuvor der Sidonier gegen

---

[9] Justin, epit. XVIII,3,19; dazu *Tcherikover*, Städtegründungen 68f; *Eißfeldt*, Tyros 1895. Zur Wiedererholung von Tyros s. *H. Seyrig*, Sur une prétendue ère tyrienne: Syria 34 (1957) 93-98; vgl. *Le Rider*, Ateliers monétaires 71f.

[10] *U. Rappaport*, Gaza and Ascalon in the Persian and Hellenistic Periods in Relation to their Coins: IEJ 20 (1970) 75f.

[11] Arr. II,25,4-27,7; Curt. Ruf. IV,6,7-30; Diod. XVII,48; Plut. Alex. 25.

[12] Hegesias, FGrHist 142 F 5 zitiert von Dion. Hal. de comp. verb. 18; Curt. Ruf. IV,6,26-29. *W. W. Tarn*, Alexander der Große, Darmstadt 1968, 549-556 (= Alexander the Great II, Cambridge 1948, 265-270), bezweifelt aufgrund seiner Alexander idealisierenden Tendenz die Historizität dieser Tat. Vgl. dagegen schon *Abel*, Alexandre le Grand 47f. Zur Herkunft des Batis s. *E. Merkel* in: *F. Altheim/R. Stiehl*, Die Araber in der Alten Welt I, Berlin 1964, 170ff, der, gegen Tarn, in ihm nicht einen Iranier, sondern einen Araber vermutet.

[13] Arr. III,27,7, dazu *Abel*, Alexandre le Grand 48. Die Nachricht von der bleibenden Zerstörung (Strabo XVI,2,30) bezieht sich auf Alexander Jannaj, Jos. Bell. I,87; Ant. XIII,358ff.

Artaxerxes III., zeigt das kräftige politische Selbstbewußtsein dieser Städte, das dem griechischer Poleis in nichts nachstand.[14] Dies erleichterte später ihre äußere, politische Hellenisierung unter Beibehaltung der semitischen Eigenart.

Die antiken Alexanderhistoriker waren am Schicksal des syrisch-palästinischen Hinterlandes kaum interessiert; sie konzentrierten ihren Bericht auf die großen Waffentaten des Königs. Arrian faßt nach seiner Schilderung der Eroberung von Tyros und Gaza die Unterwerfung dieser Gebiete in einem Satz zusammen: »der übrige Teil des Palästina genannten Syriens hatte sich ihm schon angeschlossen«. Das heißt, daß ihm bereits bei der Belagerung von Tyros die Mehrzahl der palästinischen Völkerschaften und Städte ihre Ergebenheit bekundet hatten und ihn bei den mühsamen Belagerungsarbeiten vor Tyros unterstützten. Nur ein Beispiel wird ausführlicher geschildert. Zu Beginn der Belagerung von Tyros unternahm Alexander selbst eine Expedition gegen »die den Antilibanon bewohnenden Araber«, die 30 Makedonen beim Holzfällen getötet hatten. »Einen Teil der Bewohner bezwang er mit Gewalt, den anderen durch Unterwerfung. Innerhalb von zehn Tagen konnte er zurückkehren.«[15] Bei dem Unternehmen kam er durch seine Sorglosigkeit in Lebensgefahr, doch seine Geistesgegenwart rettete ihn und seinen Begleiter.

Nicht ganz eindeutig ist die Bemerkung des Curtius Rufus nach dem raschen Vorstoß des Parmenion in Richtung auf Damaskos und dessen Einsetzung zum Befehlshaber von Koile-Syrien: »Die Syrer, noch nicht durch Niederlagen gedemütigt, lehnten die neue Herrschaft ab, sie wurden aber schnell unterworfen und erfüllten nun gehorsam die Befehle«. Es bleibt unklar, ob damit auf eine Unterwerfung des syrisch-palästinischen Hinterlands durch Parmenion Bezug genommen wird oder ob die Waffentaten des Königs selbst gemeint sind. Die wenig später folgende Bemerkung, daß Alexan-

---

[14] *Jones*, Cities 234; s. u. S. 93.103f. *Schachermeyr*, Alexander 216, verweist auf die heldenhafte Verteidigung anderer semitischer Städte wie Karthago, Jerusalem, Hatra und Palmyra in der Antike gegen die späteren römischen Eroberer.
[15] Arr. II,25,4; 20,4f; Curt. Ruf. IV,2,24; Plut. Alex. 24; vgl. *Abel*, Alexandre le Grand 543f.

der, als er Tyros erreichte, »schon ganz Syrien und auch Phönizien außer Tyros gehörte«, bestätigt jedoch den Parallelbericht Arrians.[16] Auch die Notiz des älteren Plinius,[17] die Alexander mit den Balsamplantagen in Jericho in Verbindung setzt, ist doppeldeutig und historisch ebenso unsicher wie die spätrömisch-byzantinischen Nachrichten über angebliche Stadtgründungen Alexanders im Ostjordanland.[18] Eine Vielzahl von antiken Städten suchte sich mit dem berühmtesten Herrscher der Alten Welt in Verbindung zu bringen, um das eigene Ansehen zu erhöhen. Der lokalen Legendenbildung waren hier auch in Syrien und Palästina keine Grenzen gesetzt.

Dieses kritische Urteil gilt auch von dem Bericht des Josephus über den Besuch Alexanders in *Jerusalem* und die damit verbundenen Auseinandersetzungen mit den Samaritanern. Es finden sich dazu Parallelen in der rabbinischen Literatur und — mit entgegengesetzter Darstellung — in der samaritanischen Überlieferung.[19] Schon A. Büchler erkannte, daß die Erzählung des Josephus nicht einheitlich ist, sondern jüdische und samaritanische Berichte miteinander verband.[20] Den geringsten historischen Wert hat die Legende vom Besuch Alexanders in der Heiligen Stadt und seinem Opfer im Tempel nach der Eroberung Gazas. Der König soll dabei angeblich dem jüdischen Hohenpriester gehuldigt haben, dessen Gestalt ihm schon in einem Traum im makedonischen Dion erschienen sei und ihn zur Eroberung Asiens aufgefordert habe. Hier ist dem Urteil Tcheriko-

---

[16] Curt. Ruf. IV,1,5; 2,1; vgl. *H. Willrich*, Juden und Griechen vor der makkabäischen Erhebung, Göttingen 1895, 14ff.

[17] Hist. nat. XII,25,117, dazu *Tcherikover*, Hellenistic Civilization 422 Anm. 31: »The sentence *Alexandro Magno res ibi gerente* may be interpreted as referring to Alexander's stay in Syria as a whole.«

[18] *Tscherikower*, Städtegründungen 75f.143. *Jones*, Cities 237f, vgl. unten Anm. 39.

[19] Jos. Ant. XI,302-347. Ältere Literatur einschließlich der rabbinischen Parallelen bei *R. Marcus* in: Josephus, Loeb's Classical Library VI (1958) Appendix C, 512-532 und bei *Seibert*, Alexander der Große 103-107.271-274; vgl. auch *Tcherikover*, Hellenistic Civilization 41-50; *ders.* in: *A. Schalit* (ed.), World Hist. VI 57ff.311f; *Kippenberg*, Garizim 44-57; *A. Alt*, Kleine Schriften ... II, München ³1964, 357f.

[20] *A. Buechler*, La Relation de Josèphe concernant Alexandre le Grand: RÉJ 36 (1898) 1-26.

vers uneingeschränkt recht zu geben: »It is a historical myth designed to bring the king into direct contact with the Jews, and to speak of both in laudatory terms«. Er vermutet als Grundlage »a Palestinian folk-story«, die ihren Niederschlag in der talmudischen Überlieferung gefunden habe; die literarische Fassung, die Josephus vorlag, sei im 1. Jahrhundert n. Chr. in Alexandrien entstanden.[21] Auch eine Version des griechischen Alexanderromans von Pseudo-Kallisthenes hat Züge der jüdischen Alexanderlegende aus alexandrinischen Kreisen aufgenommen.[22] Am ehesten finden sich historische Spuren in dem Bericht des Josephus über den Tempelbau der Samaritaner auf dem Garizim. Danach war — noch unter persischer Herrschaft — der Bruder des jüdischen Hohenpriesters Jaddus, Manasse, aus Jerusalem nach Samaria geflüchtet, da man in Jerusalem seine Ehe mit Nikaso — man beachte den griechischen Namen[23] —, der Tochter des Statthalters von Samarien, Sanballat, nicht dulden wollte, und ihm sein Schwiegervater versprochen hatte, »einen Tempel auf dem Berge Garizim ähnlich dem in Jerusalem zu bauen«[24].

Als nun Alexander die Belagerung von Tyros begann und vom jüdischen Hohenpriester Unterstützung und den bis dahin dem Dareios gezahlten Tribut forderte, habe dieser das Verlangen des Königs unter Berufung auf seinen dem Dareios geleisteten Treueid abgeschlagen. Sanballat dagegen sei mit 8 000 Samaritanern Alexander zu Hilfe geeilt, habe ihn als Herrscher anerkannt und die Erlaubnis zum Tempelbau erlangt. Einige Monate später sei er gestorben.[25] Während bisher die Forschung der Meinung gewesen war, der samaritanische Statthalter Sanballat sei eine sekundäre Ver-

---

[21] Op. cit. 45.420 Anm. 17 (Zit.).
[22] Ps. Kallisthenes Rezension Γ Buch 2, ed. *H. Engelmann* (Beiträge zur klass. Philol. 12) Meisenheim am Glan 1963, 216-230 = c. 24-28.
[23] *Hengel*, Judentum und Hellenismus 114; vgl. die große Zahl hellenisierender Darstellungen auf den Siegelabdrücken der Dokumente der Todeshöhle vom Wādī Dāliya: s. *F. M. Cross*, Papyri of the Fourth Century . . ., in: New Directions in Biblical Archaeology, ed. *D. N. Freedman/J. C. Greenfield*, New York 1969, 47.
[24] Jos. Ant. XI,310.
[25] Ant. XI,325.

wechslung mit dem gleichnamigen Widersacher Nehemias,[26] macht es der samaritanische Papyrusfund aus der Höhle im Wādi Dāliya nördlich von Jericho mit zahlreichen Dokumenten bis zum Jahre 335 v. Chr. wahrscheinlich, daß zur Zeit des Alexanderzuges wirklich ein Sanballat als dritter dieses Namens in Samaria residierte.[27] Daß dieser Sanballat — wie andere Stämme und Städte Syriens und Palästinas — sich Alexander unterwarf und ihm für die Belagerung von Tyros Hilfsmannschaften stellte, ist nicht unwahrscheinlich. Auch wenn Alexander sich militärisch vor allem auf seine bewährten makedonischen Kampftruppen stützte, konnte er doch auf fremde Hilfsvölker, etwa für die Belagerungsarbeiten und Wachaufgaben, nicht verzichten. Die dagegen angeführte Bemerkung des Curtius Rufus, man »habe den aus den besiegten Stämmen angeworbenen Soldaten weniger Vertrauen geschenkt als den Einheimischen«, bestätigt gerade die Verwendung barbarischer Söldner;[28] man wird daher der Nachricht von der samaritanischen Hilfsstreitmacht, die Alexander später nach Ägypten mitgenommen haben soll,[29] so wenig mißtrauen müssen wie der Notiz des Pseudo-Hekataios und Josephus über jüdische Söldner, die Alexander in Babylonien und Ägypten dienten.[30] Dagegen ist gegen den Bericht des Josephus anzunehmen, daß auch der jüdische Hohepriester sich ohne dramatische Ereignisse dem neuen Machthaber unterwarf. Ob die Anerkennung Alexanders — wie bei den Samaritanern — schon vor Tyros oder — nach der talmudischen Tradition — beim Marsch durch die Küstenebene bei Kefar Saba, dem späteren Antipatris, oder sonstwo geschah,[31] bleibt offen. Gewiß werden die Juden im

---

[26] So noch *Tcherikover*, Hellenistic Civilization 44.419 Anm. 12.
[27] *F. M. Cross*, The Discovery of the Samaria Papyri: BA 26 (1963) 110-121; ders., Aspects of Samaritan and Jewish History in Late Persian and Hellenistic Times: HThR 59 (1966) 201-211; ders., Papyri 41-62; *Kippenberg*, Garizim 44.
[28] IV,28, vgl. *Abel*, Histoire I 11 und *Hengel*, Judentum und Hellenismus 27, gegen *Tcherikover*, Hellenistic Civilization 420 Anm. 13.
[29] Jos. Ant. XI,321.345.
[30] Jos. c. Ap. I,192.200; vgl. Ant. XI,339.
[31] bJoma 69a und in dem Scholion zur Megillat Taanit, s. *H. Lichtenstein*, Die Fastenrolle: HUCA 8/9 (1931/32) 339; dazu *Tcherikover*, Helle-

Zusammenhang mit dem Herrschaftswechsel, wie schon bei den Perserkönigen und dann später bei den hellenistischen Königen, auch von Alexander das Recht, »nach ihren väterlichen Gesetzen zu leben«, erbeten und erlangt haben. Auch den ionischen Städten, Lydern, Indern und Arabern gestand Alexander dieses Recht auf »eigene Gesetze« zu.[32]

Einen historischen Kern hat schließlich auch die Andeutung des Josephus über einen Konflikt zwischen Alexander und den Samaritanern, der in der talmudischen Tradition noch verschärft dargestellt wird.[33] Nach Curtius Rufus rebellierten die Samaritaner zu Beginn des Jahres 331, während Alexander in Ägypten weilte, gegen die Makedonen und verbrannten den neuen Satrapen Andromachos von Koile-Syrien, den Nachfolger Parmenions, bei lebendigem Leibe. Alexander eilte nach Samarien, ließ die Urheber des Verbrechens, die ihm ausgeliefert wurden, töten und setzte als Nachfolger des Andromachos Menon ein.[34] Ergänzt wird diese Nachricht durch die Chronik des Euseb, die berichtet, Alexander habe Samaria zerstört und Makedonen angesiedelt, das heißt die Stadt in eine makedonische Militärkolonie verwandelt. Nach einer zweiten Notiz aus derselben Quelle erfolgte die Neugründung freilich erst durch Perdikkas.[35] Eine Bestätigung erhalten diese fragmentarischen Nachrichten jetzt durch den schon erwähnten Dokumentenfund aus dem Wādī Dāliya. Offenbar hatten sich dorthin vornehme Samaritaner geflüchtet. Ihr Versteck wurde verraten und die Höhle, in der die Ausgräber Gebeine von 205 Personen fanden, von den

---

nistic Civilization 48: »the town's mention in the tale is purely a matter of convention«.

[32] Jos. Ant. XI,338; vgl. Antiochos III. Ant. XII,142.150, dazu s. u. S. 65; Arr. I,17,4; 18,2; VII,20,1; Strabo XVI,1,11 (C 741). Vgl. Curt. Ruf. IV,7,5 über Ägypten.

[33] Ant. XI,340ff; vgl. die oben Anm. 31 genannten rabbinischen Versionen.

[34] Curt. Ruf. IV,8,9f.

[35] Deutsche Übersetzung der armenisch erhaltenen Chronik: *J. Karst* (GCS 20) Leipzig 1911, 197, s. jedoch 199 zum Jahr 296/5 v. Chr.: »die von Perdika besiedelte« (s. u. S. 25f.36). Vgl. die Version des Hieronymus, ed. *R. Helm* (GCS 47) Berlin 1956, 123.128, ebd. 365 auch die Passagen aus den byzantinischen Historikern.

makedonischen Verfolgern ausgeräuchert.³⁶ Es ist durchaus möglich, daß die jüdische Kultgemeinde in Jerusalem aus dieser Katastrophe ihrer Stammes- und Religionsverwandten im Norden Vorteile zog und eine gewisse Vergrößerung ihres Gebiets erlangte.³⁷ Vielleicht reflektiert die spätere Jesajaapokalypse 24-27 mit ihren mehrfachen Hinweisen auf die Zerstörung der »Stadt des Wahns« die Katastrophe Samarias.³⁸ Daß der von Norden kommende Alexander mit seinen kriegerischen Erfolgen gegen Tyros und andere Städte auch sonst die späte Prophetie inspirierte, beweist das Drohgedicht Sach 9,1-8.³⁹ Eine Reihe von Münzhorten und zerstörten Ortslagen aus der Zeit um 332 im Küstengebiet Palästinas zeigen, daß nicht nur Tyros und Gaza zerstört wurden, sondern auch kleinere Orte Opfer der makedonischen Invasion wurden. Der Einbruch des siegreichen Eroberers konnte so zunächst durchaus als Katastrophe empfunden werden.⁴⁰ Außer der Wiederbesiedlung der zerstörten Städte Tyros und Gaza hat Alexander in unserem Gebiet selbst wohl kaum »Städtegründungen« vorgenommen. Auf dem Rückmarsch von Ägypten im Frühjahr 331 konnte er sich, abgesehen von der rasch bereinigten samaritanischen Tragödie, nicht länger in Palästina aufhalten. Nach prunkvollen, im Mai bei Tyros gefeierten Spie-

---

[36] S. o. Anm. 27; vgl. auch *P. W. Lapp* über die erneute Untersuchung der Todeshöhle RB 72 (1965) 405-409.

[37] So Ps. Hekataios nach Jos. c. Ap. II,43 übertreibend: »Wegen der Freundlichkeit und Treue, die ihm die Juden erzeigten, gab er ihnen das samaritanische Gebiet als abgabenfreien Besitz«. Nach 1 Makk 11,34 erhielten die Juden durch Demetrios II. gegen 145 v. Chr. drei samaritanische Distrikte. Möglicherweise hat Demetrios nur eine ältere Grenzziehung bestätigt. Es fällt auf, daß das Wādī Dāliya bei Jericho mit seiner Fluchthöhle auf später jüdischem Gebiet liegt. Vielleicht hatte schon Alexander dasselbe Jerusalem unterstellt.

[38] Jes 24,10; 25,2; 26,5f; 27,10; vgl. dagegen die Erweiterung aller Landesgrenzen 26,15.

[39] *K. Elliger,* Ein Zeugnis aus der jüdischen Gemeinde im Alexanderjahr 332 v. Chr.: ZAW 62 (1949/50) 63-115; *M. Delcor,* Les allusions à Alexandre le Grand dans Zach. IX,1-8: VT 1 (1951) 110-124.

[40] Nach *E. Stern,* The Dating of Stratum II at Tell Abu Hawam: IEJ 18 (1968) 213-219, wurde die 2. Phase der Siedlung von Tell Abū Hawām bei Haifa, weiter das alte Akko, Siḵmona und Stratum I von Meggido im Zusammenhang der Belagerung von Tyros zerstört.

len strebte er dem Zweistromland zu, wo am 1. Oktober 331 bei Gaugamela sein Sieg in der Entscheidungsschlacht zwischen ihm und Dareios III. für Asien und Europa eine ganz neue Zukunft eröffnete.

Die teils Alexander, teils Perdikkas zugeschriebenen makedonischen Städtegründungen von Samaria und Gerasa waren vielleicht von Alexander geplant, wurden jedoch wohl erst von dem Reichsverweser Perdikkas (323-320) nach dem Tod des Königs verwirklicht. Auch noch andere Städte jenseits des Jordans wie Dion, Pella und das kaiserzeitliche Capitolias beriefen sich später auf Alexander als Gründer.[41] Mit der Katastrophe und Neugründung von Samaria als makedonische Militärkolonie hängt wohl die wenig später erfolgte Wiederbesiedlung von Sichem (Sikima) und die Erbauung des *Tempels auf dem Berg Garizim* zusammen. Es ist nicht ausgeschlossen, daß dieser Tempelbau durch die Sezession einer Priestergruppe aus Jerusalem unter Führung eines Bruders des Hohenpriesters angeregt wurde und schon vor dem Alexanderzug geplant gewesen war; die Ausführung dürfte jedoch erst später erfolgt sein. Die hinter dem Bericht des Josephus stehende samaritanische Quelle verfolgt die tendenziöse Absicht, die Errichtung dieses schismatischen Heiligtums durch die Verbindung mit der Person Alexanders zu legitimieren.[42] Nach den Ausgrabungen in Sichem war der Ort zwischen 480 und 330 v. Chr. unbesiedelt gewesen, dann folgte eine intensive Bauperiode mit neuer Blütezeit gegen 300 v. Chr. G. E. Wright verbindet diesen Befund mit dem Schicksal Samarias: Nach der Ansiedlung makedonischer Militärsiedler brauchten die Samaritaner ein neues Zentrum und errichteten dasselbe auf dem alten Sichem am Fuße des heiligen Berges Garizim,[43] wo unter den Fundamenten des hadrianischen Jupiter-Tempels ältere Reste ent-

---

[41] Zu Gerasa s. *H. Seyrig*, Alexandre le Grand, fondateur de Gérasa: Syria 42 (1965) 25-28. Eine Münze aus Capitolias (Bēt Rās) nördlich von Gerasa nennt Alexander γενάρχης der Stadt: *ders.*, Syria 36 (1959) 66.

[42] *Kippenberg*, Garizim 56.

[43] *G. E. Wright*, Shechem, New York-Toronto 1965, 170-184; vgl. *O. R. Sellers*, Coins of the 1960 Excavation at Shechem: BA 25 (1962) 87-96 und die anregende Darstellung bei *E. Bickerman*, From Ezra to the Last of the Maccabees, New York 1962, 41ff.

deckt wurden, die vielleicht von dem samaritanischen Heiligtum stammen.[44] Unklar bleibt die Abgrenzung zwischen der neuen makedonisch-hellenistischen Stadt und den Samaritanern mit ihrem neuen Zentrum Sichem. Es besteht die Möglichkeit, daß nach Abtrennung gewisser judäischer Gebiete der Rest Samariens das Stadtgebiet der neuen Polis wurde und die samaritanische Bevölkerung in den Status von Periöken herabgedrückt wurde und nicht — wie etwa die Juden und Idumäer — die Rechte eines selbständigen ἔθνος erhielten. Dies würde erklären, daß Strabo nur von den vier ἔθνη der Juden, Idumäer, Gazäer und Azotäer spricht, daß sich die Samaritaner selbst in Krisensituationen nicht als ἔθνος, sondern als »Sidonier in Sichem« bezeichneten und daß Sirach sie im Anschluß an Dtn 32,21 als »Nichtvolk« verspotten konnte. Erst Josephus erwähnt die Samaritaner als ἔθνος,[45] das heißt, sie werden diese Rechtsstellung erst nach Pompeius erhalten haben.

Über die von Alexander eingeführte *Verwaltung* in Syrien und Koile-Syrien wissen wir fast nichts, außer den Namen der mehrfach wechselnden Satrapen. Hauptstadt der mit der alten persischen Satrapie ʿAbar-Nahara identischen Provinz wurde Damaskos. Es fällt auf, daß von 329 bis 325 auch ein Perser, Bessos, als Satrap erscheint.[46] Dies alles deutet darauf hin, daß der König in die innere Struktur des Landes mit seinen zahlreichen Städten und Völkerschaften kaum eingegriffen hat. Die phönizischen Stadtkönige residierten ebenso weiter wie der jüdische Hohepriester.[47] Nur an einem Punkt schuf er eine grundsätzliche Änderung. Er beschränkte die bunte Vielfalt der lokalen Münzprägungen in Syrien und Phönizien und veranlaßte erste Schritte zu einer relativ einheitlichen Prägung. Da diese neuen Alexandermünzen im Gegensatz zu den persischen Dareiken als Sold unverzüglich an die Besatzungen aus-

---

[44] R. J. Bull/G. E. Wright, Newly Discovered Temples on Mt. Gerizim in Jordan: HThR 58 (1965) 234-237; R. J. Bull/E. F. Campbell jr., The Sixth Campaign at Balatah (Shechem): BASOR 190 (1968) 17f und die kurze Notiz von E. F. Campbell jr., BASOR 204 (1971) 4.

[45] Strabo XVI,2,2 (C 749); Jos. Ant. XVII,20; XVIII,85; Sir 50,25f; s. *Hengel,* Judentum und Hellenismus 44 Anm. 153; *Bickerman,* From Esra 43f; gegen *Alt,* Kleine Schriften II 403f.

[46] So *Abel,* Histoire I 13; anders *Berve,* Alexanderreich II 108f.

[47] *Jones,* Cities 236f.

gezahlt und nicht in Schatzkammern aufgehäuft wurden, kamen sie auch bei der Bevölkerung in Umlauf und befruchteten das Wirtschaftsleben.[48] Ein zweites Augenmerk richtete der König auf eine bessere Erfassung der wirtschaftlichen Hilfsquellen. Schon er betrachtete die eroberten Gebiete als sein persönliches Eigentum, als »speergewonnenes Land«[49]. Wie in Ägypten mit Hilfe des organisatorischen Genies eines Kleomenes von Naukratis wird er auch in Syrien und Palästina die Schraube der Steuern und Abgaben gegenüber der Perserzeit angezogen haben. Der mehrfache, rasche Satrapenwechsel in Syrien hängt wohl damit zusammen, daß der König mit den finanziellen Leistungen nicht zufrieden war. So wurden Menon und sein Nachfolger Arimnas rasch nacheinander abgesetzt, letzterer, weil er das Heer für den Feldzug jenseits des Euphrat im Sommer 331 nicht ausreichend versorgt hatte.[50] In Münzwesen und Finanzpoltik machte sich Alexander damit Grundsätze zu eigen, die auch in den pseudoaristotelischen Oeconomica vertreten wurden und die später die ökonomische Macht der hellenistischen Monarchien, besonders des Ptolemäerreichs, begründeten. Er kam dabei freilich über Ansätze nicht hinaus, eine wirkliche Konsolidierung des Reiches war ihm nicht mehr möglich. Ein gutes Jahr nach seiner Rückkehr aus Indien starb der 33jährige überraschend am 10. Juni 323 in Babylon.

Die Nachwirkungen Alexanders sind kaum zu übersehen. Die hellenistisch-jüdische Alexanderlegende in Alexandrien machte ihn, wie später die talmudische und christliche, zum Verehrer des Gottes Israels und damit zum Monotheisten.[51] Zunächst waren jedoch die

---

[48] *Rostovtzeff*, Social and Economic History I 129f; s. auch die Horte von Alexander-Münzen in Byblos und Galiläa: *A. R. Bellinger*, Berytus 10 (1952/53) 37-49 und *J. Baramki*, QDAP 11 (1945) 86-90; *Abel*, Histoire I 15ff.

[49] *W. Schmitthenner*, Über eine Formveränderung der Monarchie seit Alexander d. Gr.: Saeculum 19 (1968) 31-46.

[50] *Abel*, Histoire I 13; etwas anders *Berve*, Alexanderreich 60.259. Vgl. auch *Tcherikover* in: *A. Schalit* (ed.), World Hist. 311f Anm. 21.

[51] *Pfister*, Eine jüdische Gründungsgeschichte Alexandrias; *ders.*, Alexander d. Gr.; *M. Simon*, Alexandre le Grand, Juif et Chrétien: RHPhR 21 (1941) 177-191; *I. J. Kazis* (ed.), The Book of the Gests of Alexander of Macedon, 1962; *G. Cary*, The Medieval Alexander, 1956.

kritischen Urteile unüberhörbar. Dies gilt besonders für die jüdische Überlieferung. Die Apokalyptik etwa des Danielbuches oder der Tiersymbolapokalypse im äthiopischen Henoch sah im Alexanderzug den letzten Umbruch der Weltgeschichte: »Der kriegerische König (*mäläk gibbôr*) begründet eine weite Herrschaft und tut, was er will«[52]. Zwar wird sein Reich rasch zerbrechen und verteilt werden, und was danach kommt, wird »der Herrschaft, wie er sie besaß, nicht mehr gleichen«[53], zugleich bedeutet jedoch das von ihm eingeleitete »vierte Reich« der Makedonen und Griechen die letzte Steigerung der Gewalttätigkeit und Gottlosigkeit: »da erschien ein viertes Tier, fürchterlich, schrecklich und über alle Maßen stark; es hatte große Zähne von Eisen (und Klauen von Erz); es fraß und zermalmte und zertrat, was übrig blieb, mit den Füßen«[54].
Auch das 1. Makkabäerbuch beginnt seinen Bericht mit einer negativen Charakterisierung des Welteroberers: »Viele Kriege hat er geführt, fester Plätze hat er sich bemächtigt, Könige der Erde hat er abschlachten lassen. Bis an die Grenzen der Welt ist er gezogen, eine Unmenge Völker hat er ausgeplündert. Und als die Welt vor ihm zur Ruhe gekommen war, wurde er hochmütig, und sein Herz überhob sich ...«[55]. Der letzte entscheidende Satz berührt sich eng mit dem Spottlied auf den Fürsten von Tyros Ez 28,2:

»Weil hochfahrend war dein Herz
und du sprachst: ein Gott bin ich...«.

Hinter der jüdischen Kritik an Alexander und seinen Nachfolgern steht so nicht zuletzt die Verurteilung ihres Anspruchs auf göttliche Verehrung. Dieser Forderung konnten sich die Juden niemals unterwerfen.[56] Wir stoßen hier auf einen kritischen Punkt, der die über-

---

[52] Dan 11,3, vgl. 8,5-21; aethHen 90,2; 4 Sib 87-96, dazu Justin, epit. XII,16,9-11.
[53] Dan 11,4, vgl. 8,8.22f.
[54] Dan 7,7.
[55] 1 Makk 1,1-4.
[56] Vgl. Dan 8,10 und 2 Makk 9,10 über Antiochos IV. Epiphanes. Zur Vergöttlichung Alexanders s. *Seibert*, Alexander 192ff; *Schachermeyr*, Alexander 242ff.525ff.595ff. Zum Konflikt der Juden mit dem Herrscherkult s. *M. Hengel*, Die Zeloten (AGSU 1) Leiden ²1976, 103ff; *ders.*, Judentum und Hellenismus 519ff, s. auch Index 664 s.v.

wiegend ablehnende Haltung des antiken Judentums gegenüber der hellenistisch-römischen Welt entscheidend mitgeprägt hat. Das Bild der Vergangenheit wurde dagegen positiver: Je mehr man die jetzt beginnende hellenistische Herrschaft verwarf, desto mehr verklärte sich das Bild des durch Alexander zerstörten persischen Reiches.

§ 2 Palästina während der Diadochenkämpfe (323-301 v. Chr.)

Bei den dem Tode Alexanders folgenden Auseinandersetzungen um das Erbe des Königs rückte Palästina rasch wieder in den Mittelpunkt des politischen und militärischen Geschehens. Die Heeresversammlung von Babylon, die das Schicksal des Reiches zu entscheiden hatte, einigte sich auf einen Kompromiß. Die Einheit des Weltreiches sollte unter der nominellen Herrschaft des schwachsinnigen Bruders Alexanders, Philipp Arrhidaios, bestehen bleiben. »Chiliarch« des asiatischen Teiles wurde Perdikkas, der damit gleichzeitig die Reichseinheit vertrat. Zugleich besetzte man die wichtigsten Satrapien neu. Ptolemaios, Sohn des Lagos, sicherte sich das reiche und geographisch schwer zugängliche Ägypten. Er wurde zusammen mit Lysimachos von Thrakien der erfolgreiche Vorkämpfer für die Bildung von Partikularstaaten. Die Satrapie Syrien erhielt der zwei Sprachen — das heißt wohl Aramäisch und Griechisch — sprechende Laomedon.[1]

Im November 322 kam *Ptolemaios*, vierundvierzigjährig, in Ägypten an und bemächtigte sich in geschickter Weise der Kyrenaika. Wenig später setzte er sich bei Damaskos trotz des Widerstands der Perdikkasanhänger in den Besitz des Leichnams Alexanders und brachte die wertvolle Reliquie unter dem Geleit seines Heeres quer durch die fremde Satrapie nach Memphis, während Laomedon es nicht wagte, gegen ihn vorzugehen. Diodor schildert, wie der goldglänzende Prunkwagen auf seinem Wege von Babylon nach Ägypten in jeder Stadt von der herbeiströmenden Bevölkerung bestaunt

---

[1] Arr. II,6,6: Er war aus diesem Grund unter Alexander Befehlshaber der Gefangenen. Vgl. weiter: *Seibert*, Untersuchungen 27ff und *R. M. Errington*, From Babylon to Triparadeisos: JHS 90 (1970/71) 49-77.

wurde.² Im Mai/Juni 320 wurde Perdikkas, der, um die wachsende Macht des Ptolemaios zu brechen, von Damaskos aus in Ägypten eingerückt war, bei Memphis von meuternden Offizieren — unter ihnen Seleukos — ermordet. In der darauffolgenden neuen Machtverteilung im syrischen Triparadeisos am Oberlauf des Orontes wurde das Gebiet des Ptolemaios zwar bestätigt, jedoch nicht seinen Wünschen entsprechend ausgeweitet.³ Wie schon die alten Pharaonen sah er — nach den Worten Diodors — in »Phönizien und dem sogenannten Koile-Syrien⁴ eine günstige Angriffsbasis gegen Ägypten und setzte darum alles daran, diese Gebiete unter seine Herrschaft zu bringen«. Die Kontrolle dieses Glacis erschien ihm notwendig zur Sicherung seiner Herrschaft in Ägypten, auch war der Besitz der phönizischen Häfen und Flotten die Voraussetzung für das erwünschte militärische Übergewicht im östlichen Mittelmeer. Er entsandte unter dem Befehl seines Freundes Nikanor ein Heer und eine Flotte. »In einem kurzen und erfolgreichen Feldzug« wurde Laomedon gefangengenommen und die wichtigen »phönizischen Städte« — zu denen auch die palästinischen Küstenorte gehörten — durch Besatzungen gesichert.⁵ Zwei Jahre später (318 v. Chr.) versuchte Eumenes von Kardia, der ehemalige Sekretär Alexanders, der einzige Grieche unter den makedonischen Generalen und treuester Parteigänger der Familie des Königs, Phönizien und Koile-Syrien zu gewinnen; er wurde jedoch von Antigonos Monophthalmos, dem »Strategen von Asien«, nach Osten abgedrängt.⁶ Die Gefangennahme und Hinrichtung des Eumenes durch Antigonos 317/6 zerstörte zwar alle Hoffnungen für die Dynastie Alexanders, dafür ging die Idee der »Reichseinheit« auf den »Einäugigen« über, der jetzt in Asien die größte Macht in Händen hielt. Der junge Satrap Seleukos von Babylon flüchtete vor seinem dro-

---

[2] Arrian, de reb. succ. Alex., FGrHist 156 F 9,25; Diod. XIII,28,1; *Abel*, Histoire I 24: »ce... véritable temple ambiant«.
[3] *Will*, Histoire I 35ff.
[4] Zur Bezeichnung »Koile-Syrien« s. *Bickerman*, Coelé-Syrie; anders K. *Galling*, Studien zur Geschichte Israels im persischen Zeitalter, Tübingen 1964, 201ff.
[5] Diod. XVIII,43, vgl. Appian, Syr. 43; *Seibert*, Untersuchungen 129.
[6] Diod. XVIII,73,2.

henden Zorn zu Ptolemaios nach Ägypten. Antigonos selbst rückte in Syrien ein und wies eine Gesandtschaft der verbündeten Konkurrenten, die die Anerkennung der Rechte des Lagiden auf die umstrittene Provinz forderte, zurück. Der offene Krieg war unvermeidlich geworden. Ein Heer von Arbeitern mußte für Antigonos im Libanon und im Taurosgebirge Bäume fällen, um in vier Werften eine Flotte aus dem Boden zu stampfen. Die Besatzungen des Lagiden wurden aus den phönizischen Häfen vertrieben, Ioppe und Gaza im Sturm genommen, während sich die Garnison von Tyros erst nach fünfzehnmonatiger Belagerung ergab.[7]

Nach Kleinasien zurückgerufen, übergab Antigonos den Befehl in Palästina seinem zwanzigjährigen Sohn Demetrios, dem späteren »Städtebelagerer«. Beraten von dem zu ihm geflohenen Seleukos, stieß Ptolemaios in das verlorene Gebiet vor. Südlich von Gaza kam es im Frühjahr 312 zur Schlacht, in der die beiden kriegserfahrenen ehemaligen Offiziere Alexanders dem jungen Demetrios eine vernichtende Niederlage beibrachten.[8] Damit war Ptolemaios innerhalb weniger Jahre zum zweiten Male Herr von Palästina, auch die begehrten phönizischen Städte fielen wieder in seine Hand. Nach der Eroberung von Tyros entließ er seinen Freund und Kampfgenossen Seleukos mit einem Heer nach Babylonien zur Wiedereroberung von dessen verlorener Satrapie. Mit der Rückkehr des Seleukos nach Babylon im Frühherbst 312 (julianischer Kalender 1. Oktober) beginnt die im Orient bis in die moderne Zeit bedeutsame, viel imitierte seleukidische Ära.[9] Ptolemaios blieb freilich nicht lange Herr des neugewonnenen Gebiets. Sechs Monate nach dem Sieg wurde sein General Killes in einem Sumpfgebiet Mittelsyriens mit 7 000 Mann von Demetrios überrascht und gefangengenommen.[10] Als dessen Vater Antigonos selbst in Syrien einmar-

---

[7] Diod. XIX,57-59; 61,5. Vgl. *Tcherikover* in: *A. Schalit* (ed.), World Hist. VI 64.

[8] Diod. XIX,80, Justin. epit. XV,1,6-9; Plut. Demetr. 6. Zum Ort der Schlacht s. *Abel*, Syrie 567-575; vgl. *Seibert*, Untersuchungen 162ff.

[9] *Bickerman*, Chronology 71ff.

[10] Diod. XIX,93,2; Plut. Demetr. 6,3. Der Ort »Myus« ist nicht identifizierbar. Er wird am Oberlauf des Orontes zu suchen sein; vgl. *R. Dussaud*, Topographie historique de la Syrie antique et médiévale, Paris 1927, 410.

schierte, vermied der vorsichtige Ptolemaios ein neues Treffen und zog sich nach Zerstörung der Festungen Ake (Akko), Ioppe, Samaria und Gaza in das sichere Ägypten zurück.[11] Vater und Sohn kümmerten sich in den folgenden Jahren intensiver um den Ausbau der zurückgewonnenen, strategisch wichtigen Südprovinz, die zugleich die Angriffsbasis gegen Ptolemaios Lagu in Ägypten darstellte. So unternahmen sie einen — im Ganzen jedoch wenig erfolgreichen — Versuch, die arabischen Nabatäer zu unterwerfen, die damit erstmals als politische Macht in die Geschichte eintraten. Diese besaßen eine Schlüsselrolle im Karawanenhandel mit Gerrha am Persischen Golf und Südarabien, der die hellenistische Welt mit den hochgeschätzten Aromata, Gewürzen und anderen Luxusgütern versorgte. Ein Überraschungsangriff des Demetrios auf die nabatäische Felsenfestung, das spätere Petra, scheiterte kläglich.[12] Hieronymus von Kardia, »der maßgebende Historiker der ersten 50 Jahre nach Alexanders Tod«, Offizier des Eumenes und später des Antigonos, war an diesem mißlungenen Unternehmen beteiligt. Er gibt uns nicht nur eine anschauliche Schilderung dieser Kämpfe, sondern auch des Toten Meeres. Sein Versuch, dort Bitumen zu gewinnen, mißlang aufgrund arabischer Angriffe.[13] Von größerer Bedeutung als diese Zusammenstöße mit den Nabatäern, die es geschickt verstanden, ihre Unabhängigkeit zu wahren, sind die von Antigonos in Palästina durchgeführten Städtegründungen. In den rund zehn Jahren zwischen der Zurückeroberung Palästinas und der Schlacht von Ipsos hatte das Land erstmals seit dem Tode Alexanders wieder eine relativ ruhige Entwicklungsperiode, in der nicht nur die ersten Ansätze einer neuen Verwaltung sichtbar werden, sondern auch makedonische Veteranen angesiedelt wurden. Im nördlichen Syrien gründete Antigonos als erste echte Polis Antigoneia, die die Hauptstadt seines Reiches werden sollte. In Palästina gehen wohl diejenigen Städte auf seine Initiative zurück, die typisch makedo-

---

[11] Diod. XIX,93,5-7.
[12] *F.-M. Abel,* L'expédition des Grecs à Pétra en 312 av. J.-C.: RB 46 (1937) 373-391; *R. Dussaud,* La pénétration des Arabes en Syrie avant l'Islam, Paris 1955, 21ff; *Hengel,* Judentum und Hellenismus 71f.
[13] *F. Jacoby,* PRECA VIII (1913) 1540ff (zit. 1540); FGrHist 154 T 6 = Diod. XIX,110,1-3.

nisch-nordgriechische Namen tragen. Die späteren ptolemäischen und seleukidischen Gründungen besitzen im Gegensatz dazu fast durchweg dynastische Namen. Dazu wären zu rechnen Apollonia, Arethusa und Anthedon in der Küstenebene und Pella, Dion, Hippos und Gadara im Ostjordanland. Bei Pella — benannt nach dem Geburtsort Alexanders — und Apollonia (heute Arṣūf) dürfte es sich um die Hellenisierung älterer semitischer Orte handeln.[14] Während die Siedlungen in der bereits durch phönizische Städte dicht besetzten Küstenebene die militärische Präsenz der Makedonen verstärken sollten, dienten die Militärsiedlungen im relativ städtearmen Ostjordanland dem Schutz der Karawanenstraßen und des Kulturlandes gegenüber den Arabern.[15] Große Bedeutung erhielt — wie schon bei Alexander — die Münzpolitik und die Finanzverwaltung. Der ständige Kampf der Rivalen um das Erbe Alexanders verschlang ungeheure Summen, die aus den unterworfenen Gebieten herausgepreßt werden mußten, um die Heere zu bezahlen. Vermutlich hat Antigonos die schon von Alexander angestrebte Toparchieneinteilung gerade in Syrien und Palästina weiter ausgebaut. Die »Toparchie« bildete von jetzt an bis zur Zeit des Herodes die grundlegende Verwaltungs- und Steuererhebungseinheit,[16] die nächst größere war die »Hyparchie«, der in Ägypten der »Nomos« entsprach. Sie knüpft an die kleine Satrapie des Perserreiches an. Aus der Zeit des Antigonos bzw. des 1. Ptolemäers stammen wohl auch die gräzisierten Namen dieser Verwaltungseinheiten, die mit -itis endeten, wie Ammanitis, Esbonitis, Gaulanitis, Galaaditis etc. In Ägypten wurden die Namen der »Nomoi« in ähnlicher Weise gräzisiert. Andere »Hyparchien« erhielten die Endung -ia wie Iudaia, Samareia (daneben auch Samareitis), Idumaia und Galilaia.[17]

---

[14] *Tscherikower*, Städtegründungen 69-81; ders., Hellenistic Civilization 90-116, bes. 105f; *Jones*, Cities 237f. Zumindest Pella ist die Hellenisierung eines älteren semitischen Namens: In ägyptischen Quellen seit dem 19. Jh. v. Chr. *pḥr*, im Talmud *pᵉḥal*, arabisch *faḥil*. Arṣūf könnte mit dem semitischen Gott *Rešef-Mikal* zusammenhängen, der auf Zypern mit Apollo identifiziert wurde.
[15] *Hengel*, Judentum und Hellenismus 24f.
[16] *Schalit*, König Herodes 186f.
[17] *Hengel*, Judentum und Hellenismus 36ff; *Jones*, Cities 240. Diod. XIX, 95,2 spricht Hieronymos v. Kardia von τῆς Ἰδουμαίας ἐπαρχίας.

Nach der Vernichtung der Flotte des Ptolemaios vor Salamis auf Zypern im Frühjahr 306 durch Demetrios versuchten Vater und Sohn noch einmal von der palästinischen Basis aus einen Angriff auf Ägypten. Die aus dem Hafen von Gaza auslaufende Flotte wurde jedoch durch einen plötzlichen Nordsturm auf die Küste bei Raphia zurückgeworfen und dezimiert; das ganze Unternehmen scheiterte schließlich an der Unüberwindbarkeit der ptolemäischen Befestigungen bei Pelusion und der Ungunst der Witterung.[18] Hatte schon Antigonos nach dem Sieg bei Salamis sich und seinen Sohn mit dem Königstitel geschmückt, so folgte ihm Ptolemaios nach der erfolgreichen Abwehr des Angriffs auf Ägypten 305 v. Chr. Die anderen Diadochen schlossen sich an; das Alexanderreich war damit auch rechtlich zunächst in fünf Teilreiche auseinandergebrochen. Die letzte Entscheidung zwischen Antigonos und seinen Konkurrenten fiel freilich nicht an der ägyptischen Grenze, sondern im Sommer 301 v. Chr. bei Ipsos in Phrygien. Der 80jährige »Einäugige« verlor Schlacht und Leben gegen das vereinigte Heer des Seleukos und Lysimachos. Sein hartnäckigster Gegner Ptolemaios Soter, wie dieser sich jetzt nannte, nahm daran gar nicht teil, er hatte das Risiko den Verbündeten überlassen, dafür selbst Palästina besetzt. Aufgrund eines Gerüchtes von der Niederlage seiner Freunde räumte er, gerade mit der Belagerung Sidons beschäftigt, die Provinz rasch wieder unter Zurücklassung von Besatzungen. Die Sieger schlugen, entgegen früheren Abmachungen, Koile-Syrien ganz dem Seleukos zu, Ptolemaios kam diesem jedoch durch die schnelle erneute Besetzung des Landes zuvor. Der neue Herr Asiens wollte gegenüber dem ehemaligen Freund, dem er so viel verdankte, nicht kriegerisch vorgehen, verzichtete aber auch nicht auf seine Ansprüche. Der hier aufkeimende Streit um Phönizien und Palästina sollte von jetzt ab die Politik beider Reiche für die nächsten 150 Jahre entscheidend bestimmen.[19]

Ähnlich wie bei den Alexanderhistorikern fällt auch in der Diadochengeschichte auf, daß von den griechischen Berichterstattern kaum auf die Juden Bezug genommen wird. Selbst Josephus stößt sich

---

[18] Diod. XX,73.74.76; *F.-M. Abel,* Les Confins de la Palestine et de l'Égypte sous les Ptolémées: RB 48 (1939) 219-233.

[19] *Hengel,* Judentum und Hellenismus 8.

daran, daß ein Hieronymus von Kardia sie »nirgendwo in seiner Geschichte erwähnt, obgleich er sich ganz nahe bei ihrem Gebiet aufhielt«. Es habe bei ihm die »einsichtslose Leidenschaft den Sinn für die Wahrheit verdunkelt«[20]. In Wirklichkeit darf man daraus schließen, daß die politisch-wirtschaftliche Bedeutung des kleinen judäischen Tempelstaates im Gebirge zwischen Totem Meer und Küstenebene zu gering war, um die Aufmerksamkeit der Geschichtsschreiber auf sich zu ziehen. »Why should a Greek author, at a time when the whole fabulous Orient was open to his inquiry, concentrate on a Lilliputian place in the arid mountains?«[21] Eine Ausnahme machten nur jene Schriftsteller, die sich für fremde, ja absonderliche religiöse Gruppen und Gebräuche interessierten, wie Theophrast[22] und Megasthenes[23] oder Hekataios von Abdera, der in seiner ägyptischen Geschichte von dem Exodus Moses und der Gründung Jerusalems berichtet.[24] Josephus bringt in contra Apionem weitere Auszüge aus einer ihm zugeschriebenen Schrift »über die Juden«, die jedoch von einem jüdischen Fälscher aus der Mitte des 2. Jahrhunderts v. Chr. stammen dürfte.[25] Dies schließt jedoch nicht aus, daß derselbe zum Teil gute historische Quellen verwendete. Es wird darin berichtet, daß nach dem Sieg des Ptolemaios bei Gaza viele Bewohner Syriens aufgrund der »Freundlichkeit und Gütigkeit« des Herrschers diesem nach Ägypten folgten. Unter ihnen sei auch der 66jährige jüdische Hohepriester Ezekias gewesen, ein Mann von besonderen Fähigkeiten, nicht zuletzt in wirtschaftlichen Dingen. Er habe auch unter Verweis auf den günstigen politischen Status der dortigen Juden viele seiner Freunde zur Emigration nach Ägypten aufgefordert.[26] Daß es sich hier um eine historisch ernstzunehmende Nachricht handelt, ist nicht unwahrschein-

---

[20] C. Ap. I,214.
[21] *Bickerman*, From Ezra 46f.
[22] Bei Porphyrios, de abst. II,26 (Nauck 155); s. auch *Reinach*, Textes 7f; *Stern*, Authors I 8ff.
[23] Bei Clem. Alex. strom. I,72,4 = FGrHist 715 F 3; *Reinach*, Textes 13; *Stern*, Authors I 45ff.
[24] Diod. XL,3 = FGrHist 264 F 6; vgl. *Reinach*, Textes 14ff; *Stern*, Authors I 20ff.
[25] Vgl. *Hengel*, Anonymität 301ff.
[26] C. Ap. I,186-189.

lich, auch wenn das Ganze deutliche Anspielungen auf die Niederlassung des Hohenpriesters Onias IV. in Leontopolis um 160 v. Chr. enthält. Ähnlich wie in späterer Zeit kann man vermuten, daß mit Ptolemaios seine jüdischen Parteigänger Jerusalem vor dem anrückenden Gegner verließen und ihm nach Ägypten folgten (s. u. S. 62f). Dieser Ezekias wird nun gerne mit einem Hiskia in Verbindung gebracht, der auf den frühesten jüdischen Münzen mit der Aufschrift »*jḥzkjh/w hpḥh*« (Hiskia der Statthalter) erscheint. Es ist durchaus im Bereich des Möglichen, daß der letzte Statthalter in Judäa bei Ausgang der persischen Herrschaft aus hochpriesterlichem Geschlecht stammte und 312 als Anhänger des Ptolemaios nach Ägypten ging. Eine andere Möglichkeit ist, daß der Titel *päḥah* auch nach Alexander von den obersten Beamten der Kleinsatrapien weitergeführt wurde. Es könnten sich hier Konflikte andeuten, die uns gegen Ende des 3. Jahrhunderts wieder begegnen. Wir kommen hier jedoch über Vermutungen nicht hinaus.[27]

Diese Hypothese einer Kontinuität in der Verwaltung zwischen der persischen Herrschaft und den Anfängen der ptolemäischen Ära wie auch die Möglichkeit von Parteikämpfen in der Provinz Jehud wird durch einen neuen Münzfund verstärkt, der sich zwar in Form und Bildgestaltung an die ältere Silberprägung von Jehudmünzen — vermutlich während der persischen Epoche — anschließt, jedoch zugleich überraschende Neuerungen enthält. Die bisher bekannten Jehudmünzen zeigen in mehreren Exemplaren verschiedene Männerköpfe, von denen einer vielleicht einen persischen Herrscher darstellen soll, die Rückseiten stellen dagegen die traditionelle athenische Eule, einen Falken und einen Gott auf einem Flügelrad (Jahwe?) dar. Die neugefundenen Münzen bilden dagegen sehr wahrscheinlich den Kopf des ersten Ptolemäers mit dem Diadem (?) ab und auf der Rückseite den königlichen Adler mit dem Blitzbündel

---

[27] *L. Y. Rahmani*, Silver Coins of the Fourth Century B. C. from Tel Gamma: IEJ 21· (1971) 158-160. Die Ersetzung der älteren Lesung »*jhd*« durch »*hpḥh*« schließt die Beziehung auf den Hochpriester Ezekias des Ps.Hekataios nicht aus. Seine Auswanderung nach Ägypten war ja wohl durch Spannungen in Jerusalem begründet. Es ist zudem zu vermuten, daß Alexander und die Diadochen das persische Verwaltungssystem einfach weiterführten: s. *A. Kindler*, IEJ 24 (1974) 75f.

des Zeus. Die Aufschrift lautet nicht mehr »*jhd*« (Jehud, der aramäische Provinzname), sondern *jhdh* (J^ehudah, der hebräische Provinzname) in althebräischen Buchstaben. Sollte diese sonderbare Änderung auf eine Stärkung des hebräisch-nationalen Selbstbewußtseins im Zusammenhang mit der Herrschaftsübernahme durch den 1. Ptolemäer 302/1 v. Chr., die vermutlich nicht ohne Gewalt vorging, hinweisen?[28] Offensichtlich hatte man damals das Bilderverbot noch nicht so streng beachtet wie in nachmakkabäischer und frührömischer Zeit.

Eine weitere Nachricht ist uns durch den Geographen und Historiker Agatharchides von Knidos erhalten (2. Jh. v. Chr.).[29] Danach habe Ptolemaios Lagu das schwer zugängliche Jerusalem an einem Sabbat erobert, da die Einwohner aufgrund ihres »Aberglaubens« nicht zu den Waffen griffen; sie hätten in ihm einen »grausamen Herrn« erhalten. Dieses harte Vorgehen des ersten Ptolemäers gegen die Juden wird durch den Pseudo-Aristeasbrief bestätigt. Der Begründer der Dynastie soll nach seiner Eroberung Jerusalems 100 000 Juden nach Ägypten verschleppt, davon 30 000 als Soldaten ausgewählt und die übrigen, Alte, Frauen und Kinder, zu Sklaven gemacht haben. Die Zahlen sind gewiß übertrieben, der Vorgang jedoch historisch. Sein Sohn Ptolemaios II. Philadelphos habe später die Freilassung der versklavten Juden befohlen.[30] Mit Tcherikover[31] ist dieser Angriff auf Jerusalem wohl kaum als Folge des Sieges bei Gaza ins Jahr 312 v. Chr. zu setzen, hier rückte Ptolemaios sofort nach Phönizien weiter, er ereignete sich vielmehr bei der letzten Eroberung des Landes 302/1 v. Chr. Die jüdischen Führer in Jerusalem scheinen sich damals auf die Seite ihrer bisherigen Herren, der Antigoniden, gestellt zu haben. Jüdische Sklaven und Söldner bildeten in der folgenden Zeit den Grundstock

---

[28] *Kindler*, IEJ 24 (1974) 73-76 und *D. Jeselsohn*, IEJ 24 (1974) 77f. Zu den Jehudmünzen allgemein und besonders zu dem Gott auf dem Flügelrad vgl. die Arbeit meines Schülers *H. Kienle*, Der Gott auf dem Flügelrad (GOF VI,7) Wiesbaden 1975 mit ausführlicher Bibliographie.

[29] C. Ap. I,208-211; Ant. XII,5f; vgl. auch Appian, Syr. 50.

[30] Ps.Aristeas 4.12ff.23. Der Gegensatz zu Ps.Hekataios, s. o. Anm. 27 u. u. S. 120, hängt vielleicht damit zusammen, daß der »Hohepriester Ezekias« 312 v. Chr. freiwillig nach Ägypten exiliert war.

[31] Hellenistic Civilization 56f gegen *Abel*, Histoire I 31.

der jüdischen Diaspora in weiten Teilen der hellenistischen Welt, wobei freilich für Ägypten zu beachten ist, daß sich dort von der Perserherrschaft her bereits eine beträchtliche jüdische Minderheit befand.[32]

Wie das ganze, während der Diadochenkämpfe heftig umstrittene Koile-Syrien hatte auch Judäa unter den Kriegswirren zu leiden, und es ist verständlich, daß diese Notzeit ihren Niederschlag in der jüdischen Überlieferung gefunden hat. Noch 1 Makk 1,9 berichtet von den Nachfolgern Alexanders: »Sie richteten viel Böses auf der Welt an«. Die Eroberung Jerusalems durch Ptolemaios I. könnte zum Beispiel in Sach 14,1ff nachklingen: »Die Stadt wird genommen, die Häuser werden geplündert, die Frauen geschändet, die Hälfte der Stadt muß weg in die Verbannung, doch der Rest der Bevölkerung wird nicht vertilgt aus der Stadt«. In Joel 4,4ff wird in einem vielleicht schon aus persischer Zeit stammenden Text den Phöniziern und den Bewohnern der Küstenebene der Verkauf jüdischer Sklaven an die Griechen vorgeworfen und ihnen umgekehrt angedroht, daß ihre Kinder von den Judäern an die Südaraber verkauft werden.[33] Die ständige Demonstration griechischer Kriegsmacht weckte auch wieder das Interesse an der eigenen altisraelitischen Tradition vom »Heiligen Krieg«. So in den Chronikbüchern,[34] wo die mehrfache Betonung der »mit Stoßlanze und Langschild« ausgerüsteten Kriegsmacht Judas an die schon seit der Perserzeit in Palästina bekannte griechische Phalanx erinnert, auch die stolze Schilderung des Festungsbaus, der Heeresorganisation und vor allem der kunstvollen Kriegsmaschinen des Königs Ussia dürfte am griechisch-makedonischen Vorbild orientiert sein. Der

---

[32] *Hengel,* Judentum und Hellenismus 27ff.79ff; s. u. S. 116f.
[33] *Hengel,* Judentum und Hellenismus 81.
[34] Vgl. 1 Chr 12,9.25; 2 Chr 11,12; 12,35; 14,7; 25,5; Festungsbau und Kriegsmaschinen: 2 Chr 26,9.14ff, vgl. auch die königliche Domänenwirtschaft V. 10; Ablehnung der Söldner aus dem Nordreich beim Krieg gegen die Seiriter von Sela (Petra) 25,6ff. Zum hellenistischen Einfluß auf die Chronikbücher s. *Welten,* Geschichte und Geschichtsdarstellung 106ff.110ff.199ff. Zu dem chronistischen Werk und der hellenistischen Geschichtsschreibung s. *Bickerman,* From Ezra 11-31. Zur Tradition vom »Heiligen Krieg« s. M. *Hengel,* Die Zeloten (AGSU 1) Leiden ²1975, 277ff.

Befehl des Propheten an die Judäer, nicht zusammen mit Söldnern aus dem Nordreich zu kämpfen, und der Plünderungszug der Abgewiesenen weisen auf Spannungen gegenüber den Samaritanern hin und illustrieren zugleich das Söldnerunwesen der hellenistischen Zeit. Der Haß gegen die militärische Übermacht der fremden Eroberer wird schließlich in Sach 9,13f sichtbar:

> »Ja ich spanne mir Juda,
> auf den Bogen lege ich Ephraim.
> Ich schwinge deine Söhne, o Zion,
> gegen die Söhne von Jawan (= Ioniens, d. h. Griechenlands)
> und mache dich zum Schwert eines Helden«.

Israel selbst wird zur Waffe Gottes gegen die Makedonen und Griechen. Hier deutet sich eine Haltung an, die dann in der Kriegsrolle von Qumran ihre Vollendung findet. Den in den Chronikbüchern wie in der prophetisch-akpokalyptischen Überlieferung jener Zeit sichtbar werdenden »Weltkriegsdimensionen«[35] des Heiligen Krieges widerspricht freilich in eigenartiger Weise die geringe politische Bedeutung des kleinen jüdischen Staates. Religiöser Anspruch und politische Wirklichkeit standen hier in unversöhnlichem Gegensatz zueinander. Dieser Gegensatz sollte die jüdische Geschichte der nächsten 450 Jahre bestimmen.

§ 3 Palästina unter den Ptolemäern bis zum Regierungsantritt des Seleukiden Antiochos III. (301-223 v. Chr.)

Die auf die endgültige Besetzung durch Ptolemaios I. nach Ipsos (301) folgende hundertjährige ptolemäische Herrschaft hat Palästina in neuer Weise geprägt und verwandelt. Mit Ausnahme des 4. Syrischen Krieges (219-17) war es für den größten Teil des Landes eine *Friedenszeit*, und besonders das palästinische Judentum sollte in den darauffolgenden 350 Jahren keine derartige Friedensepoche mehr erleben. Die Nachricht des Polybios über die Sym-

---

[35] *Welten*, Geschichte und Geschichtsdarstellung 201; *Hengel*, Judentum und Hellenismus 31f.

pathie der Bewohner von Koile-Syrien für die Lagiden mag hier ihre Ursachen haben.¹ Leider sind unsere Quellen mehr als dürftig, und das wenige, was wir besitzen, ist recht zufällig, so daß sich nur ein sehr fragmentarisches Bild dieser wichtigen Epoche entwerfen läßt. Dabei kann die Situation in Palästina bzw. Koile-Syrien immer nur im Gesamtrahmen der Geschichte der hellenistischen Monarchien gesehen werden.

Zunächst war Ptolemaios noch nicht unbestritten im Besitz der ganzen Provinz *»Syrien und Phönizien«*, wie die offizielle ptolemäische Bezeichnung lautete.² Demetrios Poliorketes, der »Seekönig«, beherrschte auch nach der Niederlage von Ipsos und dem Tode seines Vaters weiterhin die phönizischen Städte Tyros und Sidon und unternahm im Jahre 296 sogar noch einmal einen Vorstoß nach Palästina, bei dem er nach der Chronik Eusebs Samaria zerstört haben soll. Zug um Zug brachte jedoch Ptolemaios das Seereich des Antigoniden in seine Hand. Spätestens zehn Jahre später kontrollierte er auch die phönizischen Küstenstädte.³ Die Grenze gegenüber dem Reich der Seleukiden blieb, obwohl diese ihre Ansprüche nicht aufgaben,⁴ relativ stabil. Sie verlief von dem kleinen Fluß Eleutheros, dem heutigen Nahr al-Kabīr, über die Biqaʿ nördlich Baalbek auf das umstrittene Damaskos zu.⁵ Das ptolemäische Herrschaftsgebiet umfaßte so das eigentliche »Koile-Syrien«⁶, das heißt Palästina und die Biqaʿ, und dazu noch — außer Arados, das eine eigenständige Rolle spielte⁷ — die phönizischen Städte. Sie begründeten zusammen mit Zypern, der kleinasiatischen Südküste und den Wäldern des Libanon die Seemacht der Lagiden.

---

[1] Polybios V,86,10.
[2] *Hengel*, Judentum und Hellenismus 10 Anm. 4.
[3] Euseb, Chron. des Hieronymus ed. *Helm*, GCS 47,127f, vgl. 369; dazu *Hengel*, Judentum und Hellenismus 9 Anm. 2; *Will*, Histoire I 73.79f. S. u. S. 93.
[4] Diod. XXI,1 fr. 5; Polyb. V,67,4-10; *Hengel*, Judentum und Hellenismus 8 Anm. 1.
[5] *Hengel*, Judentum und Hellenismus 11 Anm. 12.
[6] Zum Begriff: *Bickerman*, Coelé-Syrie 256-260; *Tcherikover*, Hellenistic Civilization 423 Anm. 36.
[7] H. *Seyrig*, Aradus et sa pérée sous les rois Séleucides: Syria 28 (1951) 206-220. *Jones*, Cities 238f.

E. Will charakterisiert das Verhältnis der beiden Großreiche in der Zeit zwischen der Ermordung Seleukos' I. und der Thronbesteigung Antiochos' III. als »l'impossible stabilité«[8]. Aufgrund der inneren Schwäche des Seleukidenreiches waren zunächst die das östliche Mittelmeer beherrschenden Ptolemäer im Vorteil. Der hochbegabte, tatkräftige Ptolemaios II. Philadelphos ([284]282-246) führte Ägypten auf den Höhepunkt seiner Macht. Die erste Auseinandersetzung, der sogenannte syrische Erbfolgekrieg (280/279), begann mit einer Meuterei der seleukidischen Truppen in der nordsyrischen Seleukis, vor allem der Militärbasis Apameia, hinter der vermutlich die Agitation des 2. Ptolemäers stand. Dennoch kam es zu keiner Verschiebung der ptolemäischen Grenze nach Norden; dafür konnte Ägypten seine Besitzungen an der Küste Kleinasiens ausdehnen.[9] Zwei Jahre darauf unterwarf Ptolemaios II. in einem erfolgreichen Feldzug die Nabatäer und brachte dadurch die Kontrolle des Aromatenhandels mit Gerrha und Südarabien an sich, der von jetzt an vor allem über die ptolemäische Festung Gaza gelenkt wurde. Die Handelsverbindungen von Petra nach dem nördlichen Syrien wurden damit abgeschnitten. Um die arabischen Stämme auch weiterhin in Schach zu halten, baute man in Palästina die Süd- und Ostgrenze militärisch aus. Spuren dieser ptolemäischen »Militärgrenze« sind in jüngster Zeit wieder klar hervorgetreten.[10] Der sogenannte 1. (in Wirklichkeit 2.) Syrische Krieg wurde ausgelöst durch einen — allerdings erfolglosen— Angriff des mit Antiochos I. verbündeten Magas von der Kyrenaika aus gegen Ägypten. Die folgenden Ereignisse lassen sich nur noch hypothetisch rekonstruieren. Um einem seleukidischen Vorstoß auf Koile-Syrien zuvorzukommen, stieß Ptolemaios II. bis nach Syrien in die Gegend von

---

[8] *Will*, Histoire I 115.
[9] *H. Volkmann*, Art. Ptolemaios in: PRECA XXIII,2 (1959) 1646; *Will*, Histoire I 121ff.
[10] *W. W. Tarn*, Ptolemy II and Arabia: JEA 15 (1929) 9-25; *H. Kortenbeutel*, Der ägyptische Süd- und Osthandel in der Politik der Ptolemäer und römischen Kaiser (phil. Diss.) Berlin 1931. Zu Palästina s. *Hengel*, Judentum und Hellenismus 25.27.71f. Vgl. auch *F. Altheim/R. Stiehl*, Die Araber in der Alten Welt I, Berlin 1963, 65-79: Ptolemäer u. Nabatäer.

Hamat vor,[11] während Antiochos durch eine Kriegslist Damaskos eroberte. Sein Angriff scheint jedoch aufs Ganze gesehen gescheitert zu sein, so daß man 271/70 in Alexandrien in prunkvoller Weise den Sieg feierte. Die Pompé des 2. Ptolemäers war zugleich ein besonderes Bekenntnis zum Kult des Dionysos, von dem die Dynastie ihre Abstammung mütterlicherseits ableitete. Als der »Welteroberer« war er zugleich der Garant des königlichen Sieges. Nach den Zenon-Papyri ist Damaskos 259 v. Chr. wieder fest in ptolemäischem Besitz, wahrscheinlich hatte die Stadt jedoch durch die Umleitung des Arabienhandels viel von ihrer Bedeutung eingebüßt.[12] Der sogenannte 2. Syrische Krieg (260-253) wurde fast ausschließlich in Kleinasien und der Ägäis geführt und berührte Palästina kaum. Die Vermutung, daß es Antiochos II. gelang, die Grenze bis auf eine Linie zwischen Berytos und Sidon nach Süden zu verschieben, ist sehr fragwürdig.[13]

Durch das *Zenon-Archiv* bekommen wir aus dieser Zeit näheren Aufschluß über Palästina. Unter den dort erhaltenen ca. 2000 Dokumenten beziehen sich etwa 40 auf Syrien und Phönizien.[14] Von kriegerischen Auseinandersetzungen ist darin praktisch nichts zu spüren, wohl aber von einer intensiven politischen und wirtschaftlichen Aktivität.[15] Im Auftrage des Finanzministers Apollonios

---

[11] *D. Lorton*, The Supposed Expedition of Ptolemy II to Persia: JEA 57 (1971) 160-164. Theognis XVII,86 spricht davon, daß P. von »Phönizien, Arabien und Syrien« ein Stück »abgeschnitten« habe.

[12] Polyaen. IV,15; PCZ 59006; vgl. *M. Rostovtzeff*, Caravan Cities, Oxford 1932, 95ff und *Will*, Histoire I 128f; *Tcherikover*, Palestine 34ff. Zur Pompe s. Athenaios V, p. 196ff, nach Kallixenos v. Rhodos.

[13] Gegen *U. Kahrstedt*, Syrische Territorien in hellenistischer Zeit (AGG NF XIX,2) Berlin 1926, 23f, und *Will*, Histoire I 209.215. PCZ 59251 besagt nicht, daß Sidon die erste Stadt südlich der (neuen) Grenze war. PSI 495 nennt zum Beispiel eine ptolemäische Garnison in Tripolis. Vgl. *Tcherikover*, Palestine 81 Anm. 51. Die erste ptolemäische Stadt an der Küste war Orthosia.

[14] Grundlegend *Tcherikover*, Palestine; *ders.*, Hellenistic Civilization 60ff; die die Juden betreffenden Papyri sind gesammelt in: *V. A. Tcherikover/A. Fuks*, CPJ I 115-146. Vgl. *Abel*, Histoire I 60-71; *Hengel*, Judentum und Hellenismus 10.38f.76ff.92f.486ff.

[15] *W. W. Tarn*, JHS 46 (1926) 162: »The Zenonpapyri exhibit a country which might never have heard of battles, with its finance minister

reiste Zenon von Januar 259 v. Chr. bis Februar 258 kreuz und quer durch das ganze Land. Die erste und größte Reise führte ihn in fünf Monaten mit einem exquisiten Gefolge von hohen Beamten und Offizieren von Stratonsturm an der Küste über Jerusalem und Jericho im Ostjordanland zur Festung des jüdischen Magnaten Tobias in der Ammanitis, darauf nach Norden bis in den Hauran und an die Jordanquellen. Von dort kehrte er über Galiläa, wo Apollonios in Bet ʿAnat (Baitanata) ein riesiges Weingut besaß, an die Küste nach Ake-Ptolemaïs zurück.[16] Es folgten Abstecher in die phönizischen Städte, nach Gaza und in die idumäischen Hauptorte Marisa und Adora. Außerdem waren ständig Agenten für Apollonios bzw. Zenon in den verschiedenen Teilen des Landes tätig. Diese ausgedehnte Wirksamkeit Zenons als Bevollmächtigter des Apollonios, der selbst wieder die rechte Hand des Königs war, zeigt das rege Interesse, das man in Alexandrien der nordöstlichen Grenzprovinz entgegenbrachte. Das Ziel war offenbar, ihre politische Verwaltung und wirtschaftliche Erschließung ebenso straff und effektiv zu gestalten wie dies in Ägypten bereits der Fall war. Dahinter stand die für die hellenistischen Monarchien grundlegende Vorstellung, daß das ganze Herrschaftsgebiet Besitz des Königs sei, das er so souverän verwalten könne wie ein makedonischer Grundbesitzer sein Hofgut. In Ägypten erhielt dieser Grundsatz seine letzte Vollendung. So bestand im ptolemäischen Machtbereich nicht nur ein strenges Münzmonopol mit einem eigenständigen, vom üblichen attischen abweichenden Münzfuß, sondern auch ein Produktions- und Handelsmonopol für die wichtigsten Wirtschaftsgüter, insbesondere Getreide, Öl, Leinen etc. Die Agrarerzeugung auf dem »Königsland« war streng vorgeplant; durch ein kompliziertes System von Verpachtung und staatlicher Überwachung wurden praktisch alle Produktions- und Geschäftszweige erfaßt, so daß der königlichen Kasse ständig große Finanzmittel zuflossen. Besonders scharf wurde dabei der Außenhandel kontrolliert und zugleich mit hohen Zöllen belegt. Diese intensive Nutzung der Reichtümer Ägyptens bildete im 3. Jahrhundert die Grundlage für die politisch-

---

seemingly anxious only about his new apple-trees.«
[16] Zur Reiseroute S. *Mittmann*, Zenon im Ostjordanland, in: Archäologie und Altes Testament, Festschr. K. Galling, Tübingen 1970, 199-210.

militärische Überlegenheit der Ptolemäer im östlichen Mittelmeerraum. Alexandrien wurde das größte Wirtschaftszentrum der hellenistischen Welt, und das ägyptische Gold spielte im Griechenland des 3. Jahrhunderts gegen die makedonische Vormacht eine ähnliche Rolle wie einstmals das persische.[17] Das ptolemäische Ägypten wurde so nach den Worten von W. W. Tarn »a money-making machine«[18]. Athenaios (V, 203b) schließt die Schilderung der einzigartigen πομπή des 2. Ptolemäers mit der Frage ab: »Welches Königreich war so reich an Gold?« Daß man nun versuchte, den ägyptischen »Staatskapitalismus« auch in der Provinz einzuführen,[19] zeigen zwei knapp ein Jahr vor der Reise Zenons erlassene königliche Gesetze über den Steuerzensus des Viehs und der eingeborenen Sklaven in »Syrien und Phönizien«. Ihre Erfassung sollte durch die »Dorfsteuerpächter« und »Dorfschulzen« selbst im letzten Weiler erfolgen, falsche Angaben wurden mit schweren Strafen bedroht.[20] Die Reise Zenons mag mit der Überwachung dieses Gesetzes zusammenhängen. Die Kontakte mit dem Ostjordanland und Gaza deuten weiter eine Einflußnahme auf den Aromatenhandel an, der eine weitere Quelle des Reichtums ausmachte. Die Steigerung der wirtschaftlichen Produktivität erweist sich auch aufgrund der starken Zunahme der Münzfunde in Palästina aus der Zeit des 2. Ptolemäers, darunter erstmals auch Kupfergeld, die Münze des kleinen Mannes. Erst jetzt verdrängte das gemünzte Geld den traditionellen Tauschhandel. Man kann daraus schließen, daß es dem König und seinem Minister gelang, nicht nur die Ertragskraft Ägyptens, sondern auch die der Provinz »Syrien und Phönizien« erheblich zu erhöhen. Wir hören vom — freilich streng überwachten — Export von Sklaven, Getreide, Öl und Wein; auch die welt-

---

[17] Zur ptolemäischen Wirtschaftspolitik s. *Préaux*, L'économie; *Rostovtzeff*, Social and Economic History I 255-422; zu ihren außenpolitischen Aspekten s. *Will*, Histoire I 148-178, dort 155 zur Münzpolitik. Zur wirtschaftlichen Rolle Alexandriens s. *Fraser*, Ptolemaic Alexandria I 132-188.

[18] *Tarn/Griffith*, Hellenistic Civilization 179 (= Die Kultur der hellenistischen Welt, Damstadt 1966, 211).

[19] *Hengel*, Judentum und Hellenismus 35ff.67ff.76ff.

[20] PER 24552 gr (= SB 8008); Text mit Bibliographie und Kommentar bei *Lenger*, Corpus 37ff Nr. 21/22.

berühmten Balsamplantagen bei Jericho und ʿEn Gᵉdi (Engaddi) wurden als »Königsgut« intensiver genutzt als zuvor in persischer Zeit. Aus Ägypten kamen dagegen Importe von Papyrus, Leinen, Glas und Luxusgütern. Ähnlich wie in Ägypten wurden in Palästina auch technische Verbesserungen und der Anbau neuer Pflanzen und Sorten eingeführt. So pflanzte man zum Beispiel in dem Weingut des Apollonios im galiläischen Bet ʿAnat 80 000 Qualitätsreben von der Insel Kos an, deren Ertrag sich nicht mehr von den beliebten Importen aus der Ägäis unterschied. Weitere Verbesserungen brachte die künstliche Bewässerung, Schöpfrad, Saatpflug, Schraubenpresse und anderes.[21] Daß der hellenistische Einfluß in Palästina sich zunächst vor allem auf wirtschaftlichem Gebiet manifestierte, zeigen bereits die Ostraka aus Ḥirbat al-Kōm, die wahrscheinlich auf das 6. Jahr des 2. Ptolemäers, 277 v. Chr., zu datieren sind, das heißt noch 18 Jahre vor der Reise Zenons liegen, und aus dem Archiv eines idumäischen Geldverleihers *Kôs-jadaʿ bin Ḥannaʾ* stammen. Vier davon sind edomitisch, eines griechisch und eines zweisprachig. Es erscheint im Grunde schon hier jenes kulturell gemischte Milieu, das uns dann wenig später — unter zusätzlichem phönizischem Einfluß — wieder in der idumäischen Hauptstadt Marisa begegnet.[22]

Untrennbar verbunden mit der wirtschaftlichen Erschließung war der Ausbau der Verwaltung. Hauptstadt der Provinz wurde vermutlich Ake-Ptolemaïs, das kurz vor der Reise Zenons 261 v. Chr. seinen neuen Namen erhalten hatte.[23] Der oben erwähnte königliche Erlaß nennt einen »Finanzverwalter« für »Syrien und Phönizien«, man wird neben ihm für die politisch-militärische Verwaltung mit H. Bengtson einen Strategen als obersten Beamten annehmen dürfen. Die wohl schon auf die Alexanderzeit bzw. Anti-

---

[21] *Rostovtzeff*, Social and Economic History I 351ff; *Hengel*, Judentum und Hellenismus 76f.84ff.91ff. Zu Bet ʿAnat s. *ders.*, ZNW 59 (1968) 11ff.23ff.
[22] *L. A. Geraty*, Third Century B. C. Ostraca from Khirbet el Kom, Phil. Diss. Harvard Divinity School 1972; Summary HThR 65 (1972) 595f. Vgl. den Sammelbericht von *J. S. Holladay*, IEJ 21 (1971) 175ff; RB 78 (1971) 593ff.
[23] *Hengel*, Judentum und Hellenismus 36f.

gonos zurückgehende Einteilung in Hyparchien und Toparchien wurde weiter ausgebaut mit dem Ziel, wie in Ägypten jedes einzelne Dorf als die kleinste Verwaltungseinheit fiskalisch zu erfassen und optimal auszubeuten. Auch die Hyparchien unterstanden ähnlich wie die Gaue in Ägypten einem politisch-militärischen Strategen und einem »oikonomos« für die Finanzverwaltung. In Marisa, der Hauptstadt der »Hyparchie« Idumaia, begegnen uns in einem Brief Zenons fünf verschiedene ptolemäische Beamte. Die hellenistische Verwaltungsbürokratie hielt so auch in der Provinz Einzug, griechische Händler und Beamte drangen bis ins letzte palästinische Gehöft vor.[24] Auffällig ist dabei, daß in der ganzen Zenon-Korrespondenz eine seleukidische Stadt bzw. das seleukidische Reich mit keinem Wort erwähnt werden. Das Nachbarland war für den Agenten des Finanzministers gewissermaßen »nicht existent«, eine Sprachregelung, die an Formen moderner Zensur erinnert.[25] Der militärischen Sicherung gegenüber den Seleukiden im Norden und den Arabern im Osten und Süden diente ein intensiver Festungsbau, von dem eine Fülle archäologischer Spuren erhalten ist, so etwa besonders eindrucksvoll in Samaria, weiter die Neugründung von Militärsiedlungen und Städten. Dazu gehört Philoteria am See Genezareth, vormals Bet Järaḥ, das nach einer Schwester des Philadelphos benannt wurde. In Skythopolis, dem alten Bet Šeʾan, siedelte man vermutlich Söldner aus dem Bosporanischen Reich an. Die Stadt entwickelte sich zu einem Zentrum des Dionysoskultes, in dem besonders auch dessen Amme — vermutlich eine hellenisierte semitische Göttin — verehrt wurde. Die Gründung der Stadt wurde dem Gott selbst zugeschrieben.[26] Damaskos wurde möglicherweise als Arsinoë neubegründet, eine zweite Siedlung dieses Namens lag vielleicht in der Biqaʿ.[27] Pella erhielt die Bezeich-

---

[24] *Bengtson*, Strategie III 166ff; *Hengel*, Judentum und Hellenismus 36ff. Zu Marisa s. PCZ 59015 dazu *Tcherikover*, Palestine 40ff und Hellenistic Civilization 65f. Einen ausführlichen Kommentar gibt *F.-M. Abel*, Marisa dans le Papyrus 71 de Zénon...: RB 33 (1924) 566-574.

[25] *Tcherikover*, Palestine 81 Anm. 56.

[26] *M. Avi-Yonah*, Scythopolis: IEJ 12 (1962) 123-134. Vgl. *Schürer*, Geschichte des jüdischen Volkes II 56.171.

[27] *Tscherikower*, Städtegründungen 65ff.

nung Berenike, aus der alten Festung Rabbat-'Ammon wurde Philadelpheia und aus Baalbek Heliopolis. Auch eine ganze Reihe von kleineren phönizischen Orten an der Küste wie Leontonpolis, Ornithonpolis, Sykaminonpolis, Boukolonpolis, Krokodeilonpolis und Porphyreonpolis werden ihre in Analogie zu gräkoägyptischen Ortsnamen gebildeten Bezeichnungen in ptolemäischer Zeit erhalten haben.[28] 2 Makk 6,8 spricht in allgemeiner Weise von den Judäa »benachbarten hellenistischen Städten« (Ἑλληνίδας πόλεις). Ihre »Hellenisierung« wird zum größten Teil in die Zeit der relativ ruhigen Ptolemäerherrschaft zurückgehen. Eine bislang namenlose rein hellenistische Siedlung mit großer wirtschaftlicher Aktivität und beträchtlichem Reichtum wurde in Tel 'Anafa am Hūla-Becken ausgegraben. Die bisherigen Grabungsergebnisse betreffen zwar vor allem die seleukidische Ära des 2. Jahrhunderts v. Chr., doch wurden darunter noch ältere Schichten aus ptolemäischer Zeit entdeckt.[29] Auch die traditionsreichen phönizischen Städte an der Küste nahmen zum Teil hellenistische Verfassungsformen an. So gab sich Sidon nach dem Tode seines letzten Königs, des ptolemäischen Admirals Philokles, eine demokratische Verfassung. Die Konkurrentin Tyros wählte dagegen 274 v. Chr. eine aristokratische Konstitution unter Suffeten. Bei anderen Küstenstädten bis hinab nach Gaza wird man eine ähnliche »hellenisierende« Umformung der städtischen Verfassungen voraussetzen dürfen.[30] Tyrer und Sidonier erscheinen ab dem Ende des 3. Jahrhunderts als Teilnehmer bei — nur für »Hellenen« offenstehenden — Wettkämpfen in Griechenland.[31] In einigen Städten, Damaskos, Gerasa, Samaria, Philoteria und Marisa, wie auch im seleukidischen Dura-Europos am Euphrat finden wir Reste der typisch frühhellenistischen, rechtwinkligen,

---

[28] Pseudo-Skylax c. 87; Strabo XVI,2,27 (758); Plin. d. Ä. h. n. 5,75ff; dazu *G. Hölscher* in: PRECA XXII,1 (1953) 271f. Auf je ein »Berenike« auf der Golanhochfläche und in der Küstenebene beim späteren Antipatris weist *Alt*, Kleine Schriften II 386 Anm. 3, hin. Er vermutet hier »Vororte einer Domäne«.

[29] *S. S. Weinberg*, Tel Anafa: The Hellenistic Town: IEJ 21 (1971) 86-109.

[30] *Jones*, Cities 239ff; *Abel*, Histoire I 51ff; *Tcherikover*, Hellenistic Civilization 90ff; *ders.*, Palestine 44f.

[31] *Hengel*, Judentum und Hellenismus 131f; s. u. S. 93.

hippodamischen Stadtanlage. Auch die zahlreichen dem griechischen Mythos verpflichteten Gründungssagen palästinischer und syrisch-phönizischer Städte, die dann in römischer Zeit auf den Stadtmünzen und schließlich in den Ethnika des Stephanus von Byzanz ihren Niederschlag fanden, mögen teilweise auf jene Frühzeit zurückgehen.[32]
Politisch ließ sich freilich die Provinz trotz der ptolemäischen Bemühungen aufgrund ihrer Vielfalt nicht so leicht vereinheitlichen. Den — relativ selbständigen — Städten an der Küste standen als ἔθνη organisierte »Völkerschaften« im Inneren gegenüber,[33] dazu kamen die vor allem auf dem Königsland errichteten Militärkolonien, die nur eingeschränkte »Stadtrechte« besaßen. Die strenge Unterscheidung zwischen Eingeborenen und Griechen und Makedonen, die in Ägypten bewußt aufrecht erhalten wurde, scheint sich in »Syrien und Palästina« nicht so schroff durchgesetzt zu haben. Konkubinate mit Eingeborenen waren wohl relativ häufig,[34] in der Festung des jüdischen Magnaten Tobias im Ostjordanland begegnen uns einträchtig vereint makedonische und jüdische Soldaten. Tobias selbst bediente sich eines griechischen Sekretärs, sein Briefwechsel mit Apollonios und dem König erweist ihn als sehr selbstbewußten Herrn. Nach Josephus war er der Schwager des Hohenpriesters Onias II., er ist der erste Jude — wenn man von dem Hohenpriester Ezekias bei Pseudo-Hekataios absieht —, der in hellenistischer Zeit in einflußreicher Stellung hervortritt.[35] Die ptolemäische Verwaltung konnte — im Gegensatz zu Ägypten — auf die

---

[32] *Hengel,* Judentum und Hellenismus 91 Anm. 362; vgl. *A. Kriesis,* Greek Town Building, Athen 1965, 71ff. Zu den Gründungssagen s. *Hengel,* Judentum und Hellenismus 474 Anm. 24; *Schürer,* Geschichte des jüdischen Volkes II 27-47; *S. A. Cook,* The Religion of Ancient Palestine, London 1930, 153-225.

[33] Zur Unterscheidung zwischen πόλις und ἔθνος s. *Bickerman,* Institutions 141ff.164ff u. o. S. 22 Anm. 45.

[34] Siehe den Erlaß Ptolemaios' II. über die Erfassung der eingeborenen Sklaven o. Anm. 20. *Lenger,* Corpus 43 Nr. 22 Z. 17ff über die Soldaten und andere Ansiedler, die mit eingeborenen Frauen zusammenleben. Vgl. u. S. 86ff.

[35] PCZ 59003; 59076; 59075 = *V. A. Tcherikover/A. Fuks,* CPJ I 118ff. 125ff Nr. 1.2.4.5; *Hengel,* Judentum und Hellenismus 27.41.92f.488ff.

gleichberechtigte Mitwirkung der einheimischen Aristokratie nicht verzichten. Die Zenon-Papyri beleuchten zugleich deutlich die Schwierigkeiten der neuen Herren mit der selbstbewußten eingeborenen Bevölkerung. Ein jüdischer Dorfältester Jeddus vertrieb den Agenten Zenons samt dem Vertreter der ptolemäischen Verwaltung, die eine Schuld eintreiben wollten, mit Brachialgewalt aus seinem Dorfe. Zwei idumäische Scheikhs, die zwei Sklaven an Zenon verkauft hatten, verweigerten, als diese zu ihnen zurückgeflüchtet waren, die Herausgabe und forderten eine neue zusätzliche Zahlung.[36] Die Weinbauern der Großdomäne des Apollonios in Bet ʿAnat protestierten energisch gegen zu hohe Abgaben und appellierten an den Minister.[37] Auf der anderen Seite mußte die königliche Verwaltung im Interesse einer geordneten Feldbestellung und Steuerzahlung die halbhörigen Bauern (σώματα λαϊκὰ ἐλεύθερα) gegenüber griechischen Abenteurern und Freibeutern schützen. Sie verbot darum die willkürliche Versklavung der Landbevölkerung. Die soziale Situation in Palästina unter der Herrschaft der ersten Ptolemäer war so mehrschichtig. Während die einheimische Aristokratie ihre Position unter den neuen Herren eher verbesserte, da sie am wirtschaftlichen Aufschwung partizipierte und wenigstens teilweise bereit war, sich der hellenistischen Führungsschicht in Lebensstil und Sprache anzupassen, wurden die breiteren Volksschichten durch die intensiveren Formen staatlicher und privater Nutzung stärker ausgebeutet. Da der König jedoch die Ertragskraft des Landes erhalten wollte, mußte er andererseits auf gewisse Grundrechte der Bevölkerung Rücksicht nehmen und einer direkten Verelendung entgegenwirken. Auch die Möglichkeit der Petition und Beschwerde innerhalb der hierarchisch gestuften königlichen Bürokratie, die sich an alte ägyptische Königstradition anschloß, bewirkte eine gewisse Entlastung.[38]

Ein wichtiges Zwischenglied in der Vermittlung der hellenistischen

---

[36] PCZ 59015; dazu s. o. Anm. 24; PCZ 59018 = *V. A. Tcherikover/ A. Fuks,* CPJ I 129f Nr. 6.
[37] P. Lond. 1948 und PSI 554 dazu *M. Hengel,* Das Gleichnis von den Weingärtnern Mc 12,1-12 im Lichte der Zenonpapyri und der rabbinischen Gleichnisse: ZNW 59 (1968) 11-16.23ff.
[38] *Hengel,* Judentum und Hellenismus 74f.79ff.93ff.

Kultur in Palästina bildeten die *Phönizier*, die ja schon lange mit den Griechen in wirtschaftlichem und kulturellem Austausch standen und von diesen auch höher geachtet wurden als andere Barbaren. In der Perserzeit beherrschten sie die ganze Küstenebene, und auch unter den Ptolemäern scheint ihr Einfluß noch stark gewesen zu sein. Dies beweist die sidonische Kolonie in dem idumäischen Hauptort Marisa, die gegen Mitte des 3. Jahrhunderts gegründet wurde und in der sich eine hellenistisch-phönizisch-idumäische Mischkultur entwickelte. Die Kolonie der »Sidonier in Marisa« stand unter der Leitung eines ἄρχων; das Griechische war die vorherrschende Sprache, und ihre Grabmalereien mit dionysischen Tanzszenen, Jagd- und Tierbildern zeigen alexandrinischen Einfluß. Derartige sidonische Kolonien befanden sich vermutlich auch in Sichem und in Rabbat-ʿAmmon-Philadelpheia.[39]

Daß die eigentlichen Fähigkeiten des 2. Ptolemäers weniger in der Kriegsführung als im Bereich der Wirtschaft und Verwaltung und nicht zuletzt in der Diplomatie lagen, beweisen nicht nur die in den Zenon-Papyri geschilderten Verhältnisse in Ägypten und Palästina, sondern auch die Entwicklung der Beziehungen zum seleukidischen Reich nach dem 2. Syrischen Krieg, der durch die Erfolge des makedonischen Königs Antigonos Gonatas zunächst die Vormachtstellung der Ptolemäer in der Ägäis erschüttert hatte. 253 veranlaßte Philadelphos seinen bisherigen Gegner Antiochos II. zum Friedensschluß und zur Verschwägerung. Der Seleukide trennte sich von seiner bisherigen Gattin Laodike und ihren Söhnen und erklärte sich bereit, die Tochter des Ptolemaios, Berenike, zu heiraten. Der Minister Apollonios begleitete die Prinzessin von Pelusion entlang der palästinisch-phönizischen Küste bis zur Grenze.[40] Dieses »diplomatische Meisterstück«[41] endete jedoch sieben Jahre später nach dem Tode des Philadelphos (246) in einer Tragödie. Unmittelbar vor seinem Tode erkannte Antiochos II. die Rechtmäßigkeit seiner

---

[39] *Peters/Thiersch*, Painted Tombs; *Hengel*, Judentum und Hellenismus 84.115ff.535f Anm. 215.

[40] *A. Pridik*, Berenike, die Schwester König Ptolemaios III. Euergetes (Acta et commentationes Universitatis Tartuensis B. Humaniora XXXV/ XXXVI) Dorpat 1935; *Will*, Histoire I 213ff.

[41] *H. Volkmann* in: PRECA XXIII,2 (1959) 1655.

ersten Gemahlin Laodike wieder an und bestimmte ihren Sohn Seleukos II. als Nachfolger. Im Interesse ihres jungen Sohnes widersetzte sich Berenike dieser Lösung, und das Eingreifen ihres Bruders Ptolemaios III. Euergetes löste den 3. Syrischen Krieg (246-241) aus. Berenike und ihr Sohn fielen aber unmittelbar vor Eintreffen des Euergetes in Antiochien einem Mordanschlag zum Opfer, und auf erstaunliche Anfangserfolge des 3. Ptolemäers, dem nicht nur Nordsyrien und Kilikien huldigten, sondern der angeblich bis nach Babylonien vordrang, folgten schwere Rückschläge. Ein Aufstand rief den 3. Ptolemäer nach Ägypten zurück.[42] Der Gegenangriff Seleukos' II. Kallinikos führte zur Eroberung der ptolemäischen Festungen Damaskos und Orthosia an der Küste, das die Ägypter 242/41 offenbar vergeblich belagerten.[43] Der Versuch des Seleukiden, ganz Koile-Syrien zu erobern, scheiterte jedoch völlig, und der Streit mit seinem Bruder Antiochos Hierax zwang den König schließlich zum Friedensschluß, der dem 3. Ptolemäer vor allem in Südkleinasien erhebliche Geländegewinne brachte, unter anderem auch als Enklave Seleukeia in Pieria, die Hafenstadt Antiochiens.[44] Im Zusammenhang mit dem Abschluß dieser Kämpfe mag Ptolemaios III. Euergetes — wie Josephus in contra Apionem berichtet — bei einer Reise durch die Provinz auch Jerusalem besucht und dort zu Ehren seines Sieges geopfert haben.[45] Selbst das Danielbuch verfolgt in dem vaticinium ex eventu Dan 11 das Schicksal der Berenike und die Erfolge des 3. Ptolemäers mit großem Interesse, ein Zeichen, wie sehr man in jüdisch-apokalyptischen Kreisen an der ptolemäisch-seleukidischen Auseinandersetzung um das Schicksal Syriens innerlich beteiligt war.[46] Möglicherweise hat der apokalyp-

---

[42] Die Hauptquelle ist P. Petrie II Nr. 46 und III Nr. 144 = FGrHist 160. Verfasser dieses Kriegsberichts ist Ptolemaios III. oder sein Bruder Lysimachos. S. auch die Adulisinschrift OGIS 54 und Polyaen. VIII,50; dazu *Will*, Histoire I 223ff; anders *Volkmann*, PRECA XXIII,2 (1959) 1669ff.

[43] Euseb, Chron. (ed. *Karst* GCS 20, 118) für 242/1 v. Chr. (nach FGrHist 260 F 32 aus Porphyrios).

[44] Justin, epit. XXVII,2,5-9, vgl. Dan 11,9.

[45] C. Ap. II,48.

[46] Dan 11,5-9, dazu der Kommentar des Hieronymus, Migne PL 25 (1884) 559ff = CC 75A (1964) 899ff, der selbst wieder aus Porphyrios, ad-

tische Verfasser in sein Vaticinium eine Chronik der Diadochenreiche eingearbeitet.

Die Entlassung des Dioiketen Apollonios wie auch der Versuch einer Vereinfachung der Verwaltung durch die Einführung der Gaustrategie und die Aufhebung der Trennung zwischen militärischer und ökonomischer Exekutive führte offenbar zu einem Rückgang der wirtschaftlichen Erträge. Der König mußte zu einer Münzverschlechterung Zuflucht nehmen, die sich unter dem 4. Ptolemäer fortsetzte und die allmählich zu einer Inflation des Kupfergeldes führte.[47] Vermutlich in die Zeit des Euergetes fällt der erste Teil der — freilich stark romanhaft ausgestalteten — *Tobiadengeschichte*, die uns durch Josephus erhalten ist, der sie allerdings chronologisch falsch einordnet.[48] Sie beleuchtet den Wechsel der Situation in Palästina unter dem 3. Ptolemäer. Danach soll der Hohepriester Onias II., der Schwager des durch die Zenon-Papyri bekannten Feudalherrn Tobias, dem König die jährliche Tributzahlung verweigert haben. Wahrscheinlich geschah dies nicht, wie der Tobiadenroman berichtet, aus Altersstarrsinn, sondern weil man der Bevormundung durch die ptolemäische Verwaltung müde war und vielleicht auch einen Machtwechsel zugunsten Seleukos II. Kallinikos erwartete. Der König drohte prompt mit der Enteignung des jüdischen Landes und der Ansiedlung von Militärkolonisten. Durch das Dazwischentreten eines Neffen des Hohenpriesters und Sohnes des Feudalherrn Tobias, Joseph, wurde die Drohung abgewendet; Joseph erhielt dafür das Amt der προστασία, das heißt die politische Vertretung des jüdischen ἔθνος gegenüber der ptolemäischen Verwaltung. Er nahm jetzt in Judäa eine ähnliche Stellung ein wie einst der »*päḥah*« unter den Persern. Aufgrund einer Verdoppelung des Pachtangebots erwarb er sich in Alexandrien die Generalsteuerpacht

---

versus Christianos, schöpft (FGrHist 260 F 33-61).
[47] *A. Segré*, The Ptolemaic Copper Inflation 230-140 B. C.: American Journal of Philology 63 (1942) 174ff; *Sellers*, Coins 92; *Hengel*, Judentum und Hellenismus 52f.84f und die Münzstatistik 573.
[48] Jos. Ant. XII,158-236. Vgl. *J. A. Goldstein*, The Tales of the Tobiads, in: Christianity, Judaism . . ., Studies for Morton Smith, 1975, III, 85-123, der den historischen Wert der Berichte betont, jedoch eine andere Chronologie vorschlägt.

für ganz »Syrien und Phönizien«. Er verstand es, den Widerstand einzelner hellenisierter Städte, wie Askalon und Skythopolis, gegen die Erhöhung der Steuerpacht erfolgreich zu brechen und behielt das Amt des Steuerpächters 22 Jahre vermutlich bis zum Ausbruch des 3. Syrischen Krieges, das heißt von circa 240 bis 218 v. Chr.[49] In dieser Eigenschaft wurde er der erste jüdische »Großbankier«, der einen ständigen Agenten in Alexandrien unterhielt und dort große Summen deponierte. Diese Vorgänge fügen sich gut in die Verwaltungsreform des Königs ein, der versuchte, nach Absetzung des Finanzgenies Apollonios die komplizierte Verwaltungsbürokratie zu vereinfachen und das Steuereinkommen zu erhöhen. Die zusätzliche Ausbeutung verminderte jedoch, wie die Münzfunde in Palästina zeigen, den Bargeldumlauf, und es setzte unter seiner Herrschaft der allmähliche wirtschaftliche Niedergang der ptolemäischen Macht ein (s. o. Anm. 47). Für die Juden dagegen war der Aufstieg des Tobiaden Joseph gewiß nicht ungünstig, da damit das bis dahin noch relativ unbedeutende Jerusalem an wirtschaftlicher und politischer Bedeutung gewann. Noch Polybios kennt Jerusalem in erster Linie als Heiligtum, er spricht von den Juden, »die um den Hierosolyma genannten Tempel herum wohnen«[50]. Während der Feudalherr Tobias im Ostjordanland residierte, wirkten Joseph und die späteren Tobiaden in der Stadt, das heißt, auch der Adel wohnte jetzt mehr und mehr in der Hauptstadt selbst, die sich damit freilich auch stärker dem hellenistischen Einfluß öffnete. Wie schon sein Vater Tobias scheint auch Joseph sich den Bestimmungen der Tora gegenüber recht lax verhalten zu haben. Wenn der Tobiadenroman ihn nach der Schilderung seines Lebens preist: »Ein edler und großzügiger Mann, der das jüdische Volk aus Armut und elenden Verhältnissen zu einer glanzvollen Lebensgrundlage geführt hat«[51], so wird hier eine Auffassung deutlich, die später

---

[49] Ant. XII,224. Dazu *Rostovtzeff*, Social and Economic History I 349; III 1400 Anm. 132; *Tcherikover*, Hellenistic Civilization 130ff; *Hengel*, Judentum und Hellenismus 51f.489ff; *Schürer/Vermes/Millar*, History I 140 Anm. 4; 149f Anm. 30.
[50] Zit. bei Josephus, Ant. XII,136; vgl. Sib 3,213f. Zu anderen Angaben über Jerusalem s. *Hengel*, Judentum und Hellenismus 101f u. u. S. 165f.
[51] Jos. Ant. XII,224.

die jüdischen Hellenisten zur Zeit des Antiochos IV. als Programm verwirklichen wollten und die in 1 Makk 1,11 formuliert wird: Nur ein enger wirtschaftlicher, politischer und kultureller Kontakt mit der nichtjüdischen, hellenisierten — wir würden heute sagen »fortschrittlichen« — Umwelt kann die Lage der Juden in Palästina verbessern, die Abschließung war dagegen eine ständige Quelle des Unglücks.

Eine weitere Schrift, die die Situation im jüdischen Palästina unter ptolemäischer Herrschaft beleuchtet, ist das Buch Kohelet. Zwar darf man in ihm nicht den direkten Einfluß griechischer Philosophenschulen voraussetzen, der Zeitgeist der frühhellenistischen Zeit wie auch die Bekanntschaft mit griechischer Spruchweisheit und Dichtung ist jedoch darin sehr wohl zu spüren.[52] Uns interessieren hier die Hinweise auf die politischen und sozialen Verhältnisse:

> »Wenn du die Unterdrückung der Armen
> und den Entzug von Recht und Gerechtigkeit
> siehst in der Provinz,
> wundere dich nicht darüber,
> denn ein Hoher belauert den (anderen) Hohen,
> und Hohe sind über ihnen« (5,7).

Man wird darin eine Anspielung auf die ptolemäische Verwaltungsbürokratie sehen können, wie sie uns etwa in den Zenon-Papyri begegnet. Ein Hinweis auf das in den hellenistischen Monarchien verbreitete Denunziantentum finden wir in 10,20,[53] die Geldgier des neuen hellenistisch-orientalischen »Managers« wird von den selbst »im Schatten des Geldes« stehenden Weisen durchschaut und kritisiert:

> »Wer Geld liebt, wird des Geldes nicht satt,
> und wer Reichtum liebt, nicht des Gewinnes;
> auch das ist eitel.
> Wenn das Gut sich mehrt, mehren sich seine Fresser« (5,9f).

Ein Nachsatz zu 5,7 deutet wohl auf das Interesse der Ptolemäer an der Ertragssteigerung in der Landwirtschaft hin. »Aber ein

---

[52] *Braun*, Kohelet; *Hengel*, Judentum und Hellenismus 210-237.
[53] *Rostovtzeff*, Social and Economic History I 350.

Vorteil für das Land ist bei allem dies: daß ein König da ist für das bebaute Land«[54]. Das ebenfalls aus der frühhellenistischen Zeit stammende Werk des Chronisten berichtet in ähnlicher Weise von dem Interesse des Königs Ussia an der Domänenwirtschaft. Er baute nicht nur Festungen und stattete sie mit Kriegsmaschinen aus (s. o. S. 34f), sondern »besaß große Herden in der . . . Ebene, hatte Landarbeiter und Winzer auf den Bergen und im Fruchtland; denn er liebte den Ackerbau«[55].

Es ist verständlich, daß auf diesem Hintergrund die alte prophetische Kritik an Reichtum, Luxus und der Gewalttätigkeit der Herrschenden neue, aktuelle Bedeutung erhielt und die antihellenistische Opposition den sozialen Begriff »arm« im Sinne von »fromm« interpretieren konnte. Die vor allem in apokalyptischen Kreisen ausgebildete Armenfrömmigkeit enthielt damit einen deutlichen Protest gegen die Veränderung der Sozialstruktur durch die hellenistische Fremdherrschaft und ihre aristokratischen Helfershelfer.[56]

§ 4 Palästina bis zur Eroberung durch Antiochos III. (223-200 v. Chr.)

Während der ersten 80 Jahre des 3. Jahrhunderts hatten immer neu aufflammende dynastische Kämpfe, der Galliereinbruch in Kleinasien, die Rivalität des aufstrebenden pergamenischen Reiches wie auch der vorzeitige, gewaltsame Tod ihrer fähigsten Herrscher[1] mehrfach verhindert, daß sich die Seleukiden, trotz ihres ungleich größeren Reiches mit seinen unerschöpflichen Hilfsmitteln, des umstrittenen Koile-Syriens bemächtigten. Die ptolemäische Diplomatie, verbunden mit einer offensiven Verteidigungstaktik, war stärker

---

[54] Die Stelle ist textlich nicht völlig gesichert. Zum Ganzen *E. Bickerman*, Four Strange Books of the Bible, New York 1967, 141-167. *Hengel*, Judentum und Hellenismus 98ff; s. u. S. 167f.

[55] 2 Chr 26,10, vgl. auch die Liste der königlichen Funktionäre 1 Chr 27,25ff.

[56] *E. Bammel*, Art. πτωχός, in: ThW VI 889-902.

[1] Seleukos I. wurde 281, Seleukos III. Soter 223 ermordet; Antiochos II. Theos starb unter ungeklärten Umständen 246 vierzigjährig.

gewesen als alle seleukidischen Angriffsversuche. Als jedoch 223 der knapp 20jährige[2] Antiochos III. nach der Ermordung seines Bruders Seleukos III. Soter zum König erhoben wurde, lebten die alten Eroberungspläne sofort wieder auf. Obwohl der Satrap von Medien, Molon, abtrünnig geworden war, unternahm der junge König — auf Anraten seines »Wesirs« Hermias — im Sommer 221 einen ersten Angriff und überschritt die Nordgrenze der ptolemäischen Besitzungen in Syrien.[3] Der Zeitpunkt schien günstig, denn Ende 222 v. Chr. war der 3. Ptolemäer gestorben und sein erst siebzehnjähriger Sohn Ptolemaios IV. Philopator zeigte — von Erastosthenes erzogen — mehr Lust an intellektuellem und künstlerischem Spiel als an der harten Wirklichkeit von Politik und Verwaltung. Polybios zeichnet ihn als verwöhnten »rex otiosus«, der, abgeschirmt von der Hofkamarilla, sich ausgesuchten Vergnügungen hingab, ohne sich um die Belange des Reiches zu kümmern.[4]

Antiochos besetzte die Ebene Massyas, die heutige Biqaʿ, sein Angriff blieb jedoch in ihrem verengten Südende vor der von dem ptolemäischen Strategen Theodotos errichteten Verteidigungslinie zwischen den Festungen Gerrha und Brochoi stecken.[5] Nach mehreren vergeblichen Angriffen mußte sich Antiochos wieder zurückziehen. Im folgenden Jahr schlug er die Revolte der östlichen Satrapien nieder und bereitete einen neuen Angriff vor. Trotz des Abfalls seines Verwandten Achaios, der sich zum König von Kleinasien machte, richteten sich seine ganzen Pläne auf die Eroberung Koile-Syriens. Philopator hatte — von seinen Ministern Sosibios und Agathokles schlecht beraten — nicht nur versäumt, sich auf

---

[2] *Schmitt*, Untersuchungen 2ff.
[3] Polyb. V,42,5-9. Zu den Polybiosstellen im folgenden s. *F. W. Walbank*, A Historical Commentary on Polybius I, Oxford 1957.
[4] V,34; *H. Volkmann* in: PRECA XXIII/2 (1959) 1679ff; zum Datum s. *A. E. Samuel*, Ptolemaic Chronology (Münchener Beiträge z. Papyrusforschung ... 43) München 1962, 106ff. Vgl. Porphyrios nach Hieronymus in Dan 11,13 Migne PL 25 (1884) 562 = CC 75A (1964) 907: »(Antiochos) qui, contempta Philopatoris Ptolemaei ignavia ...«
[5] Polyb. V,45,5 - 46,5. Zur Lage von Gerrha und Brochoi s. *R. Hachmann* (Hrsg.), Bericht über die Ergebnisse der Ausgrabungen in Kamid el-Loz (Libanon) in den Jahren 1966 und 1967 (Saarbrücker Beiträge z. Altertumskunde 4) Bonn 1970, 84f.

einen erneuten Angriff aus dem Norden vorzubereiten, sondern überdies den Befehlshaber der Provinz und Sieger beim ersten Angriffsversuch, den fähigen Strategen Theodotos, verärgert. Antiochos begann den 4. Syrischen Krieg — in Wirklichkeit schon die sechste militärische Auseinandersetzung — im Frühjahr 219 mit der Eroberung der ptolemäischen Enklave Seleukeia in Pieria vor den Toren Antiochiens.[6] Dort erhielt er eine briefliche Aufforderung des ptolemäischen Strategen Theodotos, der sich in Ake-Ptolemaïs gegen Philopator erhoben hatte, in Koile-Syrien einzufallen. Zum erstenmal erhalten wir — durch Polybios — eine ausführliche Schilderung eines seleukidischen Feldzugs in Phönizien und Palästina. Wieder rückte Antiochos in die Biqaʿ ein, umging die Festungen Brochoi und Gerrha, gewann die Pässe bei Berytos, worauf die ptolemäischen Streitkräfte die Belagerung der abgefallenen Provinzhauptstadt Ptolemaïs aufgaben und sich zurückzogen. Mit Tyros und Ptolemaïs fielen dem König gleichzeitig große Vorräte und 40 Schiffe in die Hände.[7] Den Plan, direkt Pelusion anzugreifen, vor dem so mancher Angriff auf Ägypten gescheitert war, gab er auf, als er von den massiven Verteidigungsanstrengungen der Ägypter hörte. Stattdessen ging er daran, die kleineren Städte Phöniziens und Palästinas in Besitz zu nehmen, die sich willig ergaben; nur größere Festungen, wie zum Beispiel an der Küste Dora, wagten Widerstand zu leisten. Das tiefgestaffelte, vorzügliche ptolemäische Verteidigungssystem war durch den Verrat aufgebrochen worden. Philopator und sein Ratgeber Sosibios, von dem Abfall des Theodotos und den raschen Erfolgen des Antiochos überrascht, fühlten sich zu schwach, um sofort in Palästina einzugreifen. Sie suchten vielmehr, Zeit für Rüstungen zu gewinnen, und traten in Verhandlungen mit dem Seleukiden ein. Antiochos, mit der Belagerung von Dora beschäftigt, stimmte einem Waffenstillstand von vier Monaten über die Winterzeit zu. Er ließ Garnisonen in den eroberten Gebieten unter dem Befehl des Überläufers Theodotos zurück und begab sich mit dem Gros seines Heeres nach Seleukeia, in der von dem ägyptischen Verhandlungspartner bestärkten Hoff-

---

[6] Polyb. V,58 - 61,2; vgl. *Abel*, Histoire I 74ff.
[7] Polyb. V,40,1-3; 61,3 - 62,6.

nung, daß der Ptolemäer keine Rückeroberungsversuche machen werde und die Provinz im Grund praktisch schon erobert sei.⁸ Die von den Ägyptern geschickt manipulierten Verhandlungen in Memphis scheiterten natürlich — es gelang sogar, die ägyptischen Rüstungen vor den Augen der seleukidischen Gesandten zu verbergen —, und Antiochos machte sich im Frühjahr 218 daran, den Rest Palästinas zu erobern. Inzwischen war jedoch der ptolemäische General Nikolaos — wie Theodotos ein Ätoler — nach Phönizien vorgerückt und hatte den »Platanen-Paß« sowie Porphyreonpolis zwischen Berytos und Sidon besetzt.⁹ In einem kombinierten Land- und Seegefecht zwang ihn Antiochos zum Rückzug nach Sidon. Der Sieger verzichtete auf eine Belagerung, marschierte vielmehr in Galiläa ein, besetzte Philoteria am Ausfluß des Jordans aus dem See Genezareth, das strategisch wichtige Skythopolis und eroberte die Bergfestung Atabyrion, das heißt den Tabor, durch eine Kriegslist. Eine ganze Reihe ptolemäischer Offiziere gingen, zum Teil mit ihren Truppenverbänden, auf seine Seite über, ein deutliches Zeichen für den Verfall der ptolemäischen Herrschaft in Palästina. Seine Erfolge verdankte Antiochos zu einem guten Teil diesen Überläufern.¹⁰ Er überschritt den Jordan, nahm Pella im Jordantal und Kamus und Ephron (Gephrus) im Gebirge Gilead. Der Sinn dieses Vorstoßes ins Ostjordanland war, die Verbindung mit den arabischen Stämmen aufzunehmen, die sich prompt und einmütig auf seine Seite stellten. Man darf vermuten, daß damit vor allem die Nabatäer gemeint sind, die die Demütigung durch Philadelphos und die Einschränkung ihrer Macht durch die Ptolemäer nicht vergessen hatten.¹¹ Gestärkt durch ihre Unterstützung und reich versorgt, eroberte er die Festung Abila, der Nikias, der Freund und Verwandte eines örtlichen Dynasten, Menneos, vergeblich zu Hilfe

---

⁸ Polyb. V,66.67; *Will*, Histoire II 25ff.
⁹ Polyb. V,68,6. Vgl. Jos. Ant. XVI,361 = Bell. I,539 und *B. Spuler*, Art. Platanos 3 in: PRECA XX/2 (1950) 2338f.
¹⁰ Polyb. V,70,1-11; *Hengel*, Judentum und Hellenismus 12.
¹¹ Polyb. V,70,12; Kamus = Kamôn Ri 10,5; Jdt 4,4 (?); Jos. Ant. V,254; *Abel*, Géographie II 412; Gephrus = Ephron: 1 Makk 5,46; 2 Makk 12,27; ders., Géographie I 318f; Polybios spricht V,71,2 von der Landschaft Galatis, das heißt dem biblischen Gilead.

gekommen war. Die Ptolemäer hatten offenbar den Schutz der Ostgrenze gegen die Araber und andere Feinde — ähnlich wie in der Kleruchie des jüdischen Feudalherrn Tobias — zum Teil auch Einheimischen anvertraut.[12] Anschließend gewann er die besonders starke Festung Gadara nach kurzer Belagerung. Dort hörte er, daß in Rabbat-ʿAmmon eine starke Streitmacht zusammengezogen sei, die das Gebiet der zu Antiochos übergegangenen Araber brandschatzte; vermutlich handelte es sich dabei um Einheiten der ptolemäischen »Militärgrenze« in der Ammanitis, der Militärkolonie der Tobiaden.[13] Er stellte seine anderen Pläne zurück und schloß die schwer zugängliche Festung ein. Alle Angriffe scheiterten jedoch, bis ein Gefangener die geheime Wasserversorgung verriet, so daß die Besatzung aus Wassermangel kapitulieren mußte. Anschließend sandte Antiochos zwei der zu ihm übergegangenen ehemaligen ptolemäischen Offiziere mit 5 000 Mann »in die Gebiete bei Samaria«; man wird dabei Judäa und Jerusalem einschließen dürfen, die jedoch selbst nicht erwähnt werden.[14] Möglicherweise besteht zwischen der Eroberung des Gebiets der Tobiaden in der Ammanitis und dem Vorstoß nach Samaria-Judäa ein innerer Zusammenhang. Eigenartig ist dabei, daß der Historiker — im Gegensatz zu seinem Bericht vom 5. Syrischen Krieg — das »ethnos« der Juden mit Schweigen übergeht. Offenbar besaßen sie in Palästina für den an den großen ptolemäischen Festungen orientierten Betrachter keine eigenständige militärische Bedeutung. Gegen Ende des Jahres 218 rückte Antiochos in Ptolemaïs in die Winterquartiere ein.

Im Frühjahr des nächsten Jahres hatte Philopator seine Rüstungen abgeschlossen und marschierte von Pelusion nach Osten, Antiochos zog die Küste entlang nach Süden. Am 22. Juni 217 v. Chr. trafen sich beide Heere an der Südgrenze Palästinas bei Raphia. Ein tollkühner Mordanschlag des Überläufers Theodotos auf Ptolemaios IV. mißlang, der König wurde durch einen jüdischen Apostaten, Dositheos Sohn des Drimylos, gerettet.[15] Im buntgemischten seleu-

---

[12] Polyb. V,71,1-3; *Niese*, Geschichte II 378.
[13] Polyb. V,71,4-10; vgl. *Mittmann*, Zenon 208f.
[14] Polyb. V,71,11; vgl. denselben Sprachgebrauch 2 Makk 15,1.
[15] 3 Makk 1,3 dazu *Tcherikover/Fuks*, CPJ I 230ff Nr. 127; vgl. Polyb. V,81.

kidischen Heer kämpften unter anderem 10 000 Araber unter dem Befehl eines Zabdibelos und ausgesuchte syrische Truppen,[16] auch die Reiterei und die indischen Elefanten des Antiochos waren den afrikanischen der ägyptischen Seite überlegen. Die Entscheidung fiel jedoch durch die Standhaftigkeit der ptolemäischen Phalanx, die durch griechische Söldner und durch auf makedonische Weise geübte Ägypter gebildet wurde. Während der junge Antiochos III. die fliehende Reiterei des Gegners verfolgte, wurde sein eigenes Heer vernichtend geschlagen.[17] Diese schlachtentscheidende Wirkung der ägyptischen Eingeborenen erhöhte das Selbstbewußtsein der Fellachen in den folgenden Jahren und führte zu ständigen Unruhen in Ägypten. Antiochos flüchtete mit dem Rest seiner Armee nach Gaza und erwirkte einen kurzen Waffenstillstand, um die Toten zu begraben. Seine Verluste betrugen 10 000 Fußsoldaten und 300 Reiter, Ptolemaios büßte dagegen nur etwa 1 500 bzw. 700 ein. Der Seleukide mußte sich schleunigst aus der eroberten Provinz zurückziehen,[18] die phönizischen Städte überboten sich in Ehrenbezeigungen gegenüber ihrem legitimen Herrscher. Polybios betont ausdrücklich, daß die Sympathien der Palästiner schon immer dem Königshaus in Alexandrien gegolten hätten.[19]

Der Seleukide nahm, sobald er Antiochien erreicht hatte, unverzüglich Friedensverhandlungen auf, da er fürchtete, von Achaios in Kleinasien und von Ptolemaios im Süden in die Zange genommen zu werden. Der ägyptische König — über seinen unerwarteten Erfolg erfreut und ohne politisch-militärischen Ehrgeiz — ging nach einigem Zögern im Grunde gern darauf ein. Er hatte den eiligen Rückzug des Gegners nicht behindert und war — nach dem Raphia-Dekret — erst dann für drei Wochen auf seleukidisches Gebiet vorgerückt, als sich die Verhandlungen gar zu sehr in die Länge zo-

---

[16] Polyb. V,79,9.12; 85,4. Die »Syrer« 85,10 sind wohl mit den »aus dem ganzen Reich Ausgesuchten, auf makedonische Weise Bewaffneten« 79,4 identisch.

[17] Polyb. V,82-86; W. *Peremans*, Notes sur la bataille de Raphia: Aegyptus 31 (1951) 214ff.

[18] Vgl. Porphyrios/Hieronymus in Dan 11,12 loc. cit.: »omnem Antiochus amisit exercitum et, per desertum fugiens, paene captus est«.

[19] Polyb. V,86,9.

gen.[20] Eroberungspläne besaß er keine, selbst das verlorene Seleukeia in Pieria forderte er nicht zurück, die alte Grenze wurde einfach weitgehend wieder hergestellt. Möglicherweise wurde seine Friedensbereitschaft durch Unruhen bei den ägyptischen Truppenteilen gefördert.[21] Anstelle weiterer militärischer Erfolge ließen sich er und seine Schwestergattin Arsinoë um so mehr von den Städten der zurückeroberten Provinz feiern. Er besuchte deren Heiligtümer, um seine Verehrung für die Götter des Landes zu demonstrieren und die vielfältigen Huldigungen der Bevölkerung entgegenzunehmen.[22] Ehreninschriften aus Marisa, Ioppe und aus der Gegend von Tyros[23] zeugen von diesem Besuch des Königs in der Provinz, der nach dem Raphia-Dekret vier Monate gedauert haben soll.[24] Der legendäre Bericht des 3. Makkabäerbuches von dem verunglückten Besuch des Philopator im Tempel von Jerusalem könnte bei aller romanhaften Ausmalung doch einen historischen Kern besitzen.[25] Auch das Danielbuch, das den 4. Syrischen Krieg ausführlicher schildert, spricht abschließend von dem »Hochmut« des Philopator, der Zehntausende niederwarf, dessen Kraft jedoch keinen Bestand hatte.[26] Durch seine Trägheit und Indolenz gab der 4. Ptolemäer

---

[20] Polyb. V,87; *Thissen,* Studien 19.60ff § 23-25.
[21] Polyb. V,107,1-3, dazu *Thissen,* Studien 62, aufgrund von § 25 des Raphia-Dekrets.
[22] Polyb. V,86,11; Raphia-Dekret: *Thissen,* Studien 15 § 15f. »Er durchzog die übrigen Orte, die in seinem Reiche waren. Er ging in die Tempel, die dort waren. Er machte Brandopfer und Trankopfer, indem alle Menschen, die in den Städten waren, ihn empfingen . . .«
[23] Marisa: *F. J. Bliss/R. A. S. Macalister,* Excavations in Palestine 1898-1902, London 1902, 62f, ergänzt von *C. Clermont-Ganneau,* CRAI 1900, 535-541; Ioppe-Jaffa: *B. Lifschitz,* Beiträge zur palästinischen Epigraphik: ZDPV 78 (1962) 82f; Inschrift des Hipparchen Dorymenes aus der Gegend von Tyros: Supplementum Epigraphicum Graecum VII, Nr. 325, dazu Polyb. V,61,9.
[24] *Thissen,* Studien 19 § 26; Polyb. V,87,6 spricht von 3 Monaten.
[25] 3 Makk 1,8 - 2,24; *V. A. Tcherikover,* The Third Book of Maccabees as a Historical Source of Augustus' Time: ScrHieros 7 (1961) 1-26. Bibliographie bei *J. Tondriau,* La Dynastie Ptolémaique et la religion dionysiaque: Chronique d'Égypte 25 (1950) 301ff.
[26] Dan 11,10-12, dazu Hieronymus in Dan. Migne PL 25 (1884) 561f = CC 75A (1964) 905-907.

die Früchte seines Sieges allzu rasch aus der Hand, »er hätte Antiochos seiner Herrschaft berauben können, wenn er sein Glück durch Tatkraft unterstützt hätte«[27].

Die Entwicklung der beiden Monarchien nahm daher in den folgenden Jahren einen gegensätzlichen Verlauf. Während Antiochos III. zunächst den Usurpator Achaios in Kleinasien bezwang (216-213) und im Anschluß daran seine berühmte »Anabasis« in die östlichen Provinzen unternahm, die zur Wiederherstellung des Reiches seines Urgroßvaters Seleukos I. führte (212-205), wurde das ptolemäische Ägypten von wachsenden inneren Unruhen heimgesucht. Die Eingeborenen, aufgestachelt von der einheimischen Priesterschaft, rebellierten vor allem in Oberägypten gegen den zunehmenden Steuerdruck, durch den der König seine durch den Krieg angegriffenen Finanzen auszubessern suchte. 207 v. Chr. löste sich die Thebaïs aus dem Reichsverband und wurde etwa 20 Jahre lang unter einheimischen, nubischen Königen selbständig.[28] Hier wird eine grundsätzliche Krise der hellenistischen Monarchie in ihrem Verhältnis zu der Eingeborenenbevölkerung sichtbar, die dann im 2. Jahrhundert noch größere Ausmaße annehmen sollte. Die Stimmung der ägyptischen »laoi« beleuchten apokalyptisch anmutende Texte wie die Demotische Chronik und das Töpferorakel, die vom Ende der Fremdherrschaft in Ägypten träumten.[29] Der König suchte notgedrungen, dieser Entwicklung durch ein gewisses Eingehen auf die Wünsche der eingeborenen Bevölkerung entgegenzuwirken. Auch die altägyptische Religion und ihre Traditionen wurden jetzt aufgewertet. Daß diese Reichskrise auch Einfluß auf die Verhältnisse in Palästina nahm, ist zu erwarten, obgleich unsere Quellen darüber nur Andeutungen enthalten. So berichtet der Tobiadenroman des Josephus, daß der Generalsteuerpächter Joseph, dessen Verhältnis zum Königshaus scheinbar etwas abgekühlt war, seinen jüngsten Sohn Hyrkan zur Feier der Geburt des Thronfolgers — vielleicht des späteren Ptolemaios V. Epiphanes 210 v. Chr. — nach

---

[27] Justin, epit. XXX,1,6.
[28] *Will*, Histoire II 32ff.
[29] Zum Problem *S. K. Eddy,* The King is Dead, Lincoln 1961, 290ff; eine Neuedition des Töpferorakels gibt *L. Koenen,* Die Prophezeiungen des »Töpfers«: ZPapEp 2 (1968) 178-209.

Alexandrien schickte, wo er durch großzügige Geschenke die Zuneigung des Königs und seiner Freunde gewann. Nach Jerusalem zurückgekehrt, geriet er jedoch in einen Konflikt mit seinem Vater und vor allem seinen Brüdern, so daß er sich in die alten Besitzungen der Tobiaden jenseits des Jordans zurückziehen mußte, wo er »mit den Arabern Krieg führte« und »den Barbaren Tribut auferlegte«[30]. Das heißt doch wohl, daß ihm der Oberbefehl über die ptolemäische Kleruchie in der Ammanitis übertragen wurde, während seine Stellung in Jerusalem unhaltbar geworden war. Dies deutet auf einen Wandel der politischen Konstellation in Jerusalem hin. Dort hatte der tatkräftige neue Hohepriester Simon II., »der Gerechte«, Sohn des einst von Joseph zurückgedrängten Onias II., neuen Einfluß gewonnen — vielleicht im Zusammenhang mit der Spaltung der Tobiadenfamilie, bei der er sich mit der Mehrheit der Aristokratie auf die Seite der Brüder des Hyrkan stellte. Der Tobiadenroman berichtet, durch diesen Streit in der führenden Familie, der Tobiaden, sei das ganze Volk in zwei Parteien geteilt worden.[31]

Es ist jedoch sehr wahrscheinlich, daß diese Spaltung nicht ein bloßer Familienzwist in der mächtigsten Familie des Landes war, sondern zugleich politische und religiöse Hintergründe besaß. Hyrkan, der sich im Ostjordanland ein erhebliches Machtgebiet erwarb, blieb — im Grunde bis zu seinem Selbstmord zur Zeit des Antiochos IV. Epiphanes — ein Parteigänger der Ptolemäer, während die »Tobiaden« in Jerusalem im Bunde mit dem Hohenpriester Simon jetzt die seleukidische Partei vertraten. Bei der endgültigen Eroberung Palästinas durch Antiochos III. war in Jerusalem diese proseleukidische Gruppe offensichtlich in der Überzahl, wobei die Interessenvertretung des Volkes selbst wieder ganz auf den selbst- und traditionsbewußten Hohenpriester Simon übergegangen war, den sein Zeitgenosse Ben-Sira nicht hoch genug rühmen kann:

»Der sein Volk beschützte gegen Beraubung
und seine Stadt befestigte wider den Feind«[32].

---

[30] Jos. Ant. XII,186-222.228-236 zit. 224 und 229; dazu *Hengel*, Judentum und Hellenismus 491-503.
[31] Jos. Ant. XII,228f; *Tcherikover*, Hellenistic Civilization 80f.154.
[32] Sir 50,4.

Wahrscheinlich hatte der in Ägypten nachweisbare politische Zerfall der ptolemäischen Herrschaft in Verbindung mit wachsenden finanziellen Schwierigkeiten, die sich unter anderem in einer Kupfergeldinflation bemerkbar machten,[33] auch in der Provinz »Syrien und Phönizien« einen Stimmungsumschwung zugunsten der Seleukiden bewirkt. Speziell bei den Juden wurde diese Wandlung vielleicht noch durch eine gewisse judenfeindliche Poltik des Philopator in Ägypten gefördert, die uns das — freilich legendäre — 3. Makkabäerbuch berichtet. Danach habe der König, dessen Interesse für den Dionysoskult auch sonst bezeugt wird, versucht, Juden zwangsweise zur Dionysosverehrung zu bekehren.[34]

Die Früchte dieser Entwicklung erntete Antiochos III. im sogenannten 5. Syrischen Krieg 202-200 v. Chr. Der erfolgreiche Zug in die östlichen Provinzen bis Baktrien und »Indien« hatte, als eine Tat der »imitatio Alexandri«, sein Prestige auch im Westen gestärkt; zur Unterscheidung gegenüber den tributpflichtig gewordenen Königen von Armenien, Parthien und Baktrien nahm er den Titel »der Großkönig« (βασιλεὺς μέγας) an.[35] Wohl aus der Zeit der »Anabasis« stammt der bei Josephus erhaltene Brief des Königs an Zeuxis, den Strategen von Kleinasien, in dem er die Ansiedlung von 2 000 jüdischen Kleruchen aus Babylonien samt ihren Familien in Phrygien und Lydien anordnet.[36] Das heißt, nicht nur die Ptolemäer, sondern auch die Seleukiden stützten sich unter anderem auch auf jüdische Söldner. Eine in das 2. Makkabäerbuch eingesprengte Notiz spricht von 8 000 jüdischen Soldaten, die — vermutlich un-

---

[33] *T. Reekmans*, Economic and Social Repercussions of the Ptolemaic Copper Inflation: Chronique d'Égypte 24 (1949) 324-342; *H. Volkmann*, Art. Ptolemaios IV. Philopator, in: PRECA XXIII/2 (1959) 1690; s. o. S. 48 Anm. 47.

[34] 3 Makk 2,25ff; *Volkmann*, Art. Ptolemaios IV. Philopator, in: PRECA XXIII/2 (1959) 1689; s. u. S. 143.

[35] *Schmitt*, Untersuchungen 92ff.

[36] Jos. Ant. XII,147-153; *A. Schalit*, The Letter of Antiochus III to Zeuxis regarding the Establishment of Jewish Military Colonies in Phrygia and Lydia: JQR NF 50 (1960) 289-318; *E. Olshausen*, Art. Zeuxis, in: PRECA 2. Reihe X (1972) 383f. Die Echtheit dieses Briefes wird heute nur noch selten bezweifelt. S. auch u. S. 144f.

ter Antiochos I. — eine Schlacht gegen die Galater entschieden.[37] Antiochos hatte durch den »Indienzug« nicht nur seinen Machtbereich erheblich ausgedehnt, sondern zugleich eine Verwaltungsreform durchgeführt, die die zu mächtig gewordenen bisherigen großen Satrapien durch kleinere Verwaltungseinheiten ersetzte. Gleichzeitig diente die Förderung des Herrscherkultes dieser Stärkung der Reichseinheit.[38] Sein Sohn Antiochos IV. Epiphanes suchte — unter wesentlich ungünstigeren Voraussetzungen — diese Politik später fortzuführen.

In Ägypten war Ende 205 v. Chr. — unter mysteriösen Umständen — Philopator gestorben. Sein Tod wurde von der Hofkamarilla längere Zeit geheimgehalten. Den Thron übernahm Ptolemaios V. Epiphanes, ein fünfjähriges Kind. Antiochos nutzte die Schwäche des Gegners, um sich zunächst der ptolemäischen Besitzungen in Südkleinasien zu bemächtigen und fiel anschließend nach geheimer Absprache mit Philipp V. von Makedonien[39] (202 v. Chr.) in Koile-Syrien ein. Über den 5. Syrischen Krieg sind wir, da die entsprechenden Partien bei Polybios fast ganz verlorengegangen sind, wesentlich schlechter unterrichtet als über den vierten. Wir kennen nur die wichtigsten Ereignisse.[40] Die Provinz wurde offenbar noch leichter seine Beute als 18 Jahre zuvor. Nur Gaza, das als Endpunkt des Arabienhandels mit Ägypten besonders verbunden war, konnte er erst nach längerem Widerstand einnehmen.[41] Als der König sich in die Winterquartiere zurückgezogen hatte, benutzte der ptolemäische Feldherr Skopas im Winter 201/200 die Gelegenheit, mit seinem Heer nach Palästina vorzustoßen und den südlichen Teil des Landes zurückzuerobern. Vor allem die Juden in Jerusalem, die —

---

[37] 2 Makk 8,20; *Hengel*, Judentum und Hellenismus 29.
[38] *Schmitt*, Untersuchungen 104ff; *Bi(c)kerman(n)*, Institutions 236ff. 247ff; *F. Taeger*, Charisma I, Stuttgart 1957, 314ff.
[39] *Will*, Histoire II 99f; *Schmitt*, Untersuchungen 237ff. Zur Datierung *Samuel*, Ptolemaic Chronology 108ff.
[40] *Niese*, Geschichte II 577ff; *H. Volkmann*, Art. Ptolemaios V. Epiphanes, in: PRECA XXIII/2, 1695. Zur Datierung *M. Holleaux*, La chronologie de la 5ᵉ Guerre de Syrie, Études d'épigraphie et d'histoire grecques III, Paris 1942, 318-335.
[41] Polyb. XVI,22a; 18,2; Jos. Ant. XII,130f; XIII,150f; Justin, epit. XXXI,11f.

vermutlich unter der Führung des Hohenpriesters Simon und der Tobiaden — überwiegend Parteigänger der Seleukiden geworden waren, bekamen die ptolemäische Rache zu spüren. Josephus zitiert Polybios, der in diesem Zusammenhang zum erstenmal ausführlich über die Juden berichtet, wobei wir von ihm freilich nur das kurze Zitat des Josephus besitzen: Skopas habe »im Winter das Volk (ἔθνος) der Juden unterworfen«[42]. Offenbar spielte das jüdische ἔθνος in Palästina unter der Führung des Hohenpriesters Simon des Gerechten jetzt eine größere Rolle als in früheren Feldzügen. Der Seher des Danielbuches umschreibt diese Erhebung gegen die Ptolemäer dagegen in negativer Weise: »In jenen Zeiten treten viele auf gegen den König des Südens, und Gewalttätige deines Volkes erheben sich, um das Gesicht zu bestätigen; sie kommen aber zu Fall«[43]. Schon Hieronymus sah — im Anschluß an Porphyrios —, daß hier von dem Kampf der proptolemäischen mit der proseleukidischen Partei die Rede ist.[44] Der hundertjährige Streit der Großmächte um Koile-Syrien hatte so zu einer Spaltung in der palästinischen Kultgemeinde selbst geführt, die dann zur Zeit des Antiochos IV. Epiphanes erneut aufbrach, die Religionsnot provozierte und den Makkabäeraufstand auslöste. Skopas wurde jedoch wenig später von Antiochos III. bei Paneion an den Jordanquellen vernichtend geschlagen.[45] Er rettete sich mit 10 000 Mann, den Trümmern seines Heeres, nach Sidon. Nach drei gescheiterten Entsatzversuchen mußte er 199 v. Chr. gegen freien Abzug kapitulieren.[46] Im Anschluß an seinen Sieg bei Paneion besetzte Antiochos zum zweiten Male Palästina. Polybios nennt Batanäa im Ostjordanland, Samaria, Abila und Gadara — drei Festungen, die schon 218

---

[42] Jos. Ant. XII,135 = Polyb. XVI,39,1.
[43] Dan 11,14; *Tcherikover*, Hellenistic Civilization 77ff.
[44] In Dan. Migne PL 25 (1884) 562 = CC 75A (1964) 908: »Iudaea ... in contraria studia scindebatur, aliis Antiocho, aliis Ptolemaeo faventibus.«
[45] Polyb. XVI,18f nach Zenon von Rhodos, dazu *F. W. Walbank*, A Historical Commentary on Polybius II, Oxford 1967, 523ff.
[46] Hieronymus, in Dan. Migne PL 25 (1884) 563 = CC 75A, 910: »donec, fame superatus, Scopas manus dedit et nudus cum sociis dimissus est.« Dan 11,15 ist — mit Porphyrios/Hieronymus — nicht auf die Belagerung von Gaza, sondern auf jene von Sidon zu beziehen.

eine Rolle gespielt hatten — und schließlich auch die Tempelstadt Jerusalem. Nach Josephus und Porphyrios-Hieronymus sollen die Juden den König bei der Überwältigung der ptolemäschen Besatzung in der Zitadelle der Stadt tatkräftig unterstützt und auch das seleukidische Heer, einschließlich seiner Elefanten, reichlich mit Proviant versorgt haben.[47] Von Hieronymus hören wir noch zusätzlich, daß die ptolemäischen Parteigänger der Juden von den ägyptischen Truppen nach Ägypten evakuiert worden seien.[48] Der »hundertjährige Krieg« um Phönizien und Palästina hatte damit zugunsten der Seleukiden seinen Abschluß gefunden. Zunächst schien es so, als ob auch die eingeborene Bevölkerung, einschließlich der Juden, obwohl sie unter den hin und her wogenden Kämpfen sehr gelitten hatten — Jerusalem selbst war teilweise zerstört worden[49] —, mit der neuen Lösung sehr wohl zufrieden war.

§ 5 PALÄSTINA UNTER SELEUKIDISCHER HERRSCHAFT BIS ZUM TODE ANTIOCHOS' III. (200-187 V. CHR.)

Antiochos suchte durch eine geschickte Politik die Sympathien der neuen Untertanen in Koile-Syrien zu gewinnen bzw. zu erhalten. Wir besitzen dafür drei Zeugnisse, von denen zwei durch Josephus erhalten sind, während das dritte vor einigen Jahren in Ḥafṣibah westlich von Skythopolis entdeckt wurde. Es handelt sich 1. um einen Brief des Königs an den Strategen Ptolemaios von Koile-Syrien zugunsten der Juden und ihres Tempels,[1] 2. um Auszüge aus

---

[47] Jos. Ant. XII,136.133.138. Hieronymus, loc. cit.: »quod praesidium Scopiae in arce Hierosolymorum, annitentibus Judaeis, multo tempore oppugnaverit«.
[48] Loc. cit.: ». . . et, optimates Ptolemaei partium secum abducens, in Aegyptum reversus est«.
[49] Jos. Ant. XII,129f.139.
[1] Jos. Ant. XII,138-144; *E. J. Bi(c)kerman(n)*, La charte séleucide de Jérusalem: RÉJ 100 = Nr. 197/8 (1935) 4-35, in deutscher Übersetzung in: Zur Josephus-Forschung, ed. *A. Schalit* (WdF LXXXIV) Darmstadt 1973, 205-240. *Abel*, Histoire I 88-93; *R. Marcus* in: Josephus VII (Loeb's ed.) 1961, 743ff.751ff. *Tcherikover* in: *A. Schalit* (ed.), World Hist. VI 81ff.

einem königlichen Edikt,² das die rituelle Reinheit Jerusalems und des Tempels wahren will, und 3. um einen Briefwechsel von sechs Briefen aus der Zeit zwischen 201 und 195 v. Chr., die als Inschrift aufgezeichnet wurden und die die Besitzungen des Strategen Ptolemaios Sohn des Thraseas in der Megiddo-Ebene betreffen.³ Das Schreiben des Königs an denselben Strategen über die Juden hat die Form eines Erlasses, in dem sich Antiochos für die tatkräftige Unterstützung durch die Juden bei den Kämpfen in ihrem Gebiet bedankt. In Wirklichkeit beruhten diese »königlichen Gnadenerweise« freilich nicht auf einem spontanen Akt des Königs, sondern waren die Frucht von Verhandlungen, bei denen ein Priester Johannes als Verhandlungsführer eine entscheidende Rolle gespielt hatte. Sein Sohn Eupolemos wurde später unter Judas Makkabaios Führer einer jüdischen Gesandtschaft nach Rom.⁴ Inhaltlich geht der königliche Erlaß durchaus nicht über das hinaus, was der König auch anderen kriegsgeschädigten Städten, etwa in Kleinasien, zugestanden hatte und was schon von der Perserzeit her üblich war. Der Empfänger ist hier jedoch nicht etwa die Stadt Jerusalem, sondern das ἔθνος der Juden. Von Jerusalem ist nur als »Stadt der Juden« die Rede; das heißt, es besaß keine eigentlichen »Stadtrechte« im Sinne einer griechischen Polis.⁵ Der König versprach, den Wiederaufbau des Tempels und die täglichen Opfer durch Naturallieferungen zu unterstützen. Die führenden Schichten des ἔθνος, die Gerusia als die höchste politische Instanz — sie muß sich in ptolemäischer Zeit herausgebildet haben⁶ —, die Priester, die Tempelschreiber (das heißt die Vorläufer der späteren Schriftgelehr-

---

² Ant. XII,145f; *E. Bi(c)kerman(n)*, Une proclamation séleucide relative au temple de Jérusalem: Syria 25 (1946/48) 67-85; *Marcus* in: Josephus VII (Loeb's ed.) 1961, 701ff.
³ *Y. H. Landau*, A Greek Inscription Found Near Hefzibah: IEJ 16 (1966) 54-70, dazu *J. und L. Robert*, Bulletin Épigraphique: Revue des Études Grecques 83 (1970) 469ff Nr. 627.
⁴ 2 Makk 4,11; vgl. 1 Makk 8,17. Dieser Eupolemos ist vielleicht mit dem durch Alexander Polyhistor erhaltenen jüdischen Geschichtsschreiber identisch: *Hengel*, Judentum und Hellenismus 169ff; s. u. S. 159.
⁵ *V. A. Tcherikover*, Was Jerusalem a ›Polis‹?: IEJ 14 (1964) 61-78; *Walbank*, Commentary II 546f zu Polyb. XVI,39,4.
⁶ *Hengel*, Judentum und Hellenismus 48ff.

ten) und die Tempelsänger (nicht jedoch alle Leviten), wurden von den persönlichen Steuern (Kopf-, Kranz- und Salzsteuer) befreit. Die Rückkehrer in die weitgehend zerstörte Stadt sollten drei Jahre Steuerfreiheit erhalten,[7] und der von dem jüdischen ἔθνος zu leistende Tribut sollte zum Ausgleich für die Kriegsschäden um ein Drittel gesenkt werden. Er betrug von der Ptolemäerherrschaft her wahrscheinlich jährlich 300 Talente, wurde jedoch von den Nachfolgern Antiochos' III. dann wieder kräftig erhöht.[8] Auch alle von der Soldateska widerrechtlich Versklavten sollten ihre Freiheit erhalten. Wie schon durch die Perser und Alexander wurde schließlich allen Angehörigen des ἔθνος — das heißt auch den in der Diaspora Lebenden — das Recht zugestanden, »gemäß den Gesetzen ihrer Väter zu leben«. Das traditionelle Gesetz des Mose erhielt damit seine Legitimation als »Königsgesetz« für die Juden.[9] Es waren rund 25 Jahre später jüdische »Hellenisten« aus Jerusalem, die bei dem neuen König Antiochos IV. Epiphanes die Erlaubnis erwirkten, diese »königliche Gunstbezeugung« außer Kraft zu setzen und Jerusalem eine neue Verfassung, nämlich die einer griechischen Polis namens »Antiocheia«, zu geben.[10] Eine neue Parallele zu diesem Edikt Antiochos' III. besitzen wir in seinen der Stadt Teos in Ionien erwiesenen φιλανθρωπίαι. Hier gewährte er den Bürgern mit Rücksicht auf ihre Kriegsschäden und die bisherige Ausbeutung durch die Attaliden volle Steuerfreiheit und die Asylie, das heißt, gegenüber dieser griechischen Polis ging sein Entgegenkommen weit über die dem jüdischen ἔθνος gewährten Erleichterungen hinaus.[11]

Das zweite Edikt verbot Fremden, das Heiligtum zu betreten — eine Vergünstigung, die später auch die Römer anerkannten[12] —, weiter die Einfuhr des Fleisches und der Häute wie auch die Auf-

---

[7] Ant. XII,143: ἀτέλεσιν εἶναι. Zu dreijähriger Steuerfreiheit mit derselben Formel im Zusammenhang mit einem Synoikismos s. den Brief des Antigonos an Teos, C. B. Welles, Royal Correspondence in the Hellenistic Period, New Haven-London 1934, 18 Nr. 3 Z. 70/1.

[8] *Hengel*, Judentum und Hellenismus 53f.

[9] *Bickermann*, Gott der Makkabäer 50ff.

[10] 2 Makk 4,9.19 s. u. S. 171f.

[11] P. *Herrmann*, Antiochos der Große und Teos: Anadolu 9 (1965) 29-160.

[12] *Hengel*, Zeloten 219f.

zucht von unreinen Tieren. Nur Opfertiere dürften in der Stadt gehalten werden. Übertretungen sollten mit hohen Geldstrafen geahndet werden. Diese Bestimmungen, hinter denen vermutlich der Hohepriester Simon und der strenggläubige Teil der Priesterschaft standen, mußten die Bedeutung von Jerusalem als Handelsplatz erheblich einschränken. Nichtjüdische Handelskarawanen werden diese Stadt mit solch hinderlichen Bestimmungen nach Möglichkeit gemieden haben. Bis hin in die Zeit des Jüdischen Krieges gegen Rom 66-70 n. Chr.[13] begegnen wir immer wieder dieser Tendenz, durch rituelle Verbote den als gefährlich betrachteten wirtschaftlichen Kontakt mit der heidnischen Umwelt einzuschränken. Auf dem Hintergrund dieses im Interesse der Strenggläubigen erwirkten Edikts zur »Heiligung« des Tempels und der Stadt zeichnen sich Konflikte ab, die dann wenig später zum Ausbruch kommen sollten.[14] Ein derartiges den Handelsverkehr einschränkendes Edikt bedeutete eine Herausforderung jener »fortschrittlichen« Kreise, denen die Absonderung gegenüber der hellenistisch-semitischen Umwelt schon längst ein Dorn im Auge gewesen war.

In der Inschrift von Ḥafṣibah bei Skythopolis geht es um den Schutz der Dorfbevölkerung in den ausgedehnten Besitzungen des Ptolemaios Sohn des Thraseas gegenüber Ausschreitungen der seleukidischen Besatzungstruppen. Ptolemaios war 219 v. Chr., zu Beginn des 4. Syrischen Krieges, noch Heeresbefehlshaber in ptolemäischen Diensten gewesen, trat aber später auf die seleukidische Seite über und wurde unter Antiochos III. Stratege der neuen Provinz »Koile-Syrien« und Oberpriester des Herrscherkultes.[15] Der Brief des Königs über die »Gnadenerweise« an die Juden war an ihn gerichtet. Ob seine Güter in der Megiddo-Ebene ihm schon in seiner ptolemäischen Dienstzeit gehörten, oder ob sie ihm erst als Belohnung für seinen Übertritt aus dem »Königsland« verliehen wurden, bleibt unklar; die Inschrift spricht sowohl von privatem Besitz wie von (königlichem) Dauerlehen (εἰς τὸ πατρικόν). Im frühesten Schreiben, noch während des Krieges im Jahr 201, erhält

---

[13] *Hengel*, Zeloten 204ff.
[14] *Hengel*, Judentum und Hellenismus 100f.494f.
[15] Polyb. V,65,3; OGIS I,376 Nr. 230; *Bengtson*, Strategie II 161ff, vermutet ihn auch hinter 2 Makk 3,5.

Ptolemaios die Erlaubnis, daß seine Dörfer in gegenseitigen Austausch und Verkehr treten dürfen — vermutlich ohne mit Zöllen belastet zu werden. In einem weiteren, späteren Briefwechsel wird den Soldaten verboten, sich in diesen Dörfern einzuquartieren, zu requirieren oder Dorfbewohner aus ihren Wohnungen zu verjagen. Für jeden Schaden wird dabei die zehnfache Strafe angedroht.[16]
Daß Antiochos sich bemühte, bei dem Machtwechsel behutsam vorzugehen, zeigt sich auch daran, daß er den proptolemäischen Tobiaden Hyrkan in der Ammanitis in dessen Herrschaftsbereich beließ — seine Macht wurde erst von Antiochos IV. Epiphanes gebrochen.[17] Das — im Gegensatz zum ptolemäischen Ägypten — nicht zentralistisch, sondern eher »föderalistisch« verwaltete Seleukidenreich ließ den einzelnen Städten, Völkerschaften und Dynasten in seinem Herrschaftsbereich auch nach der Verwaltungsreform Antiochos' III. eine erhebliche Selbständigkeit.[18] So wird die seleukidische Herrschaft in Palästina zunächst — zumal sie mit einer Milderung der Steuerbelastung verbunden war — von der Provinzbevölkerung als eine Verbesserung der Situation empfunden worden sein. Eine Reihe von Städtegründungen bzw. Umbenennungen in der neuen Provinz zeigen auch in diesem Bereich die Aktivität der neuen Herrscher, sie sind jedoch in der Regel erst den Söhnen des Antiochos III., Seleukos IV. und Antiochos IV. Epiphanes, zuzuschreiben. Tcherikover vermutet als Gründungen des dritten Antiochos nur ein Antiocheia und ein Seleukeia am Hūla-See zu Ehren seines entscheidenden Sieges über Skopas 200 v. Chr.[19]
Inzwischen war freilich eine neue Macht auf den Plan getreten. Im selben Jahr, in dem Antiochos III. endgültig Palästina eroberte, entschloß sich *Rom* zum Kriege gegen Philipp V. von Makedonien. Die römische Gesandtschaft, die dem makedonischen König die

---

[16] *Landau*, Greek Inscription 66 Anm. 15.
[17] Jos. Ant. XII,234ff mit einer offensichtlich falschen Zeitangabe. Dazu *Hengel*, Judentum und Hellenismus 496.500f.
[18] *Bi(c)kerman(n)*, Institutions 170ff zu den örtlichen Dynasten.
[19] Städtegründungen 70f.175; Hellenistic Civilization 101f nach *A. Schlatter*, Zur Topographie und Geschichte Palästinas, Stuttgart 1893, 314ff. Einer der Orte könnte mit der jüngst ausgegrabenen hellenistischen Siedlung von Tel 'Anafa identisch sein, s. o. S. 43.

ultimative Forderung überbrachte, sämtliche Eroberungen in Kleinasien und in der Ägäis zu räumen, besuchte anschließend — möglicherweise noch in Palästina — den Seleukiden und versicherte sich seiner Neutralität in dem kommenden Konflikt. Eine von Ägypten gewünschte Vermittlung unterließ sie. Rom stützte sich gegenüber den hellenistischen Monarchien also auf die bewährte Politik des »divide et impera«. Antiochos sollte davon abgehalten werden, seinem Bundesgenossen gegen Ägypten und Hauptgegner Roms, Philipp V. von Makedonien, zu Hilfe zu kommen; die Leidtragenden waren zunächst die Ptolemäer. Die Eroberung Koile-Syriens durch den Seleukiden betraf die Römer kaum. Wahrscheinlich gab jedoch Antiochos die Zusage, daß er Ägypten selbst nicht angreifen werde.[20] Rom erhielt damit freie Hand gegen Makedonien, das 197 bei Kynoskephalai in Thessalien durch Titus Flaminius eine vernichtende Niederlage erlitt. Der endgültige Niedergang der hellenistischen Monarchien hatte begonnen. Antiochos muß sich der Bedrohung im Westen bewußt gewesen sein, auch wenn er den neuen Gegner unterschätzte. Eine römische Gesandtschaft, die von ihm 196 v. Chr. die Freiheit der griechischen Städte in Kleinasien forderte und gleichzeitig die Vermittlung im seleukidisch-ptolemäischen Konflikt anbot, wies er zurück und übernahm selbst die Initiative, einen Ausgleich mit dem Erbfeind herzustellen. 197 v. Chr. war der knapp vierzehnjährige Ptolemaios V. Epiphanes für volljährig erklärt und gekrönt worden. Mit ihm begann der Seleukide Friedensverhandlungen, die 194/93 durch die Hochzeit des jungen Herrschers mit der Tochter des Antiochos, Kleopatra — der ersten ptolemäischen Königin dieses Namens —, ihren krönenden Abschluß fanden. Es ist möglich, daß der König als »Mitgift« einen Teil der Erträge von Koile-Syrien vorübergehend an Ptolemaios abtrat, um diesem den Verzicht auf die Provinz zu erleichtern. Später versuchten die Vormünder seines Sohnes, Ptolemaios' VI. Philomator, gegenüber Antiochos IV. Epiphanes, daraus ein Recht abzuleiten. Die politischen Hoheitsrechte und die militäri-

---

[20] Polyb. XVI,27,5; Justin, epit. XXX,1,2; *M. Holleaux*, CAH VIII (1954) 165f. Zur römischen Neuorientierung nach Osten s. *H. H. Scullard*, Roman Politics 220-150 B. C., Oxford 1973, 89ff.

sche Macht blieben jedoch uneingeschränkt bei dem Seleukiden.[21] Durch den dynastisch untermauerten Friedensschluß glaubte Antiochos, den Rücken frei zu haben für seine Unternehmungen in Westkleinasien und Griechenland; der Krieg mit Rom war damit unvermeidlich geworden. Er endete 190 beim lydischen Magnesia mit einer Katastrophe für den König und die seleukidische Monarchie. Das Vielvölkerheer des Antiochos — es kämpften darin unter anderem Meder, Elymäer, Syrer und arabische Kamelreiter[22] — wurde von der nur halb so großen Streitmacht der Römer und ihrer Verbündeten unter Führung der Scipionen vernichtend geschlagen. Das dem König auferlegte Friedensdiktat von Apameia 188 v. Chr. vollendete die Niederlage. Der seleukidische Besitz in Kleinasien bis zum Tauros ging verloren und wurde dem pergamenischen Reich zugeschlagen. Die Kriegselefanten und die Flotte bis auf 10 Schiffe mußten ausgeliefert werden. Jede aktive Politik im Westen war damit unmöglich geworden. Weiter war eine Kriegsentschädigung von 12 000 Talenten innerhalb von 12 Jahren an den Sieger zu zahlen,[23] ein hoher Betrag, der die Finanzen des Reiches schwer belastete, zumal sich der König peinlich bemühte, die Vertragsbedingungen einzuhalten. Der Verlust der Silberminen in Kleinasien erschwerte in Zukunft die königliche Münzpolitik. Die anfänglichen Steuererleichterungen des Königs in Palästina werden daher kaum langen Bestand gehabt haben.[24] Die von jetzt an immer wieder berichteten Übergriffe seleukidischer Herrscher gegenüber reichen Heiligtümern ihres Herrschaftsbereiches müssen auf diesem Hintergrund betrachtet werden. Antiochos III. wurde nur ein Jahr nach dem Friedensschluß bei dem Versuch, die Schätze eines Tempels in der Elymaïs

---

[21] Livius XXXV,13; Polyb. XVIII,51,10; XXVIII,20,9; Appian, Syr. 5; Jos. Ant. XII,154f; *E. Cuq*, La condition juridique de la Coelé-Syrie au temps de Ptolémée V Epiphane: Syria 8 (1927) 143-162; dagegen *Bengtson*, Strategie II 161 Anm. 2: »eine Erfindung des Josephus«; *Will*, Histoire II 161ff.
[22] Livius XXXVII,40; Appian, Syr. 31 (nach Polyb.).
[23] *Will*, Histoire II 185-193; *A. H. MacDonald*, The Treaty of Apamea: Journal of Roman Studies 57 (1967) 1-8. Zur Ostpolitik der Scipionen s. *Scullard*, Roman Politics 220-150 B. C., Oxford 1973, 128ff.
[24] *Hengel*, Judentum und Hellenismus 17.53f; *Mørkholm, Antiochus* 22-37: The Seleucid Kingdom after Apamea.

zu rauben, von den Landbewohnern »comme un vulgaire bandit« getötet (187 v. Chr.).[25] Unter seinem Sohn Seleukos IV. griff der »Wesir« Heliodor nach den Tempelschätzen in Jerusalem, und von Antiochos IV. Epiphanes sagt Polybios: »Er plünderte zahlreiche Heiligtümer«. Besonders der reiche Tempel in Jerusalem wurde von ihm völlig ausgeraubt. Was den hellenistischen Herrschern als selbstverständliches Recht erschien, mußte ihren Untertanen als Sakrileg und Frevel erscheinen und verstärkte ihre Opposition.[26] Eine weitere Folge war, daß sich Ptolemaios V. Epiphanes Hoffnungen auf die Rückgewinnung von Palästina und Phönizien machte und der scheinbar bereinigte Konflikt weiterschwelte. Die ptolemäischen Parteigänger erhielten — auch in Judäa — erheblichen Auftrieb.[27] Die Katastrophe von Magnesia schuf so gerade für Palästina als seleukidische Grenzprovinz die Grundlage zu neuen, schweren Konflikten. Das Prestige der hellenistischen Monarchien war seit jeher ganz an das Kriegsglück ihrer Könige gebunden gewesen. Die Niederlage gegen das republikanische Rom hatte das Seleukidenreich erschüttert, und die nationalen Unabhängigkeitsbewegungen in den östlichen Provinzen wie auch in Phönizien und Koile-Syrien wurden damit gefördert. Es gehört zu den Widersprüchlichkeiten der Geschichte, daß gerade jetzt, da der Niedergang der hellenistischen Königreiche offenbar wurde, radikale Reformer in Jerusalem darangingen, die Heilige Stadt in eine seleukidische Polis mit griechischer Verfassung zu verwandeln.

Auch bei dem katastrophalen Ausgang Antiochos' III. finden wir wieder den apokalyptischen Geschichtsschreiber des Danielbuches als aufmerksamen Beobachter:[28] »Und er (der König des Nordens) wendet sein Angesicht gegen die Inseln und erobert viele. Aber ein Anführer (*ḳaṣîn* hier für Consul) treibt ihm seinen Hohn aus, mit

---

[25] *Will*, Histoire II 200ff.
[26] 2 Makk 3; Polyb. XXX,26,9, vgl. XXXI,4,9; *Hengel*, Judentum und Hellenismus 511.
[27] Der Hohepriester Onias III. war wieder eng mit dem ptolemäerfreundlichen Hyrkan in der Ammanitis verbunden 2 Makk 3,11; *Hengel*, Judentum und Hellenismus 495.
[28] Dan 11,18f.

einem Fluch[29] vergilt er ihm seinen Hohn. Dann wendet er sich gegen die Festungen seines Landes, aber er strauchelt und stürzt und ist nicht mehr zu finden.«

Die neue Situation in Judäa zu Beginn der seleukidischen Herrschaft wird durch eine Reihe von Anspielungen bei Ben-Sira illustriert, der vielleicht selbst zu den im Edikt des Antiochos III. erwähnten »Tempelschreibern« gehörte. Es verbindet sich in seinem Werk die alte weisheitliche Hochschätzung von maßvollem Besitz und solider Arbeit mit schroffer, prophetisch klingender Polemik gegen die Maßlosigkeit des Reichtums und die Ausbeutung der Arbeiter, auch vor dem fremden Händler wird gewarnt.[30] Die Helden der eigenen großen nationalen und religiösen Vergangenheit bis hin zu Simon dem Gerechten werden im »Lob der Väter« hoch gepriesen, zugleich aber dessen Söhne zur Einigkeit ermahnt.[31] Auch die Warnung vor den Gesetzesverächtern, Abtrünnigen und Zweiflern ist nicht zu überhören.[32] Dahinter steht der bedrohliche Einfluß der hellenistischen Zivilisation auf die Aristokratie. In Antithese dazu identifiziert Ben-Sira die göttliche, die ganze Welt durchdringende Weisheit mit der Mose gegebenen Tora.[33] Seine politische Haltung beleuchtet das Gebet um die endzeitliche Befreiung von der seleukidischen Fremdherrschaft. Es ist zugleich typisch für den Weg der jüdischen Kultgemeinde in der frühhellenistischen Zeit überhaupt, die nicht mehr länger der Spielball in den ständigen Kämpfen der gottlosen Weltmächte sein wollte.

»Rette uns, du Gott des Alls,
und lege deine Furcht auf alle Heidenvölker!
Schwinge die Hand gegen das fremde Volk,
damit es deine Großtaten sehe!«

---

[29] Text nach *A. Bentzen*, Daniel (HAT I,19) Tübingen ²1952, 80, und *J. A. Montgomery*, A Critical and Exegetical Commentary on the Book of Daniel, Edinburgh 1964, 442ff (*bal-liḥjah* = LXX ἐν ὅρκῳ).
[30] Sir 11,34; 13,2-20; 34,24.27 u. ö.; *Hengel*, Judentum und Hellenismus 249ff.
[31] 50,23f; *Hengel*, Judentum und Hellenismus 244f.
[32] 15,11-17; 16,17-23; 41,8f; *Hengel*, Judentum und Hellenismus 256ff. 270ff; s. u. S. 168ff.
[33] 24,23; *Hengel*, Judentum und Hellenismus 289ff; *Marböck*, Weisheit.

Auf den heidnischen Herrscher und seinen Kult wird durch eine Chiffre angespielt:

> »Schlag ab das Haupt der Fürsten Moabs,
> das da sagt: es gibt keinen (Gott) außer mir!«

Die Schlußformel zeigt — in Anlehnung an Deuterojesaja — jene universale Weite, die für die jüdische Apokalyptik der hellenistischen Zeit typisch wird:

> »und alle Enden der Erde sollen erkennen,
> daß du der ewige Gott bist!«[34]

---

[34] 36,1f.9.12.17. Die Vermutung von *Th. Middendorp*, Die Stellung Jesu ben Siras zwischen Judentum und Hellenismus, Leiden 1973, 125ff, daß Sir 36,1-17 erst in der Makkabäerzeit eingefügt worden sei, ist ungerechtfertigt. Wertvoll ist jedoch seine Übersicht über das politischsoziale Milieu 137ff; s. dazu meine Rezension, JSJ 5 (1974) 83-87. Hinter 31,12(a) steht Num 24,17. *M. Segal*, Sephär Ben Sira' haš-šalem, Jerusalem 1958, 227, sieht in dem »Haupt« Antiochos III., während *A. Caquot*, Ben Sira et le Messianisme: Semitica 16 (1966) 48f, darin einen Hinweis auf den Ätoler Skopas vermutet. Aber eine Entstehung des Gedichts im Jahr 200 ist kaum beweisbar. Das Wort könnte gegen jeden hellenistischen Herrscher gerichtet sein.

II. Aspekte der »Hellenisierung« des Judentums

§ 6 Das Problem der »Hellenisierung« in frühhellenistischer Zeit

Die Darstellung der »Hellenisierung« des Judentums oder mit anderen Worten der gegenseitigen Durchdringung von Judentum und hellenistischer Kultur in der vormakkabäischen Periode, das heißt in den knapp 160 Jahren zwischen 333 und 175 v. Chr., stellt uns vor eine zweifache Schwierigkeit.

Erstens besitzen wir aus jener Zeit nur sehr bruchstückhafte und sporadische Nachrichten über die Juden in Palästina und der Diaspora. Die nichtjüdischen literarischen Quellen schweigen fast ganz, und wo sie Aufschlüsse geben, betreffen sie zum geringsten Teil die Aufnahme der hellenistischen Kultur durch die Juden. Auch die epigraphischen, papyrologischen und archäologischen Zeugnisse sind aufs Ganze gesehen spärlich und häufig schwer zu deuten. Das jüdische Schrifttum jener Epoche läßt sich oft nur hypothetisch datieren und kann meist nur als »indirektes Zeugnis« für jene Durchdringung (oder Abstoßung) verwendet werden, da entweder — zumindest scheinbar — das Verhältnis zur hellenistischen Umwelt gar nicht zur Sprache kommt oder aber, falls es sich um polemische oder apologetische Schriften handelt, tendenziös verzeichnet wird. Fast die ganze uns erhaltene jüdische Literatur aus dieser Zeit ist im Grunde ausgesprochen religiös-nationale »Tendenzliteratur«.[1] Wir werden darum bei dieser Quellenlage niemals zu einem abgeschlossenen Bild gelangen, sondern können bestenfalls versuchen, einzelne Situationen und Entwicklungslinien, wie sie uns — zufällig — von den Quellen her vorgegeben sind, darzustellen.

Zum anderen können wir zwar das *»Judentum«*, das heißt die Angehörigen des jüdischen »Ethnos« im palästinischen Mutterland und der Diaspora, ihre Religion, Lebensweise und Literatur, ziemlich klar erfassen, die vielgebrauchten Begriffe *»Hellenismus«* bzw. *»Hellenisierung«* dagegen sind unscharf und umstritten. Sie werden

---

[1] *Hengel*, Anonymität 252ff.304.

zwar von Historikern und Theologen häufig verwendet, was jedoch damit gemeint ist, bleibt gar zu oft unklar. Es lohnt sich darum, die Begriffe näher zu betrachten. Der »Hellenismus« bedeutet ja in diesem Zusammenhang nicht nur eine historische Epoche,[2] etwa zwischen dem Alexanderzug (334 v. Chr.) und der Schlacht von Actium (31 v. Chr.), sondern ist als Bezeichnung für eine scheinbar fest umrissene Kultur zu verstehen, die aufgrund ihres expansiven Charakters auch das antike Judentum zu integrieren suchte. Diese Darstellung des Hellenismus als »Weltkultur«, die den von Alexander eroberten Osten »durchdrang«, geht auf den ersten großen Darsteller jener Epoche, Gustav Droysen, zurück, der von der Geschichtsphilosophie Hegels geprägt war. Das Griechentum erschien ihm als die Antithese zum Alten Orient, und der »Hellenismus« war dann die Synthese, die sich im Christentum vollendete.[3] Dieses Verständnis hat einen gewissen Anhaltspunkt in der Antike selbst, und zwar in der Schrift Plutarchs »De fortuna aut virtute Alexandri Magni«. Hier erscheint Alexander nicht nur als Welteroberer, sondern auch als der philosophisch gebildete Welterzieher und »Weltversöhner«[4], der »barbarische Könige zivilisierte«, »unter den wilden Völkern griechische Städte gründete« und »gesetzlose und ungebildete Stämme Gesetze und Frieden lehrte«[5]. Plutarch zeichnet dieses ideale Bild unter dem Eindruck der stoischen Weltbürgeridee und auf dem Hintergrund des befriedeten, relativ human gewordenen römischen Imperiums,[6] das noch nicht von den Krisen des 3. Jahrhunderts n. Chr. geschüttelt wurde. Die ihm selbstverständliche Vorstellung von der politischen Einheit der Welt im Sinne einer »Weltreichsidee« war dem an der konkreten Polis orientierten Denken der Griechen ursprünglich völlig fremd. Sie

---

[2] *Hengel*, Judentum und Hellenismus 4.
[3] C. *Préaux*, Réflexions sur l'entité hellénistique: Chronique d'Égypte 40 (1965) 133ff; *Hengel*, Judentum und Hellenismus 2ff.
[4] I,6 (329 C): διαλλακτὴς τῶν ὅλων.
[5] I,4 (328 B).
[6] Vgl. Trajan bei Plinius d. J., ep. X,97 zur Ablehnung der anonymen Denunziation: nec nostri saeculi est. Wie sehr Plutarch zugleich die römische Herrschaft im Auge hat, zeigt ein Vergleich mit seiner Schrift »de fortuna Romanorum«; dazu R. *Flacellière* in: Mél. J. Carcopino, Paris 1966, 367-375 bes. zu c. 2 und 13.

begegnet uns dagegen im — für den Griechen barbarischen — Perserreich[7] und später in der jüdischen Apokalyptik.[8] Alexander begann seinen Zug in Wirklichkeit als Rachekrieg. Wann und in welcher Weise bei ihm der Gedanke der Weltherrschaft erstmals auftauchte, ja, ob er sie überhaupt anstrebte, ist in der Forschung bis heute umstritten.[9] Das heißt zugleich: Der Gedanke einer in sich geschlossenen, expansiven »helleni(sti)schen Kultur«, hinter der die philosophisch-politische Idee einer humanitären Völkerverschmelzung stand, läßt sich schwerlich auf die frühhellenistische Zeit des Alexanderzuges, der Diadochenkämpfe und der Monarchien des 3. Jahrhunderts übertragen. Die makedonischen Eroberer waren selbst erst gerade und auch nur in der Oberschicht von der griechischen Kultur erfaßt worden, sie erschienen den eigentlichen Griechen wie den Orientalen daher zunächst eher als Zerstörer denn als »Kulturbringer«. Sowohl der Makedonenhasser Demosthenes wie der Bewunderer Philipps II., Isokrates, bezeichnen sie noch als »Barbaren«.[10] Einen zivilisatorischen Missionseifer besaßen sie — wenn man von der exzeptionellen Gestalt Alexanders absieht — ganz gewiß nicht. Auch das Ziel des jungen Königs war vermutlich nur die »Verschmelzung« der neuen Herrenschicht der Makedonen mit der alten persischen Aristokratie mit dem praktischen Zweck der Stabilisierung seines riesigen Herrschaftsgebietes.[11] Das heißt, die Gründe dafür liegen vor allem im machtpolitisch-pragmatischen und nicht so sehr im humanitären Bereich. Die makedonische

---

[7] *V. Martin*, La politique des Achéménides: MusHelv 22 (1965) 38ff: Ahuramazda hat dem Großkönig »alle Königreiche der Welt in die Hand gegeben«. *F. Wehrli*, Rez. H. C. Baldry: The Unity of Mankind in Greek Thought: Gnomon 38 (1966) 643 = Theoria und Humanitas, Zürich-München 1972, 174.

[8] *Hengel,* Judentum und Hellenismus 330ff.

[9] Siehe die Literaturübersicht von *Seibert,* Alexander 207ff. Positiv vertritt die Weltreichs- und Hellenisierungsidee *A. Daskalakis,* Alexander the Great and Hellenism, Saloniki 1966. *Schachermeyr,* Alexander 227ff.319ff.479ff.487ff, betont mit Recht als letztes Motiv das unbändige Machtstreben Alexanders.

[10] *A. Daskalakis,* The Hellenism of the Ancient Macedonians, Saloniki 1965.

[11] *Seibert,* Alexander 186ff.300ff.

Heeresversammlung nach dem Tode des Königs gab diese Pläne bezeichnenderweise sofort wieder auf. Es ist dabei freilich erstaunlich, wie rasch und bedingungslos die Makedonen, die selbst bis vor kurzem als »Barbaren« gegolten hatten, nun ihrerseits die »elitären« Vorstellungen der Griechen übernahmen. Das Interesse der Diadochen und der späteren hellenistischen Könige lag so zunächst durchaus nicht in der Ausbreitung der griechischen Kultur gegenüber ihren orientalischen Untertanen, sondern allein in der Sicherung und Ausdehnung ihrer persönlichen Macht. Diese aber wurde weniger durch Vermischung als durch die Abgrenzung gegenüber den Orientalen und die intensive Heranziehung von Makedonen und Griechen in Heer und Verwaltung gefördert. Die königliche Herrschaft ruhte auf der makedonischen Phalanx, griechischen Söldnern, Beamten und Technikern. Sie erforderte rational denkende Mitarbeiter mit Organisationstalent und möglichst wenig moralischen Skrupeln. Darum gründeten die Könige zur Sicherung dieser Macht in den eroberten »Kolonialgebieten« zahlreiche Städte und Militärsiedlungen. Auch die kulturelle »Einheit« der neuen, so viel größeren »hellenistischen« Welt lag nicht in ihrem Gesichtsfeld; im Gegenteil, sie betrieben häufig eine engstirnige merkantilistische Politik der gegenseitigen Abgrenzung (und Abwerbung) und zerstörten sich untereinander in ständigen Kriegen vom Tode Alexanders bis zum endgültigen Siege Roms in selbstmörderischer Weise. Ihr Erbe traten im Westen die römische Macht an, die sehr gewaltsam Frieden brachte, und im Osten nationale, orientalische Herrschaften, insbesondere das Partherreich. Eine auch die unteren Schichten mit erfassende, tiefergehende »Hellenisierung« wurde in Syrien und Palästina erst unter dem Schutze Roms volle Wirklichkeit, das hier als »Retter« des griechischen Kulturerbes auftreten konnte. Erst Rom hat im Osten — bis zur Euphratgrenze — dem »Hellenismus« zum eigentlichen Sieg verholfen. Kulturgeschichtlich findet das »Zeitalter des Hellenismus« mit der Schlacht von Actium 31 v. Chr. nicht ihr Ende, vielmehr beginnt erst jetzt seine eigentliche Tiefenwirkung. Es ist höchst eigenartig, daß es gerade ein Jude, Philo von Alexandrien, ist, der in seinem Enkomion auf den Kaiser Augustus bei der Aufzählung von dessen Verdiensten nach dem Hinweis auf die Beendigung der

Bürgerkriege, des Piratenunwesens und der Befriedung von »wilden und tierischen Völkerschaften« auch die »Hellenisierung« von Barbaren hervorhebt und dafür erstmalig das Verb ἀφελληνίζειν in transitivem Sinne verwendet, ein Sprachgebrauch, der völlig neuartig ist: »der Hellas durch neue Hellas vergrößerte und die barbarische Welt in ihren wichtigsten Teilen hellenisierte, der Friedenswächter, der allen das ihnen Zustehende zuteilte . . .« (legatio ad Gaium 147).[12] Dieser transitive Sprachgebrauch von ἑλληνίζειν erscheint erst wieder sehr viel später bei Libanios; die Sache begegnet uns — auf Alexander übertragen — dagegen in der schon erwähnten Alexanderschrift des Plutarch.[13] Das heißt, das Kulturprogramm der »Hellenisierung von Barbaren« wurde erst in römischer Zeit zum anerkannten Allgemeingut.

Das Thema einer »gegenseitigen Durchdringung« von Judentum und Hellenismus ist so ein überaus kompliziertes, vielschichtiges, ja widersprüchliches Phänomen, bei dem zunächst die umstrittenen und schillernden Begriffe beziehungsweise historischen Phänomene des *»Hellenismus«* und der *»Hellenisierung«* näher geprüft werden müssen.

§ 7 Hellenen, Barbaren und Juden: Der Kampf um den politischen und sozialen Status

Ausgangspunkt ist die traditionelle griechische Unterscheidung zwischen *Griechen und Barbaren,* die vor allem durch den siegreichen Ausgang der Perserkriege ihre eigentliche Schärfe erhielt.[1] Bei bei-

---

[12] Siehe dazu G. *Delling,* Philons Enkomion auf Augustus: Klio 54 (1972) 183. Zum Sprachgebrauch von ἑλληνίζειν und Ἑλληνισμός s. meine Studie: Zwischen Jesus und Paulus: ZThK 72 (1975) 166ff.

[13] Libanios, orat. 11,103 (Foerster I 469f) über Seleukos I. als Städtegründer: ἀλλ' ἑλληνίζων διετέλεσε τὴν βάρβαρον. Sonst bedeutet ἑλληνίζειν »Griechisch einwandfrei sprechen« und transitiv »ins Griechische übersetzen«. S. auch u. S. 107f Anm. 130 und ZThK 72 (1975) 167 Anm. 55.

[1] *Jüthner,* Hellenen und Barbaren; *Speyer,* Barbar; *H. Schwabl,* Die Hellenen-Barbaren-Antithese im Zeitalter der Perserkriege, in: Grecs et Barbares (Entretiens sur l'antiquité classique VIII) Vandoeuvres-Genève 1962.

den Wörtern handelt es sich um Sammelbegriffe. Die Barbaren waren die »Fremdsprachigen«. Mit dieser negativen, abwertenden Bezeichnung wurden »Hochkultur-, Halbkultur- und primitive ›Natur‹völker außerhalb der griechischen Welt merkwürdig zusammengeworfen«[2]. Auch die »Hellenen« waren kein »Volk« im strengen Sinne, sondern eine Gemeinschaft von Völkern und Städten, wie aus der ursprünglichen Bezeichnung Πανέλληνες deutlich wird. Erst sekundär wurde damit die Theorie der Blutsverwandtschaft durch die gemeinsame Abstammung von einem Stammvater Ἕλλην, dem Sohne Deukalions, verbunden. Dies ist vergleichbar mit der positiven jüdischen Hervorhebung des Sem als Sohn des Noah nach der großen Flut.[3] Die Gemeinschaft der »Hellenen« manifestierte sich in einer geprägten Lebensform, einer durch ein freies Menschenbild bestimmten Kultur und den damit verbundenen politischen Einrichtungen wie gemeinsamen Spielen und überregionalen Heiligtümern. Stärker als das Band der gemeinsamen Sprache, die erst aus den verschiedenen Dialekten in einem langen Werdeprozeß zusammenwachsen mußte, war das gemeinsame aristokratische Vorbild der Helden des homerischen Epos. Die Erfahrungen des Freiheitskampfes gegen die Perser stärkte das Zusammengehörigkeits- und Überlegenheitsgefühl, das Bild der Barbaren wurde negativ verzerrt. Sie galten als ungebildet, ja tierisch, fremdenfeindlich, despotisch und sklavenhaft, abergläubisch, grausam, feige und treulos.[4] Dieser Negativ-Katalog ließe sich leicht vermehren. Wenn später Cicero Syrer und Juden als Völker bezeichnet, »die zur Sklaverei geboren sind«, ein Livius das Heer des Antiochos III. als »Syrer ..., die wegen sklavischer Rasse (servilia ingenia) eher ein Volk von Sklaven als Soldaten sind«, abqualifiziert, Titus von den Juden behauptet, sie hätten »gelernt, Sklaven zu sein«, und Tacitus sie gar »despectissima pars servientium« nennt, so sind dies nur

---

[2] *H. E. Stier,* Die geschichtliche Bedeutung des Hellenennamens (Arbeitsgemeinschaft für Forschung des Landes Nordrhein-Westfalen 159) Köln 1970, 20.

[3] Op. cit. 22ff.

[4] *Speyer,* Barbar 255f.263f. Typisch ist etwa das Urteil des Pentheus über die Erfolge des Dionysos bei den Barbaren, die ihm alle huldigen: φρονοῦσι γὰρ κάκιον Ἑλλήνων πολύ, Euripides, Bakch. 483.

Konkretisierungen des in der klassischen Zeit verbreiteten Vorurteils, daß die Barbaren von Natur aus Sklaven seien, die Griechen (und später die Römer) dagegen Herren. Daß selbst in römischer Zeit zu Beginn des 3. Jahrhunderts n. Chr. der echte »Hellene« voll Verachtung auf die kleinasiatischen »Barbaren« herabsah, zeigt Philostratos in seiner Rede, die er dem Apollonios von Tyana, der selbst aus dem kleinasiatischen Lykaonien stammte, in den Mund legt. Die »Barbaren« Kleinasiens, aus dem Pontos, Lyder und Phryger verkaufen ihre Kinder als Sklaven, so daß sie herdenweise auf den italischen Sklavenmärkten auftauchen, »denn wie andere barbarische Völker waren sie stets fremden Herren unterworfen und sehen bis heute Sklaverei als nichts Schändliches an«. Dagegen »lieben die Griechen bis heute ihre Freiheit« und kein Grieche würde einen griechischen Sklaven außerhalb seines Heimatlandes verkaufen.[5] Aristoteles, der die Anschauung vom Sklavencharakter der Barbaren in seine Staatslehre aufnahm, soll dem jungen Alexander den Rat gegeben haben, die Griechen so zu behandeln wie ein Führer seine Männer, die Barbaren aber wie ein Herr seine Sklaven.[6] Da die Sklaven nach ihm nur die Funktion von »Werkzeugen« hatten, stand dahinter die Meinung, daß auch die unterworfenen »Barbaren« im Grunde nur Werkzeuge der Sieger, das heißt Objekte der Ausbeutung seien.[7] Lysander verkaufte die Einwohner von Kedreiai in Karien als Sklaven, da sie nur »mixobarbaroi« waren, während er den — griechischen — Bewohnern des wenig später eroberten ionischen Lampsakos die Freiheit schenkte.[8] Entsprechend war auch die Vermischung von Griechen und Barbaren verpönt. Nach Platos Menexenos rühmen sich die Athener, daß sie — im

---

[5] De prov. cons. 5,10; Livius XXX,39,8 (nach Polybios?); Jos. Bell. VI,42; Tac. hist. 5,8,2; vgl. Euripides, Iph. Aul. 1400f; Hel. 276; *Speyer*, Barbar 253. Zu Philostratos s. vit. Apoll. VIII,7,12 (I,319f). Vgl. schon das Bild der phrygisch-trojanischen Sklaven bei Euripides: Or. 1505ff; Andr. 155ff.173ff.243.261ff; Hek. 1199f.
[6] Aristot. pol. I,2 (1252b) zit. Eurip. Iph. Aul. 1400; Plut. fort. aut virt. Alex. I,6 (329 B); *Jüthner*, Hellenen und Barbaren 25ff; *Speyer*, Barbar 256. Der römische Imperialismus hat diese These von Aristoteles übernommen, s. *W. Capelle*, Klio 25 (1932) 107ff.
[7] Aristot. pol. I,5 (1254a).
[8] Xenophon, Hell. II,1,15.19; vgl. Agesilaos VII,5f.

Gegensatz zu anderen griechischen Städten — keine phönizischen oder ägyptischen Stammväter besitzen: »So edel und frei ist der Sinn dieser Stadt und so kräftig und gesund und von Natur die Barbaren hassend, weil wir ganz rein hellenisch sind und unvermischt mit Barbaren. Denn kein Pelops und Kadmos oder Aigyptos oder Danaos oder sonst andere, die von Natur Barbaren und nur durch Gesetz Hellenen sind, wohnen mit uns, sondern als reine Hellenen und nicht als mit Barbaren Vermischte (οὐ μιξοβάρβαροι) wohnen wir hier. Daher ist der Stadt ein ganz reiner Haß eingegossen gegen fremde Natur«[9]. Auch in hellenistischer Zeit blieb dieses Vorurteil lebendig: Noch den Gesandten Philipps von Makedonien auf dem panätolischen Kongreß 200 v. Chr. legt Livius, bzw. Polybios als seine griechische Quelle, ganz ähnliche Sätze in den Mund: »Ewiger Krieg besteht zwischen den Barbaren und allen Griechen und wird bestehen. Auf Grund der unveränderlichen Natur ... sind sie Feinde«[10]. Eine derartige Argumentation finden wir bei Polybios mehrfach. Sie wird vorgetragen von Vertretern griechischer Staaten und richtet sich gegen eine neue Bedrohung Griechenlands, die jetzt freilich nicht mehr wie zu Zeiten der Persergefahr aus dem Osten, sondern aus dem Westen von den Römern kommt. So macht 207 v. Chr. ein rhodischer Gesandter den größten Unruhestiftern in Hellas, den Ätolern, den Vorwurf, daß sie sich gegen alle Hellenen mit den Römern verbinden: »Wenn ihr selbst eine Stadt erobert habt, dann duldet ihr nicht, daß die Freien geschändet noch ihre Wohnorte niedergebrannt werden, denn ihr würdet ein solches Verhalten als grausam und *barbarisch* betrachten. Nun aber habt ihr einen Vertrag mit den Römern geschlossen, durch den ihr alle anderen Hellenen den schlimmsten Frevel- und Gewalttaten preisgebt«. Polybios hat damit die Stimmung im Mut-

---

[9] 245 c/d. Zur Ablehnung der Mischehe s. Eurip. Med. 591f.
[10] XXXI,29,15, vgl. schon Isokrates, Paneg. 181f.184; Plato, politeia V, 470c: πολεμίους φύσει εἶναι; Menex. 242d: Die Griechen kämpfen untereinander bis zum Siege, gegen Barbaren aber bis zur Vernichtung. Die Barbarenpolemik setzt sich in römischer Zeit fort, s. z. B. Philostratos, vit. Apoll. VIII,7,8 (I,313,7ff *Kayser*): πολεμιωτάτους ὄντας καὶ οὐκ ἐνσπόνδους τῷ περὶ ἡμᾶς γένει und den Brief an Domitian ep. 21 (I,350).

terland an der Wende vom 3. zum 2. Jahrhundert treffend wiedergegeben. Es war darin der alte Gegensatz noch durchaus gegenwärtig. Selbst Philo, der national-jüdisch denkende Kosmopolit, kann noch den »Mangel an engerer Verbindung« zwischen Hellenen und Barbaren tadeln (τὸ ἄμικτον καὶ ἀκοινώνητον), da dies eine Hauptursache der beklagenswerten Verschiedenheit der Gesetze der Völker sei. Demgegenüber besäßen die Juden als Weltbürger das wahre, der Natur entsprechende Gesetz.[11]

Bei dieser Situation ist es verständlich, daß einzelnen »barbarischen« Städten und Völkerschaften viel daran lag, entweder eine Urverwandtschaft mit den Hellenen zu konstruieren oder aber sich selbst als eine »hellenische« Kolonie der Frühzeit zu betrachten. So argumentierten die Phönizier damit, daß Kadmos, der Begründer von Theben, einer der ihren war; hellenisierte Juden behaupteten, auch die Spartaner stammten wie sie selbst von Abraham ab (s. u. S. 161f); die Römer verstanden sich als Nachkommen troianischer Flüchtlinge; die Bewohner von Tarsos, einer alten semitischen Stadt, behaupteten, sie seien echte Hellenen, deren Vorfahren aus Argos stammten, und ihre Stadt sei von Herakles oder Triptolemos höchstpersönlich gegründet worden (Dio Chrysostomus XXXIII, 1,47; vgl. Strabo XIV,5,12/673). Es galt einfach als ehrenvoll und vornehm, mit der heroischen klassischen Frühzeit der Griechen unmittelbar verbunden zu sein. Das Gegenargument, daß die griechische Geschichte gegenüber der ägyptischen, babylonischen oder auch jüdischen relativ jung sei, fiel zunächst weniger schwer ins Gewicht und erhielt erst dann größere Bedeutung, als damit der größere Wahrheitsanspruch der barbarisch-orientalischen Religionen verbunden wurde.

Der Alexanderzug schien die *absolute militärisch-politische Über-*

---

[11] Vgl. *E. Schütrumpf,* Kosmopolitismus oder Panhellenismus?: Hermes 100 (1972) 9ff. Polyb. XI,5,6 (vgl. überhaupt XI,4-6), weiter V,104; IX, 37ff, dazu *H. H. Schmitt,* Hellenen, Römer und Barbaren. Eine Studie zu Polybios. Wissenschaftliche Beilage zum Jahresbericht 1957/58 des Humanistischen Gymnasiums Aschaffenburg, 3f. Zu Philo s. de Jos. 29f; vgl. opif. 3.142; conf. ling. 106; spec. leg. 2,165ff; mig. Abr. 59. S. auch *M. Hammond,* City State and World State in Greek and Roman political Theory until Augustus, New York 1966.

legenheit der »Hellenen« — zu denen sich auch die makedonische Aristokratie und vor allem das Königshaus der Argeaden rechneten[12] — zu bestätigen. Gerade in den neugegründeten »Poleis« und Militärsiedlungen der eroberten Gebiete versuchte man, die Scheidung zwischen »Hellenen« und »Barbaren« aufrechtzuerhalten. Dies geschah durch die Betonung der griechisch-makedonischen Abstammung, durch eine restriktive Anwendung des Bürgerrechts in den neugegründeten Städten und durch die konservative gymnasiale Erziehung, welche die Grundlage der typisch griechischen, aristokratischen Lebensform bildete. Im spätptolemäischen und römischen Alexandrien bis zum Edikt des Claudius war zum Beispiel die Erlangung des Bürgerrechts an die Absolvierung des Gymnasiums gebunden.[13] Mag es auch — etwa bei Städtegründungen — im neuen »Kolonialgebiet« zu Mischehen zwischen griechisch-makedonischen Ansiedlern und Eingeborenen gekommen sein, meist suchte man, so gut es ging, die Bürgerschaft von der Vermischung mit »Barbaren« rein zu erhalten.[14] In der Rede der rhodischen Gesandtschaft vor dem Senat 190 v. Chr. wurde betont, daß die Pflanzstädte in Asien nicht weniger griechisch seien als ihre Mutterstädte in Griechenland selbst, »der Ortswechsel brachte keinen Wechsel von Abstammung und Sitte«[15]. Noch in der Parther- und Kaiserzeit fühlten sich die Bürger des von Seleukos I. gegründeten Dura-Europos als genuine »Makedonen«, bei denen Mischehen zwar vorkamen, aber doch keine Selbstverständlichkeit waren.[16] Die zahlreichen Verwandtenehen in den alten Familien dienten wohl dazu, das gräkomakedonische Erbe zu erhalten. Selbst ein Tacitus rühmt die Bürgerschaft des unter parthischer Herrschaft stehenden Seleukeia in Babylonien, daß »sie nicht im Barbarentum korrumpiert wurde, sondern (an der Lebensform) des Gründers Seleukos (I.)

---

[12] Herodot V,22; vgl. *Daskalakis*, Hellenism 97ff.
[13] *Hengel*, Judentum und Hellenismus 122ff.
[14] *Rostovtzeff*, Social and Economic History III, Index sub voce ›intermarriage‹. C. *Vatin*, Recherches sur le mariage et la condition de la femme à l'époque hellénistique (Bibliothèque des Écoles françaises d'Athènes et de Rome 216) Paris 1970, 132ff.
[15] Livius XXXVII,54,18ff nach Polybios.
[16] *Rostovtzeff*, Dura Europos 21f. *Vatin*, Recherches sur le mariage 136ff.

festhielt«. Er muß dieses Urteil in seinen griechischen Quellen gefunden haben, denn im klassischen Griechenland gehörte es zu den festen Topoi, daß es für eine griechische Polis das größte Unglück sei, »barbarisch zu werden«[17]. So schildert zum Beispiel Isokrates, wie Salamis auf Zypern durch phönizische Herrscher »barbarisiert« und »dem Großkönig unterjocht« worden sei, bis Euagoras Stadt und Insel zu neuer politischer und wirtschaftlicher Blüte gebracht habe.[18] Nach Josephus bestand die Einwohnerschaft des schon erwähnten babylonischen Seleukeia noch im 1. Jahrhundert n. Chr. aus drei Gruppen, Griechen, »Syrern« und Juden, wobei die griechischen Vollbürger ihre maßgebliche Position in der Stadt erbittert gegen die beiden anderen Gruppen verteidigten.[19] Von einer Vierteilung der Bevölkerung berichtet Strabo aus der kyrenäischen Pentapolis,[20] wo sich griechische Bürger, libysche Bauern, Metöken und Juden gegenüberstanden, während Josephus und Polybios[21] für Alexandrien jeweils eine Dreiteilung der Bevölkerung bezeugen. Bei den zwischen den verschiedenen Gruppen aufbrechenden Kämpfen waren vor allem die Juden als Minderheit die Leidtragenden. Wir sehen aus diesen Beispielen, daß man — mit mehr oder weniger Erfolg — versuchte, die alten antibarbarischen Vorurteile teilweise bis in die römische Zeit hinein zu fixieren, wobei betont werden muß, daß diese Schranken sowohl ethnischer als auch rechtlich-sozialer Art waren. Das idealistische Bild von der unter humanistischem Vorzeichen sich vollziehenden Völkerverschmelzung seit der Alexanderzeit hält darum einer kritischen Betrachtungsweise kaum stand. Wenn Eduard Meyer in sei-

---

[17] Ann. VI,42,1; vgl. Plato, ep. 353a; Nomoi 692c/693a; Polyb. III,58,8; Plut. Timoleon 17,2 (244) und G. *Walser*, Rom, das Reich und die fremden Völker (Basler Beiträge zur Geschichtswissenschaft 37) 1951, 71. Zu Seleukeia am Tigris vgl. Plin. d. Ä., h. n. VI,122: libera hodie ac sui iuris Macedonumque moris.
[18] Euagoras 20.47 (p. 14.28f van Horst).
[19] Ant. XVIII, 372ff.
[20] Aus seinem Geschichtswerk zitiert von Jos. Ant. XIV,115.
[21] Josephus c. Ap. II,68-72: Iudaei, Graeci, multitudo Aegyptiorum. Den Grundstock zum jüdischen Bevölkerungsteil scheinen die Söldner gelegt zu haben. Polybios XXXIV fr. 14 = Strabo XVII,1,12 (797): Ägypter, Söldner, Bürger; vgl. *Fraser*, Ptolemaic Alexandria I 61ff.76ff.

nem klassischen Aufsatz »Blüte und Niedergang des Hellenismus in Asien« noch diesem Ideal folgt und schreibt: »So schreitet denn auch die Hellenisierung und Verschmelzung der Völker fort; es vollzieht sich die schon von Isokrates ausgesprochene, von Eratosthenes als selbstverständlich betrachtete Verschiebung des Hellenenbegriffs: Hellenen sind fortan die Gebildeten, woher immer sie stammen mögen, für die die Beherrschung der griechischen Sprache die selbstverständliche Voraussetzung ist, Barbaren sind die ungebildete Masse«[22], so macht er aus der zumindest in der hellenistischen Frühzeit seltenen Ausnahme eine — der politischen und sozialen Wirklichkeit widersprechende — Regel.

In der »frühhellenistischen« Zeit des 3. Jahrhunderts v. Chr. war die Mauer zwischen den griechisch-makedonischen Herren und den unterworfenen Völkern weithin unüberschreitbar. So bedurften im 3. Jahrhundert die ägyptischen Eingeborenen zum Aufenthalt in Alexandrien einer besonderen Erlaubnis. Die in den offiziellen Urkunden geforderte Angabe des Herkunftsorts sollte unter anderem verhindern, daß sich die Ägypter Rechte der griechischen Bürger anmaßten. Erst im 2. Jahrhundert wuchs dann durch die Zuwanderung aus der Chora der ägyptische Bevölkerungsteil stark an und bildete jenes unruhige Konglomerat, das Polybios schildert und das wohl überwiegend aus gräzisierten Ägyptern bestand, aber keine politischen Rechte besaß.[23] Die Juden verstanden sich zwischen griechischen Bürgern und Eingeborenen als eine »dritte Kraft«, die selbst in römischer Zeit aus politischen und religiösen Gründen gerade in Syrien und Ägypten in der Regel nicht in die Bürgerschaft der Städte aufgenommen wurde, obwohl sie längst die griechische Sprache und in ihrer Oberschicht auch griechische Bildung angenommen hatte. Die tendenziösen, irreführenden Nachrichten des Josephus über die jüdische ἰσοπολιτεία in Alexandrien und Antiochien wie auch die Kämpfe der Juden in Alexandrien und Caesarea um

---

[22] In: Kunst und Altertum V (1925) 1-82; abgedruckt in: Der Hellenismus in Mittelasien, WdF XCI (1969) 19-72; zit. 47f. Zu Isokrates und Eratosthenes, deren Äußerungen gerade nicht Allgemeingut wurden, s. u. S. 107.95.

[23] *Braunert,* Binnenwanderung 54.75ff. *Fraser,* Ptolemaic Alexandria I 70ff.82ff.

die Erlangung der Bürgerrechte, die von Claudius und Nero negativ entschieden wurden,[24] illustrieren, wie schwer diese Barriere zu überwinden war. Dies beschränkte sich nicht nur auf Ägypter und Juden. Wir hören von ähnlichen Situationen auch aus anderen Teilen des griechischen »Kolonialgebietes«, etwa aus Massilia an der Südküste Galliens, aus Kleinasien und den Griechenstädten an der Nordküste des Schwarzen Meeres.[25] Die »Hellenen« der griechischen Städte in den alten und neuen »Kolonialgebieten« waren teilweise bis in die römische Zeit mit Erfolg bemüht, das Eindringen von »Nichtgriechen« in die Bürgerschaft abzuwehren. Wenn Polybios die Bürger Alexandriens gegen Ende des 2. Jahrhunderts v. Chr. rügt, daß sie wegen ihrer »gemischten Abstammung« nicht recht für eine geordnete Polisverwaltung geeignet seien, so mag diese »Vermischung« damit zusammenhängen, daß Ptolemaios VIII. Euergetes II. gegen 127 v. Chr. das Bürgerkorpus gewaltsam dezimiert und dann durch Fremde neu aufgefüllt hatte. Es bleibt hier jedoch unsicher, ob dies durch Griechen aus dem Mutterland oder durch Gräkoägypter geschah. Es ist dabei zu beachten, daß Polybios im gleichen Atemzuge die Alexandriner gegenüber den beiden anderen Gruppen der Ägypter und Söldner positiv hervorhebt, »da sie die ursprüngliche, allen Griechen gemeinsame Lebensform nicht vergessen haben«[26]. Livius, der — wohl im Anschluß an Poseidonios — davon spricht, daß die in den »coloniae« des Ostens zerstreuten Makedonen »zu Syrern, Parthern und Ägypter degenerierten«, schrieb dies weniger der Rassenmischung als

---

[24] Alexandrien: Ant. XII,8; XIV,188; XIX,281; c. Ap. II,32.38ff.69.71f. Vgl. *Tcherikover*, CPJ I,41.61ff; II,29ff.36ff: zum Brief des Claudius. Antiochien: Ant. XII,119ff; Caesarea: Bell. II,266ff.284ff; vgl. *A. N. Sherwin-White*, Racial Prejudice in Imperial Rome, Cambridge 1967, 86-101; *Tcherikover*, Hellenistic Civilization 296-331.

[25] Livius XXXVII,54,22 über die Massilienser: »mores et leges et ingenium sincerum integrumque a contagione accolarum servarunt«; vgl. jedoch auch XXXVIII,17,12; das πολίτευμα μικτόν von Emporion ist eine besondere Ausnahme: Strabo III,4,8 (160). Die »Mixohellenen« in Olbia waren eine von den »Vollbürgern« getrennte Gruppe; s. *Vatin*, Recherches sur le mariage 144ff.

[26] S. o. Anm. 21, vgl. Justin, epit. XXXVIII,8,6f, dazu *Braunert*, Binnenwanderung 77ff, anders *Fraser*, Ptolemaic Alexandria I 87ff.

dem Klima- und Ortswechsel zu: »Alles entwickelt sich ›wesensgemäßer‹ (generosius) an dem Orte seines Ursprungs; bei der Versetzung auf einen fremden Boden verwandelt es seine Natur nach den Stoffen, die es aus diesem aufnimmt«[27].

Man wird darum bei einer Analyse des Begriffs der »Hellenisierung« sehr verschiedene Komponenten zu unterscheiden haben. Hier wären einmal enge berufliche Kontakte, zweitens die physische Bevölkerungsmischung durch Mischheirat, drittens die Übernahme griechischer Sprache und Kultur durch Orientalen und viertens die völlige Angleichung von »orientalisierten« Griechen und »hellenisierten« Orientalen zu unterscheiden. Mischehen ließen sich zum Beispiel bei dem Frauenmangel in den neuen Militärsiedlungen und bei den Städtegründungen nicht immer vermeiden. Die völlige Angleichung blieb dagegen eine zumindest in der frühen Zeit des 3. Jahrhunderts seltene Ausnahme. Am häufigsten begegnen wir der »Assimilation« bei Orientalen, aber auch sie betraf, auf das Ganze der Bevölkerung gesehen, in der Regel nicht die breiten Volksschichten. Eine wirkliche Durchdringung finden wir erst in der Römerzeit.

Selbst bei der Frage der *Mischehe* war der Widerstand beträchtlich. Die von Alexander gestifteten Ehen seiner makedonischen Hetairoi mit persischen Prinzessinnen wurden später auf Verlangen der Heeresversammlung alle — bis auf die des Seleukos, der seiner persischen Gemahlin Apame die Treue hielt und damit der Begründer einer makedonisch-persischen Dynastie wurde — rückgängig gemacht. Von den 10 000 von Krateros nach Makedonien zurückgeführten Veteranen forderte Alexander, daß sie »ihre Kinder von barbarischen Frauen« zurücklassen sollten, der König selbst wolle sie auf makedonische Weise erziehen lassen.[28] Nach einem historischen Roman des Hermesianax (3. Jh. v. Chr.) weigerte sich der Stadtkönig von Salamis auf Zypern, Nikokreon, seine Tochter dem

---

[27] XXXVIII,17,11, selbst Philo begründet die Überlegenheit der Griechen durch das vorzügliche Klima ihrer Heimat: de prov. bei Euseb. pr. ev. VIII,14,66 (GCS 43,1 ed. *Mras* p. 477), vgl. *Speyer*, Barbar 256. Nach Plato, politeia 435e, sind die Griechen darum lernbegierig, die Phönizier und Ägypter dagegen habgierig, vgl. Tim. 24c und Nomoi 747c.
[28] Arrian VII,4,4ff; 12,2.

reichen Arkeophon zur Frau zu geben »wegen der schändlichen Herkunft des Arkeophon, denn seine Vorväter waren Phönizier«[29]. Als der von dem Partherkönig Mithridates gefangene Seleukide Demetrios II. Nikator im goldenen Käfig königlicher Haft notgezwungen die parthische Königstochter Rhodogune zur Frau nahm, verband sich seine rechtmäßige Gattin Kleopatra Thea, die Tochter des 6. Ptolemäers, voller Empörung mit seinem Bruder Antiochos VII. Sidetes. Nach dessen Tod im Partherkrieg weigerte sie sich, sich mit dem freigelassenen Demetrios, der die parthische Barttracht angenommen hatte, wirklich zu versöhnen, sondern ruhte nicht, bis dieser den Tod fand. Der Stolz der echt makedonischen Königin konnte ihm die Verbindung mit der barbarischen Königstochter nicht verzeihen.[30]

In der Mitte des 3. Jahrhunderts hören wir im ptolemäischen Palästina von Konkubinaten zwischen den Besatzungstruppen und einheimischen Frauen. Aber diese waren gerade nicht Ehefrauen gleichgestellt, ein königlicher Erlaß muß sie vor der Erfassung als Sklavinnen schützen.[31] Vereinzelt lassen sich in der ägyptischen Chora, etwa im Fajum, Mischehen zwischen Griechen und Ägypterinnen nachweisen,[32] Mischehen bei Juden sind dagegen ganz selten (s. u. S. 125f). Aber auch bei diesen Ausnahmen suchte man für die Kinder den Status als »Grieche« zu erhalten. Eine völlige Ägyptisierung von Griechen, die immer mit einem schroffen sozialen Abstieg verbunden war, findet sich nicht allzu häufig. Sie betraf am ehesten die schon in vorptolemäischer Zeit eingewanderten »Hellenomemphiten« und hängt später mit der Verarmung der Chora im 2. und 1. Jahrhundert v. Chr. zusammen.[33]

---

[29] Antoninus Liberalis, met. 39, ed. *M. Papathomopulos,* Paris 1968, 64f; s. *Rostovtzeff,* Social and Economic History II 1071f.

[30] Vgl. *Willrich,* PRECA IV,2 (1901) 2800f und *Stähelin,* op. cit. XI,1 (1921) 786f. *Will,* Histoire II 342ff.363ff.

[31] S. das πρόσταγμα des Ptolemaios II. über die Erfassung von Vieh und Sklaven in »Syrien und Phönizien« 260 v. Chr. SB 8008; Bibliographie bei *Lenger,* Corpus des Ordonnances 37ff, Nr. 22 Z. 17ff.

[32] *Vatin,* Recherches sur le mariage 32ff; *Fraser,* Ptolemaic Alexandria I 71ff.

[33] *Braunert,* Binnenwanderung 41ff.72ff; vgl. *A. Świderek,* La société indigène en Égypte au IIIe siècle avant notre ère d'après les archives

Wesentlich öfter begegnet uns das Gegenteil, daß begabte Eingeborene um des *sozialen Aufstiegs* willen sich »gräzisierten«, die griechische Sprache erlernten und teilweise auch griechische Namen annahmen; oft ist schwierig zu sagen, ob Träger griechischer Namen Ägypter, Juden (s. u. S. 117.128) oder echte Griechen waren. Da, wie die unzähligen griechischen Urkunden aus der Ptolemäerzeit beweisen, allein die Sprache der »Herrschenden« offizielle Geltung besaß, konnte nur der zweisprachige Eingeborene in der niederen und mittleren königlichen Verwaltung eine Beamtenstelle erhalten. In der niederen Verwaltungsbürokratie war der Staat, um eine maximale Ausbeutung der Landwirtschaft zu erreichen, auf die positive Mitarbeit dieser zweisprachigen Ägypter angewiesen. Wenn in einer Liste von Eigenschaften, die man von einem ptolemäischen Beamten verlangte, nicht nur gefordert wurde, daß er φιλοβασιλεύς, sondern auch daß er φιλέλλην sei, so mußte letzteres gerade von den nichtgriechischen, jüdischen oder einheimischen Angestellten des Königs gelten.[34] Die ptolemäischen Könige und die griechische Oberschicht sahen in den Ägyptern zwar nicht ihre Gegner, es bestand auch keine grundsätzliche, rechtlich fixierte Bevorzugung der Griechen und Makedonen, dies verhinderte jedoch nicht, daß die durch ihren sozialen Status unterlegenen Eingeborenen zum Ausbeutungsobjekt wurden. Den Satz von W. W. Tarn: »The Greek came to Egypt

---

de Zenon: Journal of Juristic Papyrology 7/8 (1953/4) 256: »Il semble pourtant qu'en général la situation d'un homme pauvre, fut-il Égyptien, Grec, Syrien, Arabe ou d'une autre nationalité encore, était presque la même«. Man muß hinzufügen, daß beim Ägypter die Armut häufig, beim Griechen die Ausnahme war.

[34] *A. E. Samuel,* The Greek Element in the Ptolemaic Bureaucracy, in: Proceedings of the Twelfth International Congress of Papyrology (Am. Stud. in Papyrology VII) Toronto 1970, 443-453. Zur Zweisprachigkeit s. *R. Rémondon,* Problèmes du Bilinguisme dans l'Égypte Lagide: Chronique d'Égypte 39 (1964) 126-146 und einschränkend *W. Peremans,* Über die Zweisprachigkeit im Ptolemäischen Ägypten, in: Studien zur Papyrologie und antiken Wirtschaftsgeschichte, Friedrich Oertel zum 80. Geburtstag gewidmet, Bonn 1964, 49-60. Zu φιλέλλην s. das von *A. S. Hunt* und *J. G. Smyly* zitierte Komikerfragment in: P. Tebt III 703 (S. 71) = Selected Papyri, ed. *D. L. Page,* Vol. III (1941) 466 Nr. 112; *M. Rostovtzeff,* Social and Economic History III 1421 Anm. 212.

to grow rich« kommentiert A. Świderek zustimmend mit dem Hinweis, daß im Zenon-Archiv aus der Mitte des 3. Jahrhunderts jedes Dokument dieses Urteil bestätige.[35] Die Eingeborenenpolitik der Könige wurde von Anfang an durch eine ökonomisch-machtpolitische Betrachtungsweise bestimmt. Ptolemaios I. hatte — da noch kein funktionsfähiger griechischer Beamtenapparat aufgebaut war — zunächst auch hohe ägyptische Beamte und Ratgeber zur Verwaltung herangezogen,[36] später verwendete er, und dann vor allem sein Sohn, in den Führungspositionen nur noch griechische Kräfte — vermutlich um der größeren wirtschaftlichen Effektivität willen. Ein Prototyp ist der »Finanzminister« Apollonios aus Kaunos in Karien,[37] der weitere Bürger dieser Stadt, darunter Zenon, ins Land zog. Die Ägypter wurden damit aus den höheren Stellungen verdrängt, was nicht ausschloß, daß die Könige dort, wo es ihnen nützlich erschien, auf sie zurückgriffen. Das bekannteste Beispiel sind die makedonisch ausgebildeten ägyptischen Phalangiten, mit deren Hilfe Ptolemaios IV. Philopator die Schlacht von Raphia 217 v. Chr. gewann (s. o. S. 55f). Diese — durch die Not erzwungene — Aufwertung der Eingeborenen führte freilich zu inneren Unruhen. Auf der niederen Verwaltungsebene des Dorfes und der Toparchie konnte man sowieso nie auf ihre Mitarbeit verzichten.

Eine wirkliche »Hellenisierung« der einheimischen λαοί, das heißt der arbeitenden Landbevölkerung, war dabei durchaus nicht im Sinne der hellenistischen Herrscher. Die vornehmliche Aufgabe der Eingeborenen war es, in dem streng »merkantilistisch-staatskapitalistischen« Wirtschaftssystem als Landarbeiter den Boden zu bestellen und einen möglichst großen Teil des Ertrages abzuliefern. Die fremden, meist griechisch-makedonischen Militärsiedler waren ihnen gegenüber wirtschaftlich wesentlich besser gestellt. Sie mußten

---

[35] *Tarn/Griffith*, Hellenistic Civilization 201 (= Die Kultur der hellenistischen Welt, Darmstadt 1966, 239); *A. Świderek*, La société grecque en Égypte au IIIe siècle av. n. è. d'après les archives de Zenon: Journal of Juristic Papyrology 9/10 (1955/6) 365f.

[36] *C. B. Welles*, The Egyptians under the First Ptolemies, in: Proceedings... (s. o. Anm. 34) 505–510.

[37] *A. Świderek*, A la cour alexandrine d'Apollonius le dioecète: Eos 50 (1959/60) 81–89.

weniger abliefern und bearbeiteten ihre großen Landanteile überwiegend nicht selbst, sondern verpachteten sie an Einheimische.[38] Die zentralistische Regierung des Königs, die von der griechischen Metropole Alexandrien aus geführt wurde, der landsmannschaftliche innere Zusammenhalt der Griechen im Lande, die gymnasiale Erziehung, von der die Ägypter in der Regel ausgeschlossen waren, und die Geschlossenheit der Bürgerkorpora in den wenigen »Poleis« im Lande verhinderten, daß die Eingeborenen in bedrohlicher Weise die politischen und sozialen Schranken durchbrachen. Selbst in römischer Zeit wurde — aus fiskalischen Gründen — diese »bewährte« Politik zwar in neuer Form, aber nicht weniger repressiv weitergeführt. Die eingeborene Bevölkerung reagierte darauf in der Regel mit Resignation, zuweilen auch mit passivem Widerstand, Landflucht und offener Rebellion.[39] Die dritte Möglichkeit war der Versuch der Assimilation und des sozialen Aufstiegs.

Eine gewisse Änderung brachte dann das 2. Jahrhundert v. Chr., sowohl in Ägypten, über das wir am besten informiert sind, wie im Seleukidenreich, wo die Gegensätze vielleicht nicht ganz so schroff, aber ebenfalls wirksam waren. Da der Zustrom neuer griechischer Einwanderer aus dem Mutterland stark zurückging, gewannen die »gräzisierten« Ägypter und Semiten teilweise größeren Einfluß. Dabei war die Tendenz zur »Hellenisierung« und gesellschaftlichen »Rezeption« der eingeborenen Oberschicht im seleukidischen Vielvölkerstaat stärker als im ptolemäischen Ägypten, da dort — abgesehen von den Priestern — eine echte einheimische Aristokratie fehlte. Die Priester bildeten hier vielmehr als Träger des nationalen Widerstandes den Rückhalt der Eingeborenen in den antigriechischen Unruhen, die ab dem Ende des 3. Jahrhunderts vor allem in Oberägypten ausbrachen. Aus diesem Grunde stützten sich die Ptolemäer nach dem Rückgang der Einwanderung aus dem Mutterland weiterhin auf fremde Söldner, vor allem aus ihren

---

[38] *Rostovtzeff*, Social and Economic History II 1070ff; *Préaux*, Reflexions; *dies.*, Grecs en Égypte.

[39] Zur römischen Zeit s. immer noch *M. Rostowzew*, Studien zur Geschichte des römischen Kolonats (BhAPF 1, 1910) Nachdruck Darmstadt 1970, 204ff.

»Kolonialgebieten«. Eine wichtige Rolle spielten dabei auch semitische, und hier wieder besonders jüdische, Soldtruppen.[40]

Die Seleukiden versuchten dagegen nach dem harten Frieden von Apameia 188 v. Chr., der sie aus Kleinasien hinausdrängte, das hellenistische Element in ihrem Reich dadurch zu verstärken, daß sie der Aristokratie eingeborener Städte auf deren Wunsch und gegen entsprechende Zahlungen an die königliche Kasse die Gelegenheit gaben, sich in die Bürgerschaft einer hellenisierten «Polis« zu verwandeln. Von Anfang an hatten sie die Städtegründung in ihrem weiträumigen Reich wesentlich stärker gefördert als die Ptolemäer, die nur in ihren auswärtigen Provinzen neue »Städte« gründeten. Die makedonisch-griechischen Städte bildeten gewissermaßen das tragende Gerüst ihrer Macht und sollten den Vielvölkerstaat zusammenhalten. Polybios berichtet, Medien sei »ringsum von griechischen Städten besiedelt, um es, dem Rat Alexanders entsprechend, vor den angrenzenden Barbaren zu schützen«. Nach Plinius d. Ä. sollen die makedonischen, das heißt seleukidischen, Könige Mesopotamien zur besseren Ausnützung der überfließenden Fruchtbarkeit seines Bodens in Städten organisiert haben, nachdem es zuvor mit Ausnahme Babylons und Ninives nur in Dörfern besiedelt war. Eduard Meyer nennt darum die beiden ersten Seleukiden, Seleukos und seinen Sohn Antiochos I., »die größten Städtegründer aber nicht nur dieser Epoche, sondern der Weltgeschichte überhaupt«. Später bemühte sich vor allem Antiochos IV. Epiphanes — vielleicht durch das erfolgreiche römische Vorbild der Koloniegründung beeinflußt —, diese Politik in neuer Form zu beleben, und begünstigte die Verwandlung der semitischen Aristokratie orientalischer Städte in »hellenische Bürger« neuer Poleis, eine Politik, die allerdings gerade gegenüber den Juden nach einem verheißungsvollen Anfang völlig scheiterte.[41] Aber selbst hier ging die Initiative zu einer solchen Verwandlung von den hellenisierten Aristokratien dieser Städte selbst aus.

---

[40] *M. Launey*, Recherches sur les armées hellénistiques (Bibliothèque des Écoles françaises d'Athènes et de Rome 169, 1.2) Paris 1949/50, I 535ff; die Statistik, I 89ff, zeigt deutlich das Anwachsen des semitischen Anteils.

[41] Polyb. X,27,3; Plinius, h. n. VI,117: »Macedones eam in urbes congre-

Es bildete sich so besonders ab dem 2. Jahrhundert in Ägypten, Palästina und Syrien, wie schon früher in Kleinasien und an der Nordküste des Schwarzen Meeres, eine neue Schicht heraus, die man »Gräkoägypter« oder »Gräkosyrer« nennen könnte,[42] die zwar nicht griechisch-makedonischer Abstammung war, auch nicht das Bürgerrecht der alten, selbstbewußten Kolonialstädte ihrer Gebiete besaß, sich aber dennoch in Sprache und Kultur deutlich von der »barbarischen« Landbevölkerung unterschied. Daß diese neue Schicht von ihrer Bildung und ihrem Verhalten her dann doch — zumindest in späterer Zeit — auch als »Hellenen« betrachtet werden konnte, zeigt die Kritik Strabos (etwa 63 v. - 21 n. Chr.) an Ephoros (etwa 405-330 v. Chr.), der bei den 16 Völkern Kleinasiens drei griechische von dem barbarischen Rest unterschied, dies jedoch durch die Bemerkung einschränkte, daß von letzteren einige »gemischt« seien. Strabo argumentiert dagegen: »Wir können überhaupt keine nennen . . ., die wir den ›vermischten‹ zurechnen . . ., denn selbst wenn sie vermischt wurden, machte sie das beherrschende Element entweder zu Griechen oder zu Barbaren. Ein drittes, ›vermischtes‹ Volk kennen wir nicht«[43]. Es wird hier einmal deutlich, daß der Sammelbegriff der »Hellenen« nicht immer ethnisch eindeutig fixiert war. Ätoler, Akarnanen, Epiroten und Makedonen kamen erst später zur Gemeinschaft der »Hellenen« hinzu, und ähnliches mag auch von den gräzisierten Kleinasiaten gelten. In hellenistischer Zeit erhielten die Römer nach ihrem Sieg über die illyrischen Seeräuber 229 v. Chr. die Zulassung zu den gemeinhellenischen isthmischen Spielen.[44] Offenbar wollte man sie als politisch und militärisch überlegene Macht nicht mehr ohne weiteres als »Barbaren« betrachten. Darum kann Polybios — wenn er selbst

---

gavere propter ubertatem soli«. *E. Meyer* (s. o. Anm. 22) 29. Zu Antiochos IV. s. *Hengel*, Judentum und Hellenismus 505; *Mørkholm*, Antiochus 115ff; *Jones*, Cities 247ff. S. auch u. S. 158.

[42] Vgl. die Ἑλληνογάλαται Diod. V,32 bzw. die »Gallograeci« Livius XXXVIII,17,9 und die μιξέλληνες unter den karthagischen Söldnern Polyb. I,67,7.

[43] XIV,5,24.25 (678/9). Daß in Kleinasien griechische Städte und barbarische Völker und Dynasten gemischt wohnten, ist ein älterer Topos, s. schon Euripides, Bakchai 17ff: μιγάσιν Ἕλλησι βαρβάροις θ' ὁμοῦ.

[44] *Speyer*, Barbar 259f.

spricht und nicht griechische Gesandte sprechen läßt (s. o. S. 80f) — die Römer nicht mehr als Barbaren bezeichnen, obwohl ihm der alte Gegensatz von Griechen und Barbaren samt den damit verbundenen Vorurteilen noch durchaus vertraut ist. Er nennt sie freilich auch nicht »Hellenen«, sondern hebt mit ihren Vorzügen, die in der idealen Staatsform der »gemischten« Verfassung gipfeln, zugleich auch ihre nationale Eigenart hervor.[45] Die Römer erhalten zwischen Griechen und Barbaren einen neuen, eigenen und besonderen Rang. Entsprechend kommt dann Cicero zu einer Dreiteilung der Welt: »Italia, Graecia, omnis barbaria«. In ähnlicher Weise konnte dann der Jude unterscheiden: Juden, Griechen und Barbaren.[46] Im Orient nahmen die phönizischen Städte, die seit Jahrhunderten in vielfältigen Kontakten zu den Griechen standen und denen diese ihre Schrift verdankten, seit dem Ausgang des 3. Jahrhunderts an den exklusiv »hellenischen« Spielen teil.[47] Der sidonische »Stadtkönig« Philokles, Sohn des Rešefiaton-Apollodoros, zum Beispiel war ein fähiger Admiral der ersten Ptolemäer, der für diese nach 286 v. Chr. die Seeherrschaft im östlichen Mittelmeer erkämpfte.[48] Aber die Phönizier, die zumindest äußerlich sehr rasch griechische Kultur annahmen, hatten seit jeher ein besonderes Verhältnis zu den Griechen. Schließlich bestätigt das oben angeführte Strabozitat auch, daß die »Hellenisierung« weitgehend an das Verhalten der führenden Schichten eines Volkes gebunden war. Strabo selbst kann die traditionelle Unterscheidung darum nicht mehr anerkennen. Für ihn hängt — zur Zeit des Augustus — die Bezeichnung »Hellenen« vom kulturellen Status der Oberschicht ab.

---

[45] *Schmitt,* Untersuchungen 7f.
[46] De fin. II,49; vgl. de div. 1,84; s. *Jüthner,* Hellenen und Barbaren 137 Anm. 151. Zur jüdischen Dreiteilung s. Paulus Röm 1,14.16; Kol 1,13. Vgl. Jos Bell. 5,17; Ant. 4,12; 11,299; 16,177; Philo, vit. Mos. 2,12.19ff; praem. et poen. 165; spec. leg. 2,165ff.
[47] *Hengel,* Judentum und Hellenismus 131: Der »Sufet« δικαστής Diotimos aus Sidon wird um 200 v. Chr. durch eine griechische Versinschrift als Sieger im panhellenischen nemäischen Wagenrennen in Argos gefeiert. Vgl. u. S. 163.
[48] *W. Peremans/E. Van 't Dack,* Prosopographia ptolemaica VI (Studia Hellenistica 17) Louvain 1968, 95f Nr. 15085. Vgl. o. S. 36.

§ 8 »Hellenisierung« als literarisches, philosophisches, sprachliches und religiöses Problem

Das Problem des »Hellenismus« beziehungsweise der »Hellenisierung« in frühhellenistischer Zeit hat so eine ganz starke *politisch-soziale Komponente*. Der *philosophische, literarische und religiöse Aspekt* besaß ihr gegenüber zunächst eher sekundäre Bedeutung, erhielt jedoch allmählich größeres Gewicht. Wir besitzen eine ganze Reihe von — vornehmlich philosophischen — Zeugnissen, die aus dem negativen Schema Griechen-Barbaren ausbrechen und die die allen gemeinsame »Menschlichkeit« oder gar die Überlegenheit der »Barbaren« betonen. Es handelt sich hier allerdings meist um die Meinung von Außenseitern, deren Ansichten erst allmählich Boden gewannen. Auch dürfen wir die Wirkung derartiger Zeugnisse auf die hellenistischen Machthaber und ihre griechisch-makedonischen Untertanen nicht überschätzen. Diese wie jene ließen sich in der Regel von machtpolitischen und wirtschaftlichen Gesichtspunkten leiten. Die Frage der »Humanität« spielte nur so weit eine Rolle, als die königliche φιλανθρωπία auch einen realen Nutzen hatte.[1]
Weder ein Apollonios noch sein Agent Zenon werden sich, ganz am effektiven Ertrag orientiert, über humanitäre Probleme an sich allzuviele Gedanken gemacht haben. Wohl aber wurden damit Vorstellungen geschaffen, die dann später unter römischer Herrschaft, als die stoische Philosophie Allgemeingut wurde, größeren Raum gewannen und die auch die jüdisch-hellenistische und spätere christliche Apologetik für ihren »Gegenangriff« verwenden konnten.
Schon bei dem Sophisten Antiphon taucht der Gedanke auf, daß alle Menschen »von Natur«, das heißt »biologisch«, gleich seien. Die politische Gleichheit war damit allerdings noch nicht gefordert.[2]

---

[1] *W. L. Westermann*, The Ptolemies and the Welfare of their Subjects: American Historical Review 4 (1937/8) 270-287. *Préaux*, Grecs en Égypte.

[2] Antiphon bei *H. Diels/W. Kranz*, Die Fragmente der Vorsokratiker, Zürich/Berlin ¹¹1964, II 352f fr. 44 B II,10: »Von Natur sind wir alle in jeder Hinsicht gleich geschaffen, Barbaren wie Hellenen.« Dazu *E. Schütrumpf*, Kosmopolitimus: Hermes 100 (1972) 20ff.

Von den Kynikern³ und Stoikern wurden derartige Vorstellungen in der — zunächst ganz unpolitischen — Form der »Weltbürgeridee« übernommen, wobei es vielleicht kein Zufall ist, daß der Begründer der *Stoa*, Zenon von Kition, selbst phönizischer Herkunft war und von Gegnern deswegen verspottet wurde. Sein Widersacher Epikur war dagegen der Ansicht, »daß allein die Griechen philosophieren können«⁴. Man könnte ihn gegenüber der universalistischen Stoa als den genuin »hellenischen« Philosophen bezeichnen. Der kosmopolitische Geist der Stoa sollte sich jedoch dem Zug der Zeit entsprechend zuletzt als stärker erweisen. Er entsprach eher dem Bedürfnis der hellenistischen Monarchien, die auf die Dauer ihre vielgestaltige Bevölkerung integrieren mußten. Eratosthenes, der Lehrer Ptolemaios' IV. Philopator und Leiter des Museion, hat, von diesem Geist inspiriert, gegen die damals noch allgemein vorherrschende Aufteilung der Menschen in Griechen und Barbaren und damit gegen den Rat des Aristoteles an Alexander zur Behandlung der Barbaren als Sklaven protestiert und das Verhalten Alexanders gepriesen, der die Menschen nicht nach ihrer Herkunft, sondern nach ihrer Qualität beurteilte. An die Stelle der Unterscheidung zwischen Griechen und Barbaren solle die Einteilung der Menschen gemäß ihrer ἀρετή beziehungsweise ihrer κακία treten.⁵ Ob die — nicht sehr glückliche — Außen- und Innenpolitik seines Schülers von derartigen Überlegungen gefördert wurde, bleibt fraglich. Durch seine politische Notlage gezwungen, mußte Philopator zwar der ägyptischen Eingeborenenbevölkerung entgegenkommen, schuf sich aber gerade dadurch noch mehr Schwierigkeiten. In der Stoa, die vor allem ab dem 2. Jahrhundert v. Chr. zur eigentlich beherrschenden Philosophie der späthellenistischen

---

³ Diogenes: Diog. Laert. VI,63; vgl. schon Demokrit bei *Diels/Kranz*, Die Fragmente der Vorsokratiker, Zürich/Berlin ¹¹1964, II 194 fr. 247.
⁴ Zenon: *M. Pohlenz*, Die Stoa, Göttingen 1959, I 22f; II 14; Epikur b. Clem. Alex. strom. I,15,67,1 (GCS 52 p. 42 *Stählin/Früchtel*).
⁵ Strabo I,4,9 (66/7). Die Deutung der Äußerung des Eratosthenes bei *H. Dörrie*, Die Wertung der Barbaren im Urteil der Griechen ..., in: Antike und Universalgeschichte, Festschr. H. E. Stier, Münster 1972, 155ff, der darin die »Geburtsurkunde« des Hellenismus sieht und vermutet, daß Eratosthenes der Brief des Aristoteles an Alexander wie auch die negative Antwort Alexanders vorlag, geht vermutlich zu weit.

und frühen römischen Zeit wurde, setzte sich die den alten Gegensatz zwischen Hellenen und Barbaren zerbrechende Weltbürgeridee durch, wobei sie das Ideal des »Hellenentums« durch »Paideia« proklamierte. Unterstützt wurde diese Entwicklung dadurch, daß nicht nur ihr Gründer Zenon, sondern auch später eine große Zahl stoischer Philosophen nicht aus dem griechischen Mutterland, sondern aus den Kolonialgebieten des Ostens beziehungsweise aus »barbarischer« Umgebung stammten. So Chrysipp und Aratos aus dem (freilich schon im 8. Jh. von den Rhodiern begründeten) Soloi in Kilikien. Die Heimat des Vaters von Chrysipp soll jedoch das semitische Tarsos gewesen sein, auch der Nachfolger dieses literarisch so fruchtbaren Philosophen, wieder ein Zenon, stammte von dort. Ein weiterer Schüler Chrysipps, Diogenes, kam aus Seleukeia bei Babylon, ein dritter Zenon, Schüler des Gründers, stammte aus Sidon. Zu nennen wären weiter Antipater und Archedemos von Tarsos, Boëthos von Sidon und der Zenonschüler Herillos aus Karthago. Die Heimat des größten Vertreters der mittleren Stoa, Poseidonios, war das syrische Apameia. Ein sehr schönes Beispiel für dieses neue philosophisch geprägte Weltbürgertum finden wir in einigen Epigrammen des Begründers der Anthologia Graeca, Meleager aus Gadara im palästinischen Ostjordanland (etwa 140-70 v. Chr.), der wie sein älterer Mitbürger Menipp von kynischem Geiste angehaucht war:[6]

> »Tyros hat mich erzogen, doch Gadara war meine Heimat,
> jenes neue Athen in der Assyrier Land.
> Ich, des Eukrates Sohn, Meleagros, der Musen Gefährte,
> hab' mit den Grazien Menipps früh schon den Wettlauf versucht.
> War ich ein Syrer, was tut's? Die *Welt* ist der Sterblichen Heimat,
> und *ein* Chaos gebar sämtliche Menschen, mein Freund.«

Es mischt sich hier der Nationalstolz seiner syrischen Herkunft mit der Abwehr des Versuchs, seine nichtgriechische Abstammung abzuwerten. Vermutlich ist er auf Kos, wo er im Alter das Bürger-

---

[6] Anth. Gr. VII,417.419 (Üs. v. Beckby); vgl. *Hengel*, Judentum und Hellenismus 155ff; vgl. u. S. 164.

recht erwarb, derartigen Widerständen begegnet. Sein Argument: »*eine* Heimatstadt, Fremdling, bewohnen wir, die Welt« (μίαν, ξένε, πατρίδα κόσμον ναίομεν), spricht für sich. In einem anderen Epigramm weist er auf seine Mehrsprachigkeit — Aramäisch, Phönizisch, Griechisch — hin:

> »Gadaras heiliges Land und die göttliche Tyros erzog ihn,
> Merops' liebliches Kos hat ihn im Alter ernährt.
> ›Audonis‹ grüß' ich Phoiniker; doch bist du ein Grieche, dann ›Chaire‹;
> wenn du ein Syrer, ›Salâm‹. Sag dann das Gleiche auch mir!«

Man muß freilich hinzufügen, daß es sich hier um ein spätes Paradigma aus dem 1. Jahrhundert v. Chr. handelt, das heißt einer Zeit, als das griechische Selbstbewußtsein durch die Zerschlagung der hellenistischen Monarchien und den Aufstieg Roms im Westen sowie die Erfolge »barbarischer« Herrscher im Osten wie der Partherkönige, Tigranes' von Armenien oder Mithridates' VI. von Pontos schwer erschüttert war. Gadara, die Heimatstadt Meleagers, war gegen 100 v. Chr. durch den jüdischen König Alexander Jannaj zerstört worden. Im 3. Jahrhundert v. Chr. wäre eine derartige Haltung wohl noch kaum möglich gewesen.

Auch die Berichte und Spekulationen griechischer Gelehrter über *das größere Alter der östlichen Kulturen* und die »barbarischen« ersten Erfinder, denen die junge griechische Nation vieles verdanke, konnten der elitären Haltung jener Griechen, denen die ganze östliche Welt offenstand, kaum etwas anhaben. Sie waren zudem zu sehr auf bestimmte philosophische Gruppen beschränkt. So schätzte man in der frühen Akademie die alte Weisheit der orientalischen »Barbaren«, blieb sich aber doch gleichzeitig, wie schon Plato selbst, der griechischen Überlegenheit bewußt.[7] Die Kyniker suchten, indem sie den Griechen den Spiegel einer angeblichen »barbarischen Philo-

---

[7] Vgl. Ps. Plato, Epinomis 986e-987d über den barbarischen Ursprung der Astronomie und dazu die abschließende Bemerkung: »Was die Griechen auch immer von den Barbaren empfangen haben, sie haben dies schöner vollendet«! S. O. *Reverdin,* Crise spirituelle et évasion, in: Grecs et Barbares (s. o. S. 77 Anm. 1) 103ff; vgl. *Jüthner,* Hellenen und Barbaren 22ff; *J. Kerschensteiner,* Platon und der Orient, 1945.

sophie« mit ihrer äußersten Einfachheit vorhielten, diese zur Selbstkritik zu bewegen.[8] Die orientalischen Phantasien eines Ktesias[9] oder die gelehrte Utopie des Hekataios von Abdera, der in den Ägyptern die ältesten Kulturträger sah, als erster ausführlich und relativ positiv über die Juden berichtete und das Vorbild für Euhemeros wurde,[10] unterhielten mehr das sensationsbegierige Lesepublikum, als daß sie politische Auswirkungen hatten. Die Politik der ersten Ptolemäer gegenüber ihren ägyptischen Untertanen hat Hekataios gewiß nicht beeinflußt. Dagegen erhielten zuerst die jüdischen und dann auch die christlichen Apologeten aus diesem Schrifttum wertvolle Argumente, die sie dann gegen die These von der Überlegenheit der Griechen wenden konnten.[11]

Die frühhellenistische Zeit, insbesondere das 3. Jahrhundert v. Chr., war weiter überwiegend eine Zeit *des Zerfalls der traditionellen Religion und der Aufklärung*. Als beherrschende Gottheit erscheint die Glücksgöttin *Tyche*, die nicht umsonst später auf so vielen Münzen syrischer Städte an die Stelle der örtlichen Astarte tritt. Ein hellenistischer Hymnus nennt sie die »allmächtige Tyche«, die »Anfang und Ende aller Dinge in Händen hat«, nach Plinius d. Ä wird sie, die zweideutige, von den Menschen aufgrund ihrer Sterblichkeit erfundene Gottheit, »in der ganzen Welt, an allen Orten, zu jeder Stunde und durch die Stimmen aller Menschen allein angerufen und gerühmt«. Eng verwandt mit dem Preis der Tyche ist die am meisten geförderte Religion dieser Zeit, die »Pseudoreligion« des Herrscherkultes, das heißt die Vergottung des von der Tyche mit Erfolg begabten »Übermenschen«. Dadurch, daß der Euhemerismus die alten Götter in Herrscher der Vorzeit verwandelte, begünstigte er sowohl den Herrscherkult wie die jüdisch-christliche

---

[8] *Speyer*, Barbar 258ff.267.269ff, vgl. auch Philo, quod omnis 73ff.94ff.

[9] *Reverdin*, Crise spirituelle et évasion, in: Grecs et Barbares 97ff. Diod. II,29,4ff preist die chaldäische »Philosophie« im Gegensatz zur griechischen, vermutlich im Anschluß an Ktesias.

[10] *W. Speyer*, Art. Hekataios, in: Der kleine Pauly II (Stuttgart 1967) Sp. 980ff. Zum Judenexkurs *J. G. Gager*, Moses in Greco-Roman Paganism, Nashville-New York 1972, 26-37.

[11] *K. Thraede*, Art. Erfinder, in: RAC V (Stuttgart 1962) Sp. 1242ff. 1247ff. 1268ff. Dazu gehört auch das seit Philo nachweisbare Motiv vom »Diebstahl der Philosophen«.

Polemik gegen den traditionellen Polytheismus.[12] Auch die orientalischen Religionen übten zunächst nur eine relativ geringe Anziehungskraft auf die eingewanderten Griechen aus, diese verehrten — wenn überhaupt — zunächst ihre Götter in traditioneller Weise. Erst mit dem Zerfall der hellenistischen Monarchien verstärkte sich das allgemeine religiöse Interesse, wobei vor allem die Astrologie in den Mittelpunkt rückte. Es gibt freilich einige auffallende Ausnahmen. So der Kult des gräkoägyptischen *Sarapis* und in seinem Gefolge der der Isis, die bereits im 3. und 2. Jahrhundert — von den Ptolemäern gefördert — expandierten. Aber Sarapis stellte sich als ein griechischer Gott mit ägyptisierenden Zügen dar, der nur bei Griechen und Gräkoägyptern Anerkennung fand, nicht aber bei den ägyptischen λαοί. Sein Erfolg in der hellenistischen Welt beruhte darin, daß er — wie andere orientalische Götter, so die ihm nahestehende Isis, der Gott der Juden und später der Lichtgott Mithras — stärker war als die wankelmütige Tyche oder die unerbittliche Heimarmene.

Ein anderer — im Gegensatz zu Sarapis durchaus traditionell griechischer — Gott, der von der hellenistischen Aufklärung kaum betroffen war, der vielmehr nach Alexander sich daran machte, die außergriechische Welt zu erobern, war *Dionysos*. Nach dem Urteil von W. W. Tarn war er »der wichtigste griechische Gott außerhalb Griechenlands ... in diesem Zeitalter ..., den die Dionysischen Künstler in die ganze Welt trugen; ihm gelang mit Kunst und Literatur ein triumphaler Siegeszug durch Asien, der dem Alexanders ähnelte.... Wenn ein griechischer Gott die Welt hätte erobern kön-

---

[12] Zum Hymnus auf die Tyche s. Selected Papyri, ed. *D. L. Page*, III, 1941, 432 Nr. 99; Plinius d. Ä., h. n. II,22; vgl. *C. Schneider*, Kulturgeschichte des Hellenismus II, München 1969, 830ff. Zum Herrscherkult s. *M. P. Nilsson*, Geschichte der griechischen Religion II, München ²1961, 132-184.200ff.208ff; positiver *Schneider*, Kulturgeschichte des Hellenismus II, München 1969, 888ff, s. 905 seine m. E. unberechtigte Kritik an *Nilsson*, der recht hat, wenn er darin eine Verfallserscheinung sah. Unmittelbar vor seiner Schilderung der fortuna rechtfertigt Plinius in einem Atemzug die »Humanitätsreligion« des Herrscherkultes und verurteilt den traditionellen Glauben an die Wirksamkeit der Götter. Er steht hier noch ganz in der Tradition der hellenistischen Aufklärung.
[13] Vgl. *Fraser*, Ptolemaic Alexandria III 70, Index s. v. Sarapis.

nen, wäre gewiß nur Dionysos dazu imstande gewesen«.[13a] Die Ptolemäer und Attaliden führten ihre Dynastie auf ihn zurück, der 4. Ptolemäer war ein besonders begeisterter Anhänger seiner Mysterien, wenig später offenbart der Bacchanalienskandal seinen Einfluß in Rom. Wie kaum eine andere Gottheit wurde er mit orientalischen Göttern identifiziert: Seit Herodot mit dem ägyptischen Osiris, später mit Sarapis, dem phönizischen Adonis, dem kleinasiatischen Sabazios und dem arabisch-nabatäischen Dusares. Von allen antiken Göttern wurde er auch am beharrlichsten mit dem jüdischen Gott in Jerusalem in Verbindung gebracht. Seine ungeheure Wirkung geht nicht zuletzt auf seine Menschlichkeit — ist er doch Sohn des Zeus und einer sterblichen Mutter —, aber auch auf seine barbarisch anmutende Fremdartigkeit, das befreiende Erlebnis der Ekstase und die Einbeziehung aller Daseinsbereiche, der überschäumenden Lebensfreude wie des Totenreiches, zurück. Euripides zeichnet ihn in seinem letzten Werk, das in der Antike am meisten aufgeführt wurde und jedermann bekannt war, als einen barbarischen Fremdling, der von Asien herkommend, begleitet von einem Schwarm fremder Verehrerinnen und verkleidet in menschliche Gestalt, daran geht, die griechischen Städte zu erobern. Pentheus von Theben tritt als echter Grieche diesem barbarischen Unwesen mannhaft entgegen und bezahlt seinen »Kampf gegen den Gott« mit einem grausamen Tode. Die so ganz ungriechische Aufforderung des Sehers Teiresias an Pentheus: »dem Bakchos, dem Sohn des Zeus, müssen wir (als Sklaven) dienen!« (τῷ Βακχίῳ τῷ Διὸς δουλευτέον 366) deutet ein neues, persönliches Gottesverhältnis an, das im Grunde eher bei den orientalischen Göttern als im griechischen Pantheon zu finden war. Eben darin ist der Erfolg dieses vielgestaltigsten aller griechischen Götter zu suchen, der weniger ein Gott der offiziellen griechischen Götterwelt war — darum sind

---

[13a] *W. W. Tarn/G. T. Griffith*, Die Kultur der hellenistischen Welt, 1966, 403 = Hellenistic Civilization 338f; vgl. auch *Schneider*, Kulturgeschichte des Hellenismus II, München 1969, 876-887, und *M. P. Nilsson*, The Dionysiac Mysteries of the Hellenistic and Roman Age, Lund 1957; *Fraser*, Ptolemaic Alexandria I 201ff: »Certainly no Olympian deity was so easily accommodated to the requirements of the Ptolemies as was Dionysus« (Zit. 206).

auch die ihm gewidmeten Inschriften eher seltener als bei anderen Göttern —, sondern vor allem in privaten Kultvereinen (θίασοι) verehrt wurde. Daß das griechischsprechende Judentum in seinen Mysterien eine nicht ungefährliche Konkurrenz sah, zeigt sich daran, daß bereits die Septuaginta die verhaßten kanaanäischen Kulte mit Begriffen, die aus den Dionysosmysterien stammten, interpretierte (s. u. S. 133 Anm. 28).

Die siegreiche Kraft der hellenistischen *Zivilisation*, ihre gewinnende Überlegenheit gegenüber den »Barbaren«, offenbarte sich in vollem Umfange erst, als die politische Macht der hellenistischen Monarchien weitgehend zerbrochen war und sich selbst die »barbarischen« Sieger der Rationalität und Effektivität »hellenistischer« Staatsverwaltung wie auch — cum grano salis — dem Wohlklang und der Gestaltungskraft griechischer Sprache und Dichtung unterwarfen. In Rom waren es nicht die Schlechtesten, die sich für eine Synthese zwischen römischer Tradition und griechischer Bildung einsetzten: so zum Beispiel die Scipionenbrüder, die 190 bei Magnesia Antiochos III. besiegten und damit den Niedergang der seleukidischen Monarchie einleiteten, oder auch L. Aemilius Paullus, der 168, nach der Schlacht bei Pydna, das makedonische Reich zerstörte. Der Sohn des Aemilius Paullus, der jüngere Scipio, wurde dann ein enger Freund des Polybios, der nach Pydna als achäische Geisel nach Rom gekommen war. Im Osten nahmen die Partherkönige seit Arsakes III. (191-176 v. Chr.) den Beinamen φιλέλληv an, der regelmäßig auf ihren Münzen erscheint, um damit ihre Loyalität gegenüber den hellenistischen Städten ihres Territoriums zum Ausdruck zu bringen. Ursprünglich hatte dieser Titel den griechischen Patrioten geehrt,[14] jetzt wurde er zum Ehrennamen barbarischer Könige. Daß die Partherkönige zugleich »hellenistischer Bildung« nicht abgeneigt waren, illustriert die berühmte Episode nach dem Sieg der Parther über Crassus 53 v. Chr. Zur selben Zeit, da der Siegesbote das Haupt des römischen Feldherrn nach der armenischen Hauptstadt Artaxata brachte, wo der Partherkönig Orodes die Hochzeit seines Sohnes mit der Schwester des armeni-

---

[14] *B. V. Head*, Historia Numorum, Repr. London 1963, 819ff; *G. Le Rider*, Suse sous les Séleucides et les Parthes, Paris 1965, 95.99.181.192. 196f.372.423f; *McDowell*, Coins from Seleucia 218f.

schen Königs Artavasdes feierte, wurde gerade am Hofe die letzte Szene der Bakchen des Euripides aufgeführt. Der griechische Schauspieler Jason von Tralleis, der die Agave spielte, ergriff statt der Maske des Pentheus das Haupt des römischen Feldherrn mit den Worten:

> »Vom Berge bringen wir
> Die frischgeschnittne Ranke heim,
> Beseligenden Fang«.

Die Schilderung Plutarchs läßt vermuten, daß die ganze Szene zur Feier des Triumphes gestellt worden war,[15] sie bleibt jedoch eindrucksvoll genug. Die Bezeichnung φιλέλλην begegnet uns weiter bei dem nabatäischen König Aretas III. (etwa 85-62 v. Chr.), der Münzen mit dieser Aufschrift in dem von ihm eroberten Damaskos schlagen ließ.[16] Ja selbst der jüdische Hohepriester Aristobul (104/3 v. Chr.), der nach Josephus als erster den Königstitel angenommen haben soll, trug diesen Würdenamen.[17] Sein Bruder Alexander Jannaj prägte dann Münzen mit griechischer Aufschrift, holte kleinasiatische Söldner ins Land und verwandelte den hasmonäischen Hohepriesterstaat weitgehend in eine »hellenistische Monarchie«. Dies hinderte ihn auf der anderen Seite freilich nicht, alle hellenistischen Städte im Lande außer Askalon zu unterwerfen und zum großen Teil zu zerstören, wobei Teile der nichtjüdischen Bevölkerung zwangsweise zum Judentum bekehrt wurden. Die unter ihm entstehende jüdisch-hellenistische Mischkultur beleuchtet das jüngst in Jerusalem entdeckte Grab Jasons, eines jüdischen Seeräuberkapitäns zur Zeit Alexander Jannajs. Die pharisäischen Frommen antworteten auf die hellenisierenden Neigungen des Hohepriester-Königs mit einem erbitterten Aufstand, der mit einer Massenkreuzigung von 800 Pharisäern endete.[18] Die vollendete Synthese zwi-

---

[15] Plut. Crassus 564 = Euripides, Bakch. 1169ff, vgl. dazu *W. W Tarn* in: CAH IX (1932) 611f.
[16] *Schürer/Vermes/Millar*, History I 578.
[17] Jos. Ant. XIII,318; vgl. *Schürer/Vermes/Millar*, History I 217 Anm. 6.
[18] *Schürer/Vermes/Millar*, History I 219ff; *L. Y. Rahmani u. a.*, The Tomb of Jason: Atiqot 4 (1964) 1-10; vgl. auch *Schalit*, König Herodes 11.106.167f; 196-206; 405.530f.

schen »Hellenentum« und Orient begegnet uns dann bei König Antiochos I. Epiphanes von Kommagene (etwa 69-38 v. Chr.). In der berühmten Inschrift von Nemrud Dagh betont er seine Abstammung von Griechen und Persern — er leitete »sein Geschlecht von Alexander und von Dareios« her — und »proklamiert(e) einen graeco-persischen Synkretismus«[19]. Selbstverständlich erscheint unter seinen zahlreichen Ehrentiteln auch die Bezeichnung φιλέλλην, die jetzt freilich hinter dem politisch opportunen φιλορωμαῖος zurücktreten muß. H. Dörrie hat gezeigt, daß Antiochos diesen Titel bereits ererbte und daß er auf römerfreundliche Kleinkönige zurückging, die nach Strabo 95 v. Chr. ein Bündnis unter der Führung von Rhodos gegen die Seeräuber und den Römerfeind Mithridates Eupator von Pontos schlossen, der freilich nicht weniger als Antiochos ein Freund hellenistischer Kultur gewesen war und die Befreiung Griechenlands vom römischen Joch propagiert hatte. Das Eintreten für die »Zivilisation der Hellenen« wurde jedoch von der Wende vom 2. zum 1. Jahrhundert v. Chr. an mehr und mehr identisch mit der Loyalität gegenüber Rom, das allein die hellenistischen Kleinstaaten von der barbarischen Überfremdung schützen konnte.[20]

Diese integrierende, zivilisatorische Kraft der hellenistischen Kultur, die zu einer Zeit wirksam wurde, da der politische und wirtschaftliche »Abstieg« der hellenistischen Monarchien schon längst begonnen hatte, zeigt sich auch in einer Reihe von analogen Phänomenen. Die »hellenisierten« phönizischen Städte von Arados bis Ptolemaïs drängten zwar seit dem Niedergang des seleukidischen Reiches, das heißt seit Antiochos IV. Epiphanes, erfolgreich zur Gewinnung immer größerer Freiheiten, aber sie behielten dennoch ganz bewußt ihren »hellenistischen« Charakter bei, der sich mit der eigenen nationalen phönizischen Tradition in eigenartiger Weise verschmolz. Gerade im 2. und 1. Jahrhundert v. Chr. wurden Tyros und Sidon zu bedeutenden literarisch-philosophischen Zen-

---

[19] *H. Dörrie*, Der Königskult des Antiochos von Kommagene im Lichte neuer Inschriften-Funde (AAG III,60) Göttingen 1964, 53.29ff; vgl. Strabo XIV,2,5. *H. Waldmann*, Die Kommagenischen Kultreformen ... (ÉPROER 34) Leiden 1973, Index s. v. S. 246.
[20] *Dörrie*, Königskult 31-33.

tren griechischer Bildung. Daß man dabei trotz alledem die eigene phönizische Überlieferung in selbstbewußter Weise bewahrte, zeigt die euhemeristische Deutung der altphönizischen Religion durch Philo von Byblos (64-141 n. Chr.).[21] Auch in Ägypten hatten trotz der relativen politischen Schwäche des Ptolemäerreiches in der zweiten Hälfte des 2. Jahrhunderts und im 1. Jahrhundert v. Chr. die verschiedenen Aufstandsversuche in Oberägypten, die mit dem Versuch einer antihellenistischen, nationalen Restauration verbunden waren, keinen dauerhaften Erfolg. Es setzte sich vielmehr jene eigenartige gräkoägyptische »Mischkultur« durch, die für die spätptolemäische und römische Zeit typisch wurde, wobei der Unterschied zwischen Alexandrien und der Chora weiterhin bestehen blieb. Ein Beispiel für diese Synthese ist etwa der ägyptische Priester, Stoiker und Vorsteher des Museion Chairemon, der 49 n. Chr. zum Erzieher des jungen Nero berufen wurde. Er versuchte die ägyptische Priesterschaft als die wahren stoischen Philosophen darzustellen, so wie Philo und Josephus die jüdischen Essener idealisierend als die vollkommenen Weisen schilderten.[22] Es muß freilich dabei beachtet werden, daß derartige nahtlose Synthesen in frühhellenistischer Zeit, das heißt im 3. Jahrhundert v. Chr. — der Zeit eines Berossos oder Manetho —, kaum möglich waren, analoge Versuche erscheinen jedoch ab dem 2. Jahrhundert, nicht zuletzt auch in der jüdisch-hellenistischen Literatur oder in dem Reformversuch in Jerusalem. Zur wirklichen *Vollendung* der »Synthese« kam es dann erst in der römischen Zeit. Das beste jüdische Beispiel dafür ist Philo von Alexandrien.

Der Begriff der »Hellenisierung« ist überaus vielschichtig, ja teilweise widersprüchlich. Für die frühhellenistische Epoche — die uns hier besonders interessiert — müssen wir davon ausgehen, daß die

---

[21] *Jacoby*, FGrHist 790; *C. Clemen*, Die phönikische Religion nach Philo von Byblos (Mitt. d. vorderas.-ägypt. Ges. 42,3) 1939; *O. Eißfeldt*, Kleine Schriften II, Tübingen 1963, 127ff.130ff; *R. du Mesnil du Buisson*, Nouvelles études sur les dieux et les mythes de Canaan (ÉPROER 33) Leiden 1973, 61ff.70ff.

[22] *Jacoby*, FGrHist 680; *H. R. Schwyzer*, Chairemon (Diss. phil.) Bonn 1932; *A. J. Festugière*, La Révélation d'Hermès Trismégiste I: L'astrologie et les sciences occultes, Paris 1950, 28ff.

Initiative zur »Hellenisierung« einseitig von den semitischen und ägyptischen Eingeborenen ausging, die damit ihren sozialen und kulturellen Status verbessern und am Wohlstand und Erfolg der Griechen partizipieren wollten. Die »Hellenisierung«, das heißt die Annahme von griechischer Sprache, Bildung und Lebensform, war so zunächst in der Regel die individuelle Leistung einzelner Orientalen. Eine Ausnahme machen dabei am ehesten die Phönizier, bei denen sich Anpassungsfähigkeit mit Nationalstolz verband und die seit jeher Kontakte mit den Griechen gepflegt hatten. Die griechisch-makedonische Herrenschicht hatte dagegen — zumindest im 4. und 3. Jahrhundert — ein geringes Interesse daran, die »Barbaren« zu hellenisieren. Sie war einseitig an der Erhaltung ihrer Macht und ihres sozialen Status und der optimalen Ausnutzung der eingeborenen Arbeitskräfte interessiert, was freilich auch eine Zusammenarbeit und das heißt gewisse Kontakte erforderte. Die Möglichkeiten einer völligen »Assimilation« und »Gleichberechtigung« waren dabei für die Einheimischen in einer Generation nur in seltenen Einzelfällen zu erreichen, und manche Hindernisse — wie zum Beispiel die Erlangung des Bürgerrechts traditionsbewußter Städte — blieben auf lange Zeit unüberschreitbar. Diese schroffen Schranken des 3. Jahrhunderts milderten sich im 2. und 1. Jahrhundert. Die Gegensätze blieben jedoch — zugleich als soziale Barrieren — bis in die römische Zeit hinein bestehen und wurden dort identisch mit dem fundamentalen Gegensatz zwischen Stadtbürgertum und Landbevölkerung. Letztere hat der »Hellenisierung« im Grunde weitgehend widerstanden,[23] von ihr ging dann die koptische und syrische Renaissance unter christlichen Vorzeichen in spätrömisch-byzantinischer Zeit aus. Die »hellenistische Kultur« blieb stets eine Stadtkultur. Bei den Orientalen, die versuchten, die Schranke zwischen »Griechen« und »Barbaren« zu überschreiten und die hellenistische Zivilisation — in ihren vielseitigen Möglichkeiten — anzunehmen, konnte es sich um Glieder der einheimischen »Aristokratie«, des »Bürgertums« oder auch um Eingeborene handeln, die als Söldner, Subalternbeamte, Lohnarbeiter oder Sklaven

---

[23] *Rostovtzeff*, Social and Economic History I 272ff zu Syrien und Ägypten.

mit den Griechen in engem Kontakt standen. Für die »hellenisierte« Aristokratie einer orientalischen Stadt, die rechtlich nur den Status einer »kome« besaß, war es natürlich von größtem Interesse, durch königliche Anerkennung einer nach griechischem Vorbild geformten Verfassung den Status einer »Polis« zu erhalten.[24] In Ägypten selbst war diese Möglichkeit zwar von vornherein ausgeschlossen, da die Ptolemäer bewußt nur das alte Naukratis, Alexandrien und die dynastische Neugründung Ptolemaïs in Oberägypten als Poleis anerkannten. Aber schon im ptolemäischen »Kolonialgebiet« war die Situation wesentlich günstiger. Die ersten Städte, die, ohne makedonische Neugründungen zu sein, diesen neuen Status für sich erreichten, waren offenbar die phönizischen Küstenstädte (s. o. S. 93), auch dies bestätigt wieder die Sonderstellung dieses Seefahrervolkes.

Der erste, wichtigste Schritt zur »Hellenisierung« war für den einzelnen die *Überwindung der Sprachbarriere,* die einwandfreie Erlernung des Griechischen. Die Griechen machten sich selten die Mühe, die Sprache ihrer neuen Umgebung zu lernen. Ptolemaios IV. ermahnte vor der Schlacht bei Raphia die ägyptischen Phalangiten durch einen Dolmetscher. Unter den ptolemäischen Herrschern soll als erste Kleopatra VII., das heißt die letzte Königin der Dynastie, Ägyptisch beherrscht haben. Wenn im 2. Jahrhundert v. Chr. eine griechische Mutter ihren Sohn beglückwünscht, daß er Ägyptisch erlernt und deshalb in Alexandrien bei einem ägyptischen Arzt eine Stelle als Lehrer gefunden habe, so ist dies eine jener Ausnahmen, die die gegenteilige Regel bestätigen.

Der *griechischen Sprache* in der Form der attischen »Koine« kam um so größere Bedeutung zu, als sie das Band war, das alle »Griechen« über die Grenzen der einzelnen Monarchien weltweit von Baktrien bis nach Massalia vereinte. Nicht die politische Macht der aufgesplitterten und sich gegenseitig bekämpfenden griechischen Staaten, sondern die gemeinsame Sprache war die letzte Grundlage der »hellenistischen Kultur«. Darum fand sie auch nach dem

---

[24] *Tcherikover*, Hellenistic Civilization 26ff.161ff.
[25] *Rostovtzeff*, Social and Economic History II 883.1545 und *Braunert*, Binnenwanderung 72f.

Sieg der »barbarischen« Römer und Parther kein Ende, sondern lebte in beiden Reichen fort, ja fand ihre Vollendung erst unter dem Schutz der pax Romana. Das berühmte Wort des Isokrates: »Wer an unserer Paideia teilhat, ist Grieche in einem höheren Sinne als der, der nur gemeinsamer Abstammung mit uns ist«[26], versteht unter »paideia« in erster Linie die korrekte Beherrschung des *attischen* Griechisch und bezeichnet so »die attisch Sprechenden als die wahren Hellenen«[27]. Tiefergehende Schlüsse darf man aus dieser Äußerung nicht ziehen. Es ging ganz gewiß noch nicht um eine allgemeine hellenische Kulturmission oder um den Gedanken der Völkerverschmelzung durch Bildung. Gerade Isokrates, der Philipp von Makedonien zum panhellenischen Rachekrieg gegen die Perser aufforderte, war ein ausgesprochener Verächter der »Barbaren«. Entsprechend der Betonung dieser Sprache bedeutet das Verb ἑλληνίζειν nicht die Annahme griechischer »Kultur«, sondern »Griechisch korrekt sprechen (und schreiben)«.[28] Strabo nennt die Barbaren, die beginnen, Griechisch zu erlernen, und darum noch eine falsche Aussprache haben, οἱ εἰσαγόμενοι εἰς τὸν Ἑλληνισμόν[29]. Wie sehr diese »Sprachbarriere« zugleich eine »Sozialbarriere« war, zeigt die verzweifelte Klage eines — vermutlich palästinisch-semitischen — Mitarbeiters, den Zenon am Ende seiner Palästinareise 258 v. Chr. (s. o. S. 39) in Ioppe zurückließ, dem aber der zugesagte Lohn vorenthalten wurde, so daß er »nach Syrien«, das heißt in das Binnenland, weglief mit der Begründung: »damit ich nicht vor Hunger sterbe«. Nach Ägypten zurückgerufen, wurde ihm dort auch der lebenswichtige Unterhalt versagt: »So bin ich im Sommer wie im Winter in Not. (Jason) befahl mir, ich solle saueren Wein als Lohn annehmen. Nun, sie behandeln mich verächtlich, *weil ich ein Barbar bin. Ich bitte dich nun . . ., daß du ihnen Anweisung*

---

[26] Panegyr. 50.
[27] *Speyer*, Barbar 265; vgl. *Jüthner*, Hellenen und Barbaren 34ff. Zum Verhältnis von Philipp und Isokrates und dem Aufleben der gegen die Perser gerichteten panhellenischen Idee s. G. *Dobesch*, Der panhellenische Gedanke im 4. Jh. v. Chr. und der »Philippos« des Isokrates, Wien 1968.
[28] *Liddell/Scott*, A Greek-English Lexicon (⁹1940) 536. Vgl. o. S. 77 Anm. 12.
[29] XIV,2,28 (662).

gibst, damit ich das Zustehende erhalte und sie in Zukunft mich voll bezahlen, damit ich nicht vor Hunger umkomme, *denn ich beherrsche das Griechische nicht korrekt*« (ὅτι οὐκ ἐπίσταμαι ἑλληνίζειν)[30]. Ganz ähnlich lautet die Klage eines vornehmen ägyptischen Ammonspriesters über die Rechtsbrüche eines griechischen Militärsiedlers Androbios, der bei ihm einquartiert war: »Er hat mich verachtet, weil ich ein Ägypter bin«[31]. Es kennzeichnet den Wandel der Situation, daß rund 100 Jahre später, in der Mitte des 2. Jahrhunderts v. Chr., der Gräkoägypter und »Katochos« Ptolemaios aus dem Sarapeion in Memphis sich darüber beklagt, daß er von Ägyptern überfallen worden sei, »weil ich ein Hellene bin«[32]. Hier stoßen wir auf ein Beispiel der nationalägyptischen Reaktion gegenüber der verfehlten ptolemäischen Eingeborenenpolitik, die sich — vor allem in Oberägypten — bis hin zu bewaffneten Aufständen äußerte (s. o. S. 58 Anm. 29). Auch der Makkabäeraufstand muß mit unter dem Gesichtswinkel eines »nationalen« Aufstandsversuches gegen die »hellenistische Überfremdung« gesehen werden, deren Träger freilich in erster Linie assimilationsbereite Juden der Aristokratie waren.

Es ist darum kein Zufall, daß das seltene Substantiv Ἑλληνισμός in einer ausgeweiteten, die griechische Lebensform und Kultur umfassenden Bedeutung *erstmalig innerhalb einer jüdisch-hellenistischen Schrift erscheint,* die damit eben diese »Überfremdung« charakterisieren will und den Aufstand der Makkabäer verherrlicht. Der unbekannte Epitomator des Werkes des Jason von Kyrene bzw. dieser selbst macht in einer scharfen Polemik gegen den Hohenpriester und Führer der jüdischen Reformpartei, Jason, Sohn Simons des Gerechten, den Vorwurf, seine Initiative habe »einen

---

[30] *Westermann/Keyes/Liebesny* (ed.), Zenon Papyri II 16ff Nr. 66. Zur Deutung s. *C. Préaux,* Chronique d'Égypte 40 (1965) 130 Anm. 1 gegen die Herausgeber.
[31] *J. F. Oates/A. E. Samuel/C. Bradford Welles,* Yale Papyri in the Reinecke Rare Book and Manuscript Library I (American Studies in Papyrology II) New Haven-Toronto 1967, 122ff Nr. 46; vgl. *Rostovtzeff,* Social and Economic History III 1421 Anm. 212.
[32] *Hengel,* Judentum und Hellenismus 75.

Höhepunkt der Hellenisierungsbestrebungen (ἀκμή τις Ἑλληνισμοῦ) und einen Einbruch fremder Art« in Jerusalem bewirkt.[33] In polemischer Umkehrung werden die jüdischen Hellenisten und ihre seleukidischen Helfershelfer als »Barbaren«, die gesetzestreuen Juden als »patriotische Bürger« bezeichnet.[34] Gewissermaßen als Gegensatz zu Ἑλληνισμός erscheint im 2. Makkabäerbuch mehrfach die hier erstmals auftauchende Wortbildung Ἰουδαϊσμός im Sinne von jüdischer Gesetzesfrömmigkeit und Sitte.[35] Das Verb ἰουδαΐζειν begegnet uns dagegen zusammen mit περιτέμνεσθαι, »beschnitten werden«, in der griechischen Fassung des Esterbuches als Übersetzung des Partizips Hitpaʿel »mitjahᵃdîm« (Wurzel jhd): »und viele der Heiden ließen sich beschneiden und nahmen jüdische Sitte an aus Furcht vor den Juden«[36]. Noch Josephus hat denselben Sprachgebrauch, wenn er schreibt, daß der römische Besatzungskommandant Metilius als einziger sein Leben rettete, weil er nach der Übergabe der Türme der Herodesburg 66 n. Chr. versprach, μέχρι περιτομῆς ἰουδαΐζειν, das heißt Jude zu werden und die Beschneidung anzunehmen. War für das ἑλληνίζειν die Beherrschung der griechischen Sprache kennzeichnend, so für das ἰουδαΐζειν die Übernahme des Gesetzes, besonders der Beschneidung. Der Sprachgebrauch des 2. Makkabäerbuches ist so recht aufschlußreich. Gerade die Juden scheinen die neue griechische »Lebensform« eben doch als eine »aggressive« Zivilisation empfunden zu haben, die die eigene Tradition der Väter zu überfremden drohte. Sie stellten ihr ihre eigene Geset-

---

[33] 2 Makk 4,13; vgl. 4,10.15; 6,9: μεταβαίνειν ἐπὶ τὰ ἑλληνικά; 11,24; 4 Makk 8,8. Sonst bedeutet Ἑλληνισμός als ἀρετὴ λόγου den reinen griechischen Stil, s. Diogenes von Babylon (ca. 240-152 v. Chr.) SVF III 214 Nr. 24 = Diog. Laert. VII,59, die Unterscheidung zwischen Ἑλληνισμός und βαρβαρισμός; vgl. *M. Hengel*, ZThK 72 (1975) 167 Anm. 55.

[34] βάρβαροι: 2 Makk 2,21; 4,25; 10,4 vgl. 5,22; 15,2 und *Speyer*, Barbar 266f; πολῖται: 2 Makk 4,5; 5,6.8.23; 9,19; 14,8; 15,30. Vgl. auch πατρίς: 4,1; 5,8 u. ö.

[35] 2 Makk 2,21; 8,1; 14,38, vgl. 4 Makk 4,26.

[36] Ester 8,17 nach der LXX-Version. Die L-Version hat dagegen nur περιετέμνοντο, s. *R. Hanhart*, Esther (Septuaginta ... VIII,3, Göttingen 1966) 196f; Jos. Bell. II,454; vgl. den Angriff des Paulus gegen Petrus Gal 2,14.

zesüberlieferung gegenüber, die ebenfalls »aggressiv«, das heißt missionarisch wirksam werden konnte. Der jüdische Gott war als souveräner Herr der Geschichte zugleich der universale Herr über Tyche und Heimarmene, über Zufall und Schicksal, er verbot alle Menschenvergötterung und war ein unbarmherziger Richter aller menschlichen Hybris, er war als Welt-Schöpfer zugleich Spender aller Lebensfreude, der Gott der Feste Israels, aber auch der Überwinder des Todes, der ewiges Leben schenkt. In ihm konnte sich die religiöse Sehnsucht von Griechen und Römern erfüllen, wie er andererseits aller naturhaft-ekstatischen Religiosität widersprach. Der jüdische ethische Monotheismus konnte als die wahrhaft philosophische Religion erscheinen. Das Besondere bei dieser Auseinandersetzung ist jedoch, daß die Juden versuchten, der neuen, sie bedrohenden Zivilisation *in deren eigenen Sprach-, Literatur- und Denkformen* entgegenzutreten. Bei dieser Kontroverse kann nicht übersehen werden, daß dem griechischen Überlegenheitsgefühl mit seinem Gegensatz zwischen »Hellenen« und »Barbaren« auf jüdischer Seite ein — für die Antike einzigartiges — *Erwählungsbewußtsein* gegenüberstand, das in dem Gegensatz zwischen »Israel« und den »Völkern der Welt« zum Ausdruck kam. Ein Beispiel mag dies illustrieren. Sowohl Thales wie Sokrates, das heißt sowohl dem ältesten wie dem berühmtesten griechischen Philosophen, wurde folgender Ausspruch unterschoben: »Ich danke der Tyche, daß ich als Mensch geboren wurde und nicht als Tier, als Mann und nicht als Frau, als Grieche *und nicht als Barbar*«[37]. Ganz ähnlich lautete der Ausspruch des R. Jehuda b. Elai um 150 n. Chr.: »Drei Lobsprüche muß man an jedem Tage sprechen: Gepriesen (sei Gott), ..., daß er mich nicht als Weib erschaffen hat. Gepriesen, daß er mich nicht als Unwissenden geschaffen hat. Gepriesen, daß er mich *nicht als Goj* geschaffen hat: ›Denn alle Gojim sind wie nichts vor ihm‹ (Jes 40,17)«[38]. Auf dem Hintergrund dieser fast gleichlautenden und doch schroff kontroversen Aussprüche versteht man den revolutionären Charakter der paulinischen Aussage: »Hier ist we-

---

[37] Diog. Laert. I,33, vgl. *Speyer*, Barbar 257.
[38] Tos. Ber. 7,18 (Zuckermandel 16 = Bill. III 611); par. j. Ber. 9,2 13b Z. 57ff (Krotoschin). Nach bab. Men. 43b wird die Tradition R. Meir zugeschrieben.

der Jude noch Grieche, weder Sklave noch Freier, weder Mann noch Frau! Denn alle seid ihr einer in Jesus Christus« (Gal 3,28). Es ergab sich bei dieser Konfrontation eine ganze Reihe analoger Phänomene: Mischehen waren nicht nur bei selbstbewußten griechischen Bürgern, sondern mehr noch bei den Juden verpönt, und das treue Festhalten an den väterlichen Gesetzen, das die echte »Polis« auszeichnete, bildete die Grundlage der jüdischen Existenz überhaupt. Wenn das Kennzeichen der »Hellenen« nach Eratosthenes und anderen der Sinn für »Gesetz und Gemeinschaft« (τὸ νόμιμον καὶ τὸ πολιτικόν) war,[39] so lag gerade darin auch die Stärke des jüdischen Volkes. Es ist kein Zufall, wenn wir in der jüdisch-hellenistischen Literatur seit dem 2. Makkabäerbuch und dem Aristeasbrief mehrfach den Begriff πολιτεία für die Tora und das Verb πολιτεύεσθαι für das ihr entsprechende Leben finden: Der Reformversuch in Jerusalem brachte »die Zerstörung der von den Ahnen ererbten Politeia«[40], die, das machte ihre besondere Würde aus, göttlichen Ursprungs war. Wie die antithetische Verwendung von Ἑλληνισμός und Ἰουδαϊσμός ist auch diese Umbildung eine bezeichnende Sprachform des hellenistischen Judentums. Es offenbart sich in ihr einerseits die innere Affinität des Judentums zur griechischen Welt wie auch der Gegensatz. Beides zusammen bestimmte die politische, geistige und religiöse Existenz der Juden im Mutterland wie erst recht in der Diaspora, wo sie in der ständigen Spannung zwischen Assimilation und Selbstbehauptung lebten. Die Frage des Judengegners Apion: »Wenn sie Bürger sind, warum verehren sie nicht dieselben Götter, die die Alexandriner verehren?«[41] konnte in jeder griechischen Polis, in der eine jüdische Minorität bürgerliche Rechte begehrte, gestellt werden. Die Schwierigkeiten, denen die Juden nicht nur in Alexandrien und Syrien, sondern auch — noch zur Zeit der späteren Republik — in einzelnen Städten Kleinasiens aus-

---

[39] Strabo I,4,9 (67). Nach griechischer Auffassung hatten die Barbaren keine νόμοι, s. *Speyer*, Barbar 256.
[40] 2 Makk 8,17; vgl. *H. Strathmann*, Art. πόλις etc., ThW V,525ff; *Hengel*, Synagogeninschrift von Stobi 179f. Vgl. *J. Lebram*, Der Idealstaat der Juden, in: Josephus-Studien, Festschr. O. Michel zum 70. Geburtstag, Göttingen 1974, 233-253.
[41] Jos. c. Ap. II,65, vgl. *Tcherikover*, Hellenistic Civilization 375ff.

gesetzt waren,⁴² haben hier ihren Grund. Die Antwort des Josephus, daß »unser Volk ein und dasselbe ist« und daß es »in den von Anfang gegebenen Gesetzen« zu bleiben gedenkt,⁴³ hätte jedem Griechen zur Ehre gereicht, mußte aber zugleich auf den Widerstand der städtischen Gesetze stoßen, die die Anerkennung der offiziellen Stadtkulte in sich schlossen. In diesem Punkte konnte eine traditionsbewußte griechische Polis schwerlich tolerant sein.⁴⁴

Auch das zusätzliche Argument der Juden in den ionischen Städten, daß sie erstens »am Ort Geborene« (ἐγγενεῖς) seien und zweitens durch die Treue gegen ihre Gesetze keinen Bürger beeinträchtigten,⁴⁵ führte aus dem letztlich religiösen Zwiespalt nicht heraus. Einen wirklichen Schutz konnten hier nur die überregionalen Anordnungen der hellenistischen Könige und der späteren römischen Kaiser geben. Hier liegt auch eine der Wurzeln des antiken Antijudaismus.

Ein anschauliches Beispiel bietet dafür der Rhodier Apollonios Molon zu Anfang des 1. Jahrhunderts v. Chr., der in seinem blinden Haß die Juden — aufgrund ihres Verhaltens in den griechischen Städten — nicht nur als ἄθεοι und μισάνθρωποι bezeichnete, sondern behauptete, sie seien »die dümmsten der Barbaren« (ἀφυεστάτους εἶναι τῶν βαρβάρων) und hätten deshalb »keine einzige für das Leben wichtige Erfindung hervorgebracht«⁴⁶, ein Vorwurf, gegen den die jüdischen Apologeten die Verherrlichung der

---

⁴² Vgl. die Petition der ionischen Städte an Marcus Agrippa: »Wenn die Juden zu ihnen gehören, sollen dieselben auch ihre Götter verehren« (Jos. Ant. XII,126).

⁴³ Jos. c. Ap. II,66f. Vgl. dazu später Julian, ep. 89a (Bidez I,2,154f), der die Treue der Juden den Griechen vorhält, die »die väterlichen Gesetze vergessen«. Er tadelt jedoch, daß die Juden »die anderen Götter nicht verehren«, sondern nur »in barbarischem Hochmut« ihren Gott allein, wo es sich doch nur um eine Unterscheidung von Namen handelt.

⁴⁴ E. Sandvoss, Asebie und Atheismus im klassischen Zeitalter der griechischen Polis: Saeculum 19 (1968) 312-329.

⁴⁵ Jos. Ant. XVI,59.

⁴⁶ Jos. c. Ap. II,148, diesem Vorwurf folgt Apion c. Ap. II,135 und Celsus, Orig. c. Cels. IV,31. Vgl. dazu Stern, Greek and Latin Authors I 154f. Zum Motiv des Aberglaubens s. 547. Allgemein zum antiken Antisemitismus J. N. Sevenster, The Roots of Pagan Antisemitism in the Ancient World, Leiden 1975.

Erzväter und Moses als »erste Erfinder« stellten.[47] Cicero setzt wenig später diese Diffamierung des Judentums als »barbara superstitio«[48] fort, es wird daraus ein fester Topos, der dann auch in die antichristliche Polemik eingeht. Das heißt, die Reaktion der Römer war in diesem Punkt kaum besser als die der Griechen. Nach Apg 16,20f wurde gegen Paulus und Silas in der römischen Kolonie Philippi die Anklage erhoben: »Diese Menschen bringen unsere Stadt in Unruhe. Sie sind Juden und verkündigen eine Lebensweise, die wir nicht akzeptieren und befolgen dürfen, da wir Römer sind!« Auch in Rom selbst begegnete man der wachsenden jüdischen Minderheit mit Mißtrauen und restriktiven Maßnahmen, ja von Zeit zu Zeit mit der direkten Ausweisung. Zwischen dem römischen Judenhaß und den späteren Christenverfolgungen besteht ein unmittelbarer Zusammenhang. Die Juden in der Diaspora konnten sich aus sozialen Gründen in Sprache und Lebensform so weit an die fremde Zivilisation angleichen, daß sie selbst die volle »Gleichberechtigung« forderten, und mußten doch zugleich — ähnlich wie später die Christen — ein »theokratischer« Fremdkörper bleiben,[49] *ein »drittes Volk«*[50] *zwischen Griechen und Barbaren*,[51] das sich um seiner eigenen Selbstbehauptung willen auf ein höheres Gesetz berief als das des jeweiligen Staatswesens, das sie beherbergte. Hier liegt so-

---

[47] S. dazu *Hengel*, Judentum und Hellenismus, Index s. v. Erfinder 658.
[48] Pro Flacco 28.67; Apul. florida I,6; *Reinach*, Textes 336. Weitere Beispiele bei *Speyer*, Barbar 262. Tacitus, hist. V,5, spricht von der Iudaeorum mos absurdus sordidusque. Noch Julian Apostata warf den Juden eine »elende und barbarische Form der Gesetzgebung« vor: s. Cyrill, adv. Iul. Migne PG 76,837 D. Diesem Vorwurf stellte Cyrill das einzigartige Alter der mosaischen Gesetzgebung entgegen. Schon Alexander Polyhistor führte die jüdische Gesetzgebung auf eine Frau namens Moso zurück, s. *Stern*, Greek and Latin Authors I 163 Nr. 52, vermutlich, um sie lächerlich zu machen.
[49] Jos. c. Ap. II,165.
[50] Der Begriff taucht erst in der frühchristlichen Überlieferung auf, s. das Kerygma Petru bei *E. Hennecke/W. Schneemelcher*, Neutestamentliche Apokryphen II. Apostolisches, Apokalypsen und Verwandtes, Tübingen ⁴1971, 62 = Clem. Alex. strom. VI,5,41 (GCS 52 *Stählin*), vgl. Diognetbrief 1,1.
[51] Der Dreiklang Jude, Grieche, Barbar (Skythe als äußerstes Extrem) ist Kol 3,11 angedeutet. S. auch o. S. 83 Anm. 19.21.

wohl die Wurzel für die innere Kraft, die das antike Judentum in der griechisch-römischen Welt entfaltete, wie auch für den antiken Antijudaismus mit seinen furchtbaren Folgen.[52]

Aber auch im jüdischen Mutterland, in Palästina selbst, war der Konflikt unausweichlich. Der neue »hellenistische« Staat unterschied sich durch seine intensive, ganz auf fiskalische und militärische »Effektivität« ausgerichtete Verwaltung wesentlich von seinen orientalischen Vorgängern. Indem die neue Herrschaft in Judäa selbst der Oberschicht die Möglichkeit gab, sich an die überlegene hellenistische Zivilisation zu assimilieren, und ihr nahelegte, die seit der Exilszeit bis hin zu Nehemia und Esra aufgerichteten Schranken abzubauen, bewirkte sie eine Spaltung zwischen den Gesetzestreuen und der reformfreudigen Aristokratie, die ohne Einschränkungen an den »Segnungen« der neuen Zivilisation teilhaben wollte. Dies führte zu dem offenen Konflikt des Makkabäeraufstandes, der freilich keine letzte Lösung des Problems brachte, denn auch der neue hasmonäische Staat, der sich ganz auf die Tora Moses gründen wollte, konnte sich doch der »Eigengesetzlichkeit« hellenistischer Rationalität in seiner Staatsverwaltung nicht entziehen. Auch der Versuch der Hasmonäer, »to build a Hellenistic state on a Jewish national foundation«, war zum Scheitern verurteilt. Der Aufstand der Pharisäer gegen den neuen hasmonäisch-sadduzäischen Staat war kaum weniger erbittert, grausam und verlustreich als der makkabäische Befreiungskampf. Am Ende siegte dann mit römischer Hilfe doch wieder die hellenistische Monarchie in der Form des herodianischen Königreiches. »A hellenistic state could not be founded on the Jerusalem theocracy. A Jewish High Priest could not be a Hellenistic king, and the two conceptions had to be

---

[52] Zum Antijudaismus s. *R. Rémondon,* Les Antisémites de Memphis: Chronique d'Égypte 35 (1960) 244-261; *J. Yoyotte,* L'Égypte ancienne et les origines de l'antijudaisme: Revue de l'Histoire des Religions 163 (1963) 133-143; *J. G. Gager,* Moses in Greco-Roman Paganism (JBL Monograph Series 16) Nashville-New York 1972, 16 Anm. 4 (Bibl.); *D. Rokeah,* Jews and Their Law in the Pagan-Christian Polemic in the Roman Empire: Tarbiz 40 (1970/1) 462-471 (hebr.); *Fraser,* Ptolemaic Alexandria I-III, s. Index s. v. Antisemitism III,7; *Sevenster,* s. o. Anm. 46.

seperated«[53]. Auf der anderen Seite war in jener Zeit gar keine andere Staatsform lebensfähig als eben die der hellenistischen Monarchie oder Polis. Man mußte über ein modern ausgerüstetes Heer und einen effektiven Verwaltungs- und Finanzapparat verfügen und wirtschaftlich am Welthandel partizipieren und konkurrenzfähig sein. Diese Probleme wurden von den jüdischen religiösen Eiferern während der hasmonäischen und römischen Herrschaft verkannt. Die jüdische »Theokratie« mußte in der hellenistisch-römischen Zeit gerade da scheitern, wo sie versuchte, ihr theokratisches Ideal in die politische Wirklichkeit einer veränderten Welt umzusetzen. Die Flucht in die apokalyptische Zukunft konnte das Problem nicht lösen, und die völlige Zerstörung der Eigenstaatlichkeit, der Metropole Jerusalem mit dem zentralen Heiligtum und des geschlossenen Siedlungsgebiets in Judäa durch die gescheiterten Aufstände 66-74[54] und 132-135 war der furchtbare Preis, den das jüdische Volk in seinem vergeblichen Kampf um die Verwirklichung der utopischen »Theokratie« bezahlen mußte. Erst der liberale Flügel des Pharisäismus unter der Führung der »Schule Hillels« wies einen gangbaren Weg, den Weg des Gesetzesgehorsams ohne selbstzerstörerischen politischen Ehrgeiz, in der deutlichen Erkenntnis, daß, solange Gott die Herrschaft der hellenistisch-römischen Weltmacht, des gottlosen »4. Reiches«, währen ließ, die πολιτεία Israels gerade nicht von *dieser* Welt sei.

---

[53] *Tcherikover,* Hellenistic Civilization 264f.
[54] Vgl. *Hengel,* Zeloten 296-318.

III. Die Begegnung zwischen Judentum und Hellenismus in der Diaspora und im Mutterland

§ 9 JUDEN IN EINER GRIECHISCHSPRECHENDEN UMWELT: SÖLDNER, SKLAVEN, BAUERN, HANDWERKER UND KAUFLEUTE

Das Milieu, in dem Juden am intensivsten mit Griechen zusammenkamen und gezwungen waren, sich ihrer Umwelt, so gut es ging, anzupassen, war das der *hellenistischen Söldnerheere und Militärsiedlungen*. Die hellenistischen Könige hielten nicht nur ein stehendes Heer in Garnisonen, sondern siedelten vor allem Soldaten auf »Landlosen« des Königslandes an. In Ägypten geschah dies nicht so sehr in geschlossenen Siedlungen als vielmehr über das ganze Land verstreut. Aus den Soldaten wurden damit Bauern beziehungsweise Gutsherren, die ihren Besitz durch Pächter bearbeiten ließen. Nach Pseudo-Hekataios und Josephus dienten schon jüdische und samaritanische Hilfstruppen im Heere Alexanders, sowohl in Ägypten als auch in Babylonien, und wir haben keinen Grund, diesen Angaben grundsätzlich zu mißtrauen.[1] Der König setzte damit nur eine alte Tradition fort, die schon unter der saïtischen Dynastie und den Persern in Ägypten verbreitet war. Möglicherweise wurden auch jüdische Militärsiedlungen in Ägypten selbst von den Makedonen übernommen. So nennt der aramäische Papyrus Cowley 81 um 310 v. Chr. zehn Orte zwischen Migdal an der Nordostgrenze Ägyptens und Syene im Süden, in denen Juden ansässig waren. Der Papyrus beleuchtet die vielseitigen wirtschaftlichen Aktivitäten eines jüdischen Großkaufmannes 'Abihaj, und wir begegnen darin nicht nur zahlreichen jüdischen, sondern auch griechischen Namen, ein Zeichen für die Kontakte beider Bevölkerungsgruppen. Aber nur in einem Falle scheint ein Jude einen grie-

---

[1] Jos. c. Ap. I,192ff; II,35.42.71f; Ant. XI,321.339.345; XII,8. *Hengel*, Judentum und Hellenismus 27 Anm. 82. Unhistorisch sind nur die Nachrichten des Josephus über die von Alexander den jüdischen Militärsiedlern in Alexandrien verliehene ἰσοπολιτεία. S. *Fraser*, Ptolemaic Alexandria I 54f.

chischen Namen getragen zu haben: Ḥaggaj (Sohn des) djprs (Diaphoros?)[2]. Nach seiner Eroberung Jerusalems (302 v. Chr.?) brachte Ptolemaios I. Soter eine große Zahl jüdischer Gefangener nach Ägypten. Davon soll er 30 000 ausgesuchte Männer in sein Heer aufgenommen und als Kleruchen angesiedelt haben.[3] Auch die jüdischen Einwanderer, von denen Pseudo-Hekataios berichtet, die angeblich eine eigene πολιτεία erhielten, werden — wenigstens zum Teil — jüdische Söldner gewesen sein.[4] Die »Hellenisierung« dieser jüdischen Garnisonstruppen beziehungsweise Kleruchen in sprachlicher Hinsicht muß relativ rasche Fortschritte gemacht haben. Nur noch etwa 25 Prozent der in den Papyri des 3. Jahrhunderts genannten Namen von jüdischen Militärsiedlern sind semitisch, alle anderen bereits griechisch, einzelne Doppelnamen weisen dabei auf die Übergangssituation hin.[5] In Wirklichkeit ist dieser Prozentsatz noch geringer, da jüdische Träger griechischer Namen nur durch den keineswegs selbstverständlichen Zusatz Ἰουδαῖος erkennbar sind. Dieser rasche »Hellenisierungsprozeß« hängt damit zusammen, daß in frühhellenistischer Zeit die Kleruchen nicht in geschlossenen ethnischen Gruppen, sondern gemischt angesiedelt wurden und auch die Garnisonen bunt gewürfelt waren. Im 2. Jahrhundert, als jüdische Söldner seit Ptolemaios VI. Philometor in selbständigen Einheiten und unter eigenen Truppenführern große politische Bedeutung gewannen und sich teilweise auch — so etwa in Alexandrien — in selbständigen πολιτεύματα organisierten (s. u. S. 124), steigt der jüdische Namensanteil wieder etwas an, ein Zeichen dafür, daß aufgrund der gestärkten politischen Position in Ägypten und im palästinischen Mutterland selbst auch das nationale Selbstbewußtsein gewachsen war.[6] Vor allem in der Kyrenaika, wo die freiheits-

---

[2] Nach der Neubearbeitung von *J. Harmatta*, Irano-Aramaica: Acta Antiqua 7 (1959) 337-409; s. S. 338 Kol. A Z. 10.
[3] Ps. Arist. 13; s. o. S. 33. Nach Diod. XIX,85,4 ordnete Ptolemaios I. die Verteilung von 8 000 Kriegsgefangenen aus der Schlacht von Gaza auf die Nomarchien Ägyptens an. Sie wurden wohl als Kleruchen angesiedelt; s. *F. Uebel*, Die Kleruchen Ägyptens unter den ersten sechs Ptolemäern (AAB 1968,3) 349.
[4] Jos. c. Ap. I,189.
[5] *Tcherikover/Fuks*, CPJ I 148.
[6] *Tcherikover/Fuks*, CPJ I 27f; *Launey*, Recherches I 541-556. *Uebel*,

liebende griechische Stadtbevölkerung dem ptolemäischen Regime vielfältige Schwierigkeiten bereitete, scheinen die Ptolemäer in größerem Ausmaße jüdische Söldner eingesetzt zu haben,[7] die sich ebenfalls in πολιτεύματα organisierten und später neben »griechischen Bürgern«, Libyern und Metöken eine selbstbewußte vierte Kraft bildeten.[8] Sogar im palästinischen Mutterland finden wir jenseits des Jordans in der Ammanitis eine gemischte Militärkolonie mit jüdischen und makedonischen Reitern. Der Kaufvertrag für eine Sklavin aus dem Frühsommer 259 v. Chr. nennt als Zeugen einen jüdischen Reiter, Sohn des Ananias, mit dem Gentilicium Πέρσης, und Griechen aus Milet, Athen, Kolophon und Aspendos.[9] Die jüdischen Kleruchen, die hier die Grenze des Kulturlandes gegen die Araber zu schützen hatten, scheinen sich weitgehend »hellenisiert« zu haben. Sie kämpften später zwar als Reitertruppe im Makkabäeraufstand auf seiten der Strenggläubigen gegen die Seleukiden, aber dies mag auf ihre traditionelle proptolemäische Haltung zurückgehen. Zwei ihrer Offiziere, Dositheos und Sosipatros, tragen griechische Namen.[10]

Auch die Seleukiden verwendeten jüdische Hilfstruppen. Nach 2 Makk 8,20 spielten sie eine entscheidende Rolle in einer Schlacht Antiochos' I. (?) gegen die Galater, und später siedelte Antiochos III. um 210 v. Chr. 2 000 jüdische Kleruchen aus Babylonien samt ihren Familien in Phrygien an, um das unruhige Gebiet zu befrieden.[11] Als im 2. Jahrhundert wegen des wirtschaftlichen und politischen Niedergangs der ptolemäischen Monarchie die Zahl der griechischen, thrakischen und kleinasiatischen Söldner zurückging, stieg deutlich der Anteil der Semiten und hier vor allem der Juden, die seit der Gründung der Militärkolonie von Leontopolis durch den

---

Kleruchen, s. Index S. 420, s. v. Ἰουδαῖος.

[7] Jos. c. Ap. II,44; *É.Will*, La Cyrénaïque et les partages successifs de l'empire d'Alexandre: Antiquité Classique 29 (1960) 369ff; *Hengel*, Judentum und Hellenismus 28; *S. Applebaum*, Greeks and Jews in Ancient Cyrene, Jerusalem 1969 (hebr.).

[8] Strabo nach Jos. Ant. XIV,115, s. o. S. 83. Zum Politeuma der Juden in Berenike s. CIG III 5361.5362, ergänzt SEG XVI 931.

[9] CPJ I,118ff Nr. 1.

[10] 2 Makk 12,19.24.35; *Hengel*, Judentum und Hellenismus 502.

[11] Jos. Ant. XII,147-153, s. o. S. 60f und u. S. 144.

nach Ägypten geflüchteten Hohenpriester Onias IV. eine immer größere politisch-militärische Bedeutung in der ptolemäischen Monarchie erhielten und auch in höhere Kommandostellen vorrückten, eine Position, die sie bis zur Eroberung des Landes durch die Römer nach Actium aufrechterhalten konnten.[12] Diese Stellung in einem hellenistischen Staat konnten sie freilich nur erlangen, weil sie sich in Sprache und Lebensart weitgehend »hellenisierten«. Sowohl in Ägypten als auch in der Kyrenaika verschlechterte sich — im Gegensatz etwa zur Situation in Kleinasien und Griechenland — die politische Lage der Juden unter römischer Herrschaft wesentlich. Hier dürfte einer der Gründe des selbstmörderischen Aufstands 116/17 n. Chr. liegen, der ja nur das ehemalige ptolemäische Herrschaftsgebiet, Ägypten, Kyrenaika und Zypern, umfaßte.

Neben den jüdischen Söldnern und Militärsiedlern verstärkte sich das Diasporajudentum auch durch *jüdische Sklaven, Landarbeiter und Handwerker*. Dagegen besitzen wir außer Papyrus Cowley 81 keine Zeugnisse von jüdischen Kaufleuten in der hellenistischen Frühzeit. Offenbar waren die Juden damals noch überwiegend ein Bauernvolk. Syrien und Palästina erscheint in hellenistischer Zeit als wichtiges Exportland für Sklaven, nicht zuletzt für Ägypten, wo die Versklavung von freien Arbeitskräften durch königliches Gesetz verboten war und Sklaven darum sehr gesucht waren. Für die Griechen im Lande war die Verwendung von Haussklaven eine Selbstverständlichkeit, auf die sie nicht verzichten wollten. »It appears from the Zenon papyri that most of the slaves in Ptolemaic Egypt, including no doubt Alexandria, were Syrians«[13]. Auch in der Provinz »Syrien und Phönizien« verbot Ptolemaios II. Philadelphos durch ein Gesetz die Versklavung der halbfreien Landbevölkerung durch die ptolemäischen Militärsiedler und griechischen Grundbesitzer.[14] Trotz strenger Kontrollen geschah es jedoch, daß griechische Geschäftemacher semitische Sklaven unter Umgehung des Zolls und ohne Exportlizenz ins Ausland verkauften.[15] Mehr-

---

[12] *Launey*, Recherches I 89ff.546ff; *Tcherikover*, Hellenistic Civilization 276f; *Fraser*, Ptolemaic Alexandria I 55ff.83f.689f.
[13] *Fraser*, Ptolemaic Alexandria I 74; *Tcherikover*, Hellenistic Civilization 68f; *Hengel*, Judentum und Hellenismus 79ff.93f.
[14] SB 8008, s. o. S. 40.
[15] PCZ 59092.

fach werden in den Zenon-Papyri Sklaven aus Syrien (σώματα ἀπὸ Συρίας) und syrische Dörfer erwähnt; unter anderem arbeiteten Σύροι als Sklaven oder halbfreie Landarbeiter in ägyptischen Weinbergen. Dabei ist es zuweilen schwierig, zwischen beiden Gruppen zu unterscheiden. Diese soziale Situation, in der Sklavenarbeit und Landarbeit kaum mehr scharf zu trennen sind, hat wohl der Übersetzer von Gen 49,15 im Auge, wenn er die Darstellung Issachars als »Fronsklaven« (mas-ʿobed) einfach in die des Bauern (ἀνὴρ γεωργός) verwandelt.[16] Zwei Sklavinnen mit den Namen »Ioana« und »Anas«, das heißt Johanna und Hanna, begegnen uns zum Beispiel im Haushalt des Finanzministers Apollonios. Hier dürfte es sich um Jüdinnen gehandelt haben. Zenon selbst erwirbt sich in Palästina ebenfalls verschiedene Sklaven, wobei ihm zwei idumäische wieder davonlaufen und zu ihren alten Herren zurückkehren. Vier junge palästinische Sklaven, darunter vermutlich zwei Juden, werden zusammen mit einem Eunuchen als Mentor von dem jüdischen Magnaten Tobias an Apollonios geschickt.[17] Daß sich gerade solche semitischen Haussklaven rasch an ihre griechische Umwelt assimilierten, ist verständlich. Die Papyruszeugnisse werden hier durch literarische ergänzt: Pseudo-Aristeas und Josephus im Anschluß an Agatharchides berichten, daß Ptolemaios I. Soter bei der o. S. 33 erwähnten Eroberung Jerusalems die Mehrzahl der Gefangenen als Sklaven nach Ägypten führte. Nach Pseudo-Aristeas gingen sie in den Besitz der Soldaten über und wurden von Ptolemaios II. Philadelphos freigekauft.[18] Auch wenn die Angaben des Aristeasbriefes übertrieben sind, müssen sie doch einen historischen Kern haben. Es ist daher unberechtigt, gegen diese Nachrichten den Bericht des Pseudo-Hekataios auszuspielen, daß auf die Aufforderung eines Hochpriesters Ezekias hin viele Juden freiwillig nach Ägypten ausgewandert seien.[19] Das eine schließt das andere

---

[16] *Rostovtzeff*, Social and Economic History III 1365 Anm. 28; 1393f Anm. 119; *Préaux*, L'économie 303ff; *Hengel*, Judentum und Hellenismus 80 Anm. 313.314; *Peremans*, Vreemdelingen 86f.168.
[17] *Tcherikover/Fuks*, CPJ I,125ff Nr. 4 = SB 6790.
[18] Ps. Arist. 4.12ff.22ff; Jos. Ant. XII,7, vgl. c. Ap. I,210.
[19] Gegen *E. L. Abel*, The Myth of Jewish Slavery in Ptolemaic Egypt: RÉJ 127 (1968) 253-258.

nicht aus, und tendenziöse Übertreibungen finden sich in beiden Berichten.

Daß jüdische Sklaven nach Griechenland und in die Ägäis verkauft wurden, zeigt schon das Drohwort gegen die phönizisch-philistäischen Sklavenhändler Joel 4,4-8, das wohl noch in das 4. Jahrhundert v. Chr. gehört (s. o. S. 34). Bereits im 4. Jahrhundert v. Chr. finden wir auf einem Grabstein in Athen den Namen »Anna«, der auf eine jüdische Sklavin hinweisen könnte. Es wäre der früheste Beleg für Juden in Europa, der bis jetzt nachweisbar ist.[20] Weitere Aufschlüsse gibt wenig später eine Inschrift aus dem frühen 3. Jahrhundert v. Chr. über die Freilassung des Juden Moschos Sohn des Moschion aufgrund seines Inkubationstraumes, der ihm im Tempel des Gottes Amphiaraos in Oropos in Attika zuteil wurde. Der jüdische Sklave »im fernen Land« (Joel 4,6) hatte sich offenbar an die heidnische Umgebung assimiliert.[21] Phönizische Zwischenhändler des Küstengebiets, die hofften, mit jüdischen Sklaven ein Geschäft zu machen, begegnen uns im Zusammenhang mit dem Angriff des Nikanor gegen die aufständischen Juden 2 Makk 8,11. Zur gleichen Zeit mehren sich die Nachrichten über Freilassungen jüdischer Sklaven in Griechenland: 163/62 v. Chr. wurde in Delphi ein jüdischer Sklave freigelassen, den seine Herren einfach Ἰουδαῖος genannt hatten (Ἰουδαῖος τὸ γένος Ἰουδαίων). Aus der gleichen Zeit (zwischen 170 und 157/56) stammt die Freilassung einer Jüdin Antigone mit ihren Töchtern Theodora und Dorothea.[22] Die Namen der beiden Mädchen waren dabei ein unüberhörbares Bekenntnis zu dem einen Gott Israels. Es ist ganz gewiß kein Zufall, wenn uns als häufigster griechischer Name bei Juden in der Diaspora Dositheos begegnet; auch Theodotos, Theodoros wurden gerne gebraucht. Dositheos, »Gott schenkt«, findet sich fast nur bei Juden.[23]

Neben jüdischen Militärsiedlern und Sklaven stoßen wir auch auf

---

[20] IG II², 10678, vgl. *L. B. Urdahl*, Jews in Attica: Symbolae Osloenses 43 (1968) 48.
[21] *M. Mitsos*, Archaiologike Ephemeris 1952 (ed. 1955) 194-196.
[22] *J.-B. Frey*, CIJ I,512ff Nr. 709/10.
[23] *Tcherikover/Fuks*, CPJ I 29; s. auch III 173f die jüdische Prosopographie in Ägypten.

einzelne freie jüdische *Lohnarbeiter*. Im Zenon-Archiv erscheinen zum Beispiel um die Mitte des 3. Jahrhunderts v. Chr. zwei jüdische Weingärtner, Alexander und Samuel, die einen Weinberg Zenons pachten, aber kein Glück damit haben, ein Hirte, ein Hundewärter und ein Ziegeleiarbeiter (oder Spediteur), der am Sabbat nicht arbeitet.[24] Diese Beispiele sind freilich kaum repräsentativ für das ptolemäische Ägypten überhaupt. Sie beschränken sich auf die Aktivitäten Zenons in dem neugegründeten Großgut Philadelpheia im Fajum, in dem eine Vielzahl von Arbeitssuchenden verschiedener Nationalität zusammenströmte, da Mangel an Arbeitskräften bestand.[25] Die jüdischen Lohnarbeiter und Pächter waren in der Regel von griechischen Grundbesitzern und Arbeitgebern abhängig. Darüber hinaus besitzen wir noch einige Nachrichten über jüdische Bauern und Hirten aus dem 3. und 2. Jahrhundert, ebenfalls aus dem Fajum. Philadelphos hatte dieses Gebiet neu erschlossen und — nicht zuletzt durch fremde Einwanderer — besiedelt. Eines der dortigen Dörfer erhielt den Namen »Samareia«, vermutlich weil es ursprünglich von Samaritanern und Juden begründet worden war; später besaß es jedoch eine gemischte Bevölkerung von Juden, Makedonen und Kilikern. In Samareia wurde von einem kilikischen Offizier sogar ein Gymnasium eingerichtet.[26] In dem Dorf Psenyris im Fajum lebten Juden und Griechen im 3. Jahrhundert v. Chr. als zwei besondere ethnische Gruppen nebeneinander. Ägypter werden dagegen nicht erwähnt. Möglicherweise handelte es sich auch hier um Militärsiedler.[27]

Im Vergleich zu den anderen Berufen hatten die jüdischen Kleruchen sicherlich den höchsten Lebensstandard. Sie erhielten aus dem Königsland Anteile in verschiedener Größe, die in erblichen Besitz übergehen konnten. Wir begegnen unter ihnen Offizieren, vor allem im 2. Jahrhundert; einzelne verfügen über einen beträchtlichen Grundbesitz.[28] Ihre wirtschaftliche Aktivität erweist sich aus der

---

[24] *Tcherikover/Fuks*, CPJ I 131ff Nr. 9-15.
[25] *Braunert*, Binnenwanderung 40ff.
[26] *Tcherikover/Fuks*, CPJ I 158ff Nr. 22; 171ff Nr. 28; III 206; *Hengel*, Judentum und Hellenismus 29 Anm. 85; *Uebel*, Kleruchen 188f.
[27] CPJ I 179ff Nr. 33.
[28] CPJ I 164ff Nr. 24 vom 16. 4. 174 v. Chr.: zwei jüdische Reiter be-

relativ großen Zahl von Privatverträgen, durchweg in griechischer Sprache. Hier stoßen wir auf jenes Milieu, in dem um der Wahrung und Verbesserung des sozialen Status willen griechische Sprache und Zivilisation bereitwillig angenommen wurden. Die engen Kontakte von Juden und Griechen illustriert unter anderem eine Liste aus dem 2. Jahrhundert v. Chr., vermutlich von Gliedern einer militärischen Einheit, in der Juden und Makedonen durcheinander gemischt sind.[29] Später konnten jüdische Glieder derartiger Einheiten selbst als »Makedonen« bezeichnet werden. Sogar in Alexandrien gab es einen Truppenteil jüdischer Makedonen.[30] Das Zusammenleben von Juden, Ägyptern und Griechen (bzw. Gräkoägyptern) in Oberägypten wird erhellt durch eine große Zahl von Steuerquittungen auf Ostraka, zum größten Teil aus dem 2. Jahrhundert v. Chr. Hier begegnen wir einzelnen, sehr reichen jüdischen Steuerpächtern, so Sabbataios, dem Pächter der Nilfährensteuer, weiter Simon, Sohn des Iazaros, der mehrere Talente »Fischer-Steuer« in die königliche Bank einzahlte und zugleich selbst als Steuereinzieher Getreide deponierte, dabei aber des Schreibens unkundig war.[31] Da letzteres besonders erwähnt wird, wird man es bei einem Mann dieser Stellung als Ausnahme betrachten dürfen.
Am spärlichsten sind unsere Nachrichten aus dem frühhellenistischen *Alexandrien*. Die Behauptung des Josephus, daß schon Alexander dort jüdische Söldner angesiedelt und ihnen gleiche Rechte wie den Makedonen gegeben habe, ist vor allem in dem letzten Punkt als unhistorischer Tendenzbericht zu verwerfen (s. o. S. 116 Anm. 1). Dagegen ist es nicht ausgeschlossen, daß der von Pseudo-Hekataios erwähnte Hohepriester Ezekias von Judäa nach Alexandrien auswanderte und dabei für die dortigen Juden einen durch königlichen Erlaß garantierten besonderen Status als ethnische Minorität erlangte. Pseudo-Hekataios spricht in diesem Zusammenhang von einer »schriftlichen Verfassung« (πολιτεία γεγραμμένη) und betont ausdrücklich, daß dieser Ezekias »eng mit uns vertraut

---

sitzen je 80 Aruren Land; vgl. I 13-16.
[29] CPJ I 175ff Nr. 30.31, aus der Mitte des 2. Jh. v. Chr.
[30] CPJ I 13ff; vgl. Jos. c. Ap. II,35ff.
[31] CPJ I 194ff, Sabbataios: Nr. 51-60; Simon: Nr. 61-63.90.107; vgl. I 18f.

war«, das heißt doch wohl, daß er enge Kontakte mit Griechen besaß und ihm griechische Sitte wohlbekannt war.[32] Die weitgehende rechtliche Autonomie, das heißt der — vom Pseudo-Aristeasbrief bezeugte — Zusammenschluß zu einem eigenen Politeuma unter Führung eines Ethnarchen oder Genarchen und die Konzentration auf ein besonderes Stadtviertel, wird jedoch erst im 2. Jahrhundert durch die besondere Gunst des judenfreundlichen Ptolemaios VI. gewährt worden sein.[33] Dem Zusammenleben von Juden und Makedonen beziehungsweise Griechen in gemischten militärischen Einheiten und Militärsiedlungen entspricht die Tatsache, daß wir in der frühptolemäischen Nekropole von Alexandrien aramäische und griechische Grabinschriften von Juden mitten unter heidnischen Gräbern finden. Schon Clermont-Ganneau vermutete, daß es sich hier um Gräber von Söldnern handelt.[34] Einen weiteren Hinweis erhalten wir aus dem Tobiadenroman des Josephus. Danach unterhielt der Generalsteuerpächter Joseph in Jerusalem nicht nur als Agenten einen Sklaven in Alexandrien, der dort sein großes Vermögen verwaltete, sondern er verfügte auch über gute Beziehungen zum ptolemäischen Hofe.[35] Sein Bruder Solymios hatte den Ehrgeiz, seine Tochter an einen vornehmen Juden in Alexandrien zu verheiraten, in ähnlicher Weise wie später Marcus Alexander, der Sohn des jüdischen Alabarchen und Neffe Philos, die Tochter Agrippas I., Berenike, heiratete.[36] Für Juden in solcher einflußreichen Stellung war griechische Bildung eine Grundvoraussetzung ihrer Position. Nachdem wir selbst in Oberägypten relativ reiche jüdische Steuerpächter finden, dürfen wir annehmen, daß es erst recht in Alexandrien auch reiche jüdische Geschäftsleute gegeben hat; daß wir nichts von ihnen wissen, hängt mit dem Mangel an Nachrichten über das frühe alexandrinische Judentum überhaupt zusammen.

---

[32] Jos. c. Ap. I,189; *Tcherikover*, Hellenistic Civilization 300.
[33] *Fraser*, Ptolemaic Alexandria I 54ff.83f. Zum jüdischen »Politeuma« s. Ps. Arist. 310 = Jos. Ant. XII,108 und das Politeuma in Berenike o. Anm. 8; *Hengel*, Proseuche 170 Anm. 57 (Bibl.).
[34] CRAI 1907, 234-243.375-380; *Frey*, CIJ 1424-1431; *Fraser*, Ptolemaic Alexandria I 57; II 141 Anm. 165.
[35] Jos. Ant. XII,184.200f.
[36] Ant. XII,187; vgl. XIX, 276f.

Hier fließen die Quellen erst in römischer Zeit reichlicher. Insgesamt waren die Juden in Ägypten wie auch im Mutterland nicht sehr wohlhabend, sie gehörten eher den unteren und mittleren Schichten an.[37] Noch Josephus betonte, daß die Juden kein Volk von Kaufleuten, sondern von Bauern seien.[38]
Die Gefahr der völligen *Assimilation* an die griechische Umwelt war verständlicherweise in der Oberschicht am stärksten. Wir besitzen jedoch nur wenige Belege dafür. Das einzige bekannte Beispiel aus früher Zeit ist Dositheos Sohn des Drimylos, der nach dem 3. Makkabäerbuch dem König Ptolemaios IV. Philopator vor der Schlacht bei Raphia bei einem Mordanschlag des Überläufers Theodotos das Leben rettete (s. o. S. 55). »Er war seiner Herkunft nach ein Jude, später fiel er vom Gesetz ab und entfremdete sich dem väterlichen Glauben.« Schon um 240 v. Chr. besaß er vermutlich das Amt des ὑπομνηματόγραφος, das heißt er war einer der beiden Leiter des königlichen Sekretariats, 225/24 begleitete er Ptolemaios III. Euergetes auf einer Reise in Ägypten, 222 v. Chr. erscheint er als Priester Alexanders und der vergöttlichten Ptolemäer.[39] Man könnte seine Laufbahn in etwa mit der des Tobiaden Joseph im ptolemäischen Judäa vergleichen, nur assimilierte sich der Diasporajude Dositheos in Alexandrien im Interesse seiner Karriere am Hofe ganz an seine griechische Umgebung, während Joseph in Jerusalem wenigstens äußerlich der jüdischen Tradition verhaftet blieb. Aufschlußreich ist in seinem exzeptionellen Fall, daß schon in der zweiten Hälfte des 3. Jahrhunderts ein griechisch gebildeter jüdischer Apostat eine hohe Stellung am ptolemäischen Hofe erlangen konnte, wie sie Ägyptern zu dieser Zeit grundsätzlich versagt blieb. Eine Parallele aus römischer Zeit wäre der Apostat Tiberius Iulius Alexander, ein anderer Neffe Philos und Bruder des Marcus Alexander, der es bis zum Präfekten Ägyptens brachte. Der einzige Beleg für eine jüdisch-heidnische Mischehe aus

---

[37] *Tcherikover*, Hellenistic Civilization 338ff.
[38] C. Ap. I,60, vgl. II,294.
[39] 3 Makk 1,3; CPJ I 230ff Nr. 127; *A. Fuks*, Dositheos son of Drimylos, A prosopographical Note: Journal of Juristic Papyrology 7/8 (1953/4) 205-209.

ptolemäischer Zeit ist nicht eindeutig. In einer Eingabe an den König beklagt sich eine »Helladote, Tochter des Philonides«, über ihren jüdischen Mann Jonathas, mit dem sie »[nach dem Gesetz] des jüdischen Gemeinwesens« verheiratet ist. Der Text ist nicht völlig gesichert, und auch die Herkunft der Frau bleibt ungewiß. Falls die Engänzung zutrifft, handelt es sich zudem um die einzige Erwähnung des jüdischen Gesetzes in den Juden betreffenden Papyrusurkunden Ägyptens.[40] Das heißt, daß sich die Juden in den äußeren Formen des rechtlichen Lebens ganz dem hellenistischen Recht ihrer griechischen Umwelt angepaßt hatten, wie es in den Papyri seinen Niederschlag fand. Diese Entwicklung ist zum Teil schon in der Septuaginta angedeutet und wird bei Philo ganz selbstverständlich vorausgesetzt. Selbst die Titel der vergöttlichten Herrscher wurden in den offiziellen Urkunden nicht weggelassen. Nicht nur die Sprache, sondern auch das Recht der Griechen bestimmte so den beruflichen und geschäftlichen Alltag der jüdischen Siedler in Ägypten. Es galt hier schon der Grundsatz, den der babylonische Lehrer Mar-Samuel im 3. Jahrhundert n. Chr. so formulierte: »Das Recht des Staates ist das (geltende) Recht«[41].

§ 10 Die Übernahme griechischer Sprache und Bildung durch die jüdische Diaspora im ptolemäischen Ägypten

Es ist erstaunlich, wie rasch die Juden im ptolemäischen Ägypten die ihnen vertraute aramäische Sprache aufgaben und die griechische annahmen. Die Zahl der aramäischen und hebräischen Zeugnisse, die uns aus hellenistischer Zeit erhalten sind, ist im Vergleich

---

[40] CPJ I 236ff Nr. 128. Tcherikover betont gegenüber *F. Bozza*, Aegyptus 14 (1934) 212ff, daß es sich auch um eine Jüdin handeln könne. Der Papyrus ist stark zerstört. Vielleicht war auch der »Paeonier« Theodotos S. d. Kassandros, CPJ I 158ff Nr. 22, Sohn eines heidnischen Vaters und einer jüdischen Mutter. Tcherikover erwägt volle jüdische Herkunft.

[41] *Tcherikover*, CPJ I 32ff. Zu Philo s. *I. Heinemann*, Philons griechische und jüdische Bildung, Nachdr. Darmstadt 1962, 541ff.

zu denen in griechischer Sprache außerordentlich gering.¹ Selbst wenn im privaten Bereich noch weiterhin Aramäisch gesprochen wurde — durch die ständige Zuwanderung aus dem Mutterland Palästina starb das Aramäische auch in Ägypten nie völlig aus —, so wurde doch das Griechische die beherrschende offizielle Sprache, nicht nur im Verkehr mit der hellenistischen Umwelt, sondern auch in den jüdischen Gemeinden selbst. Die jüdischen Inschriften und Papyri und die neue jüdisch-hellenistische Literatur einschließlich der Septuaginta sind ein überwältigendes Zeugnis für diese grundlegende Veränderung.² Dieser Sieg der griechischen Sprache betrifft alle sozialen Schichten von der jüdischen Aristokratie in Alexandrien bis hin zu den Tagelöhnern und Sklaven in der Chora. Wir haben zwar einige wenige Hinweise auf jüdische Analphabeten,³ aber auch diese werden Griechisch verstanden und gesprochen haben. Das Ägyptisch-Demotische war dagegen für Juden kaum interessant. Wir besitzen keine klaren Belege dafür, daß es von ihnen erlernt wurde.⁴ Das heißt aber, daß man versuchte, durch die Übernahme der Sprache der neuen Herren einen höheren sozialen Status zu erlangen. Auf die schon im 3. Jahrhundert unter jüdischen Mili-

---

[1] S. die Inschriften in der Nekropole in Alexandrien o. S. 124 Anm. 34; den frühptolemäischen P. Cowley 81 o. S. 117 Anm. 2. Wohl aus derselben frühen Zeit stammt auch ein aramäisches Papyrusfragment mit einer Liste von Ölverkäufen an Träger griechischer Namen: *E. Bresciani*, Uno Papiro Aramaico di età tolemaica: Atti della Accademia nazionale dei Lincei 8. Ser. 17 (1962) 258-264. Weitere Belege für aramäische Sprachzeugnisse aus hellenistischer Zeit bei *Tcherikover*, CPJ I 30 Anm. 76. Ergänze die Inschrift aus Abydos bei *M. Lidzbarski*, Ephemeris f. Semitische Epigraphik III (1909-15) 103ff. Der Papyrus Nash mit dem hebräischen Text des Dekalogs und von Dtn 6,4ff stammt aus wesentlich späterer Zeit und hatte wohl die Funktion eines Amuletts, s. CPJ I 107f.

[2] CPJ I 30ff.

[3] CPJ I 190ff Nr. 46,20f: Ein jüdischer Töpfer und sein Sohn, der mit drei Ägyptern zusammen eine Töpferei im Fajum pachtete; I 222 Nr. 107: der jüdische Steuerpächter Simon S. d. Iazaros in Oberägypten (s. o. S. 123).

[4] Wir haben nur Belege dafür, daß Juden vereinzelt ägyptische Namen trugen, und stoßen in den demotischen Zauberpapyri zuweilen auf jüdischen Einfluß.

tärsiedlern weit überwiegende Verwendung griechischer Namen habe ich bereits hingewiesen (s. o. S. 117). Wie wenig kleinlich man war, ergibt sich daraus, daß etwa ein Drittel dieser Namen heidnisch-theophoren Charakter besaß. Wir finden unter den Juden Ägyptens die Namen Apollonios, Artemidoros, Diosdotos, Demetrios, Dionysios, Diophantos, Herakleia und Herakleides, Hermaios, Hermias und andere.[5] Besonders beliebt war — wie auch in Palästina — der Name Simon, da sich hier die semitische und griechische Form sehr nahe kamen.[6] Das alles bedeutete jedoch keineswegs den Bruch mit der Tradition der Väter. Im Gegenteil: Auch der jüdische Gottesdienst selbst als der geistige Mittelpunkt der jüdischen Gemeinde nahm wohl schon in der ersten Hälfte des 3. Jahrhunderts die griechische Sprache an. Es ist dabei wahrscheinlich, daß in der Sammlung und Organisation der jüdischen Gemeinden vor allem die sozial gut gestellten Söldner und Militärsiedler eine wichtige Rolle spielten. Da sie in ständigem engem Kontakt mit den Griechen lebten, waren sie zugleich am stärksten auf den Gebrauch der griechischen Sprache angewiesen. Auch andere ethnische Soldatengruppen schlossen sich zu Kultgemeinschaften in Form von πολιτεύματα beziehungsweise κοινά zusammen.[7] Gerade die Juden im ptolemäischen Staatsdienst hatten so vermutlich an der Einführung der neuen Sprache in den Gottesdienst wie an der griechischen Übersetzung der Tora besonderes Interesse. Der Zusammenhang der Übersetzung der Septuaginta mit den jüdischen Militärsiedlern in Ägypten könnte durch die Tatsache angedeutet werden, daß der Begriff »ṭaf«, der eigentlich die nicht marschfähigen Kinder (und Alten) meinte, in der Regel mit ἀποσκευή, einer neuen Wortbildung, wiedergegeben wird, die bei Polybios, Diodor und in den Papyri vor allem das Gepäck und überhaupt den beweglichen Besitz von Soldaten bedeutet. Dieser soziologische Hintergrund würde weiter erklären, warum die Übersetzung des jüdischen Gesetzes von Ptolemaios II. Philadelphos gefördert wurde. Hier liegt der historische

---

[5] S. die Prosopographie jüdischer Namen in CPJ III 167ff; *Hengel,* Judentum und Hellenismus 117f.

[6] *Hengel,* Judentum und Hellenismus 120 Anm. 52. Für Ägypten s. CPJ I 29; III 191f.

[7] *Launey,* Recherches II 954ff.959ff.974ff.1064ff; s. u. Anm. 10.

Wahrheitskern des Pseudo-Aristeasbriefes. Der Gottesdienst und das religiöse Recht einer bestimmten Gruppe seiner Söldner und Militärsiedler konnten dem so umsichtigen und vielseitig interessierten König nicht gleichgültig bleiben.[8] Auch die Tatsache, daß die uns erhaltenen — durchweg griechischen — *Synagogeninschriften* aus ptolemäischer Zeit fast alle mit einer Dedikation an die ptolemäischen Herrscher beginnen, würde dadurch verständlich. Die Entwicklung des neuen jüdischen Kultus in griechischer Sprache wäre ohne die positive Duldung, ja Förderung der ptolemäischen Könige kaum denkbar gewesen. Es fällt allerdings dabei auf, daß die Synagogeninschriften — im Gegensatz zu den zahlreichen Weihungen heidnischer Kultstätten — zwar in zwei Fällen den Kulttitel, niemals aber die Bezeichnung θεός enthalten.[9] Ein vergleichbares Phänomen ist die »Hellenisierung« der Verehrung des idumäischen Gottes »Qos-Apollo« in den idumäischen Militärsiedlungen des 2. und 1. Jahrhunderts v. Chr., die uns durch die Inschriften von idumäischen Kultvereinen aus Hermopolis Magna und Memphis bezeugt ist. Während die Idumäer jedoch »nach dem väterlichen Gesetz« dem »Qos-Apollo« auch in der Fremde blutige Opfer darbrachten und Hymnen »in fremder Sprache« sangen,[10] erhielt der jüdische Kult in der ägyptischen Diaspora eine für die Antike neue, fast revolutionäre Form: Er wurde zum reinen *Wortgottesdienst*

---

[8] Vgl. *J. A. L. Lee,* JThSt 23 (1972) 430-437: »In particular, the Israelite host in its journey from Egypt into Canaan is very like an army on the march, and is readily described in military language« (zit. 437). Dasselbe gilt schon vom »Heerzug« der Erzväter seit Abraham. Die Initiative von Ptolemaios II. wird von *B. H. Stricker,* De brief van Aristeas. De hellenistische codificaties der praehelleense godsdiensten, Amsterdam 1956, als Zwang zur Hellenisierung übertont und mißdeutet; s. die Kritik von *R. Hanhart,* Fragen um die Entstehung der LXX: VT 12 (1962) 156ff. Vgl. jedoch *Bickerman,* Septuagint 8ff, und *S. Jellicoe,* The Septuagint and Modern Study, Oxford 1968, 55.

[9] *Taeger,* Charisma I 304 Anm. 137; *N. Walter,* Der Thoraausleger Aristobulos (TU 86) Berlin 1964, 24f Anm. 23; *Fraser,* Ptolemaic Alexandria II 442 Anm. 770.

[10] OGIS 737; Pap. Giss. 99 bei *F. Zucker,* Doppelinschrift spätptolemäischer Zeit aus der Garnison von Hermopolis Magna (AAB 1937,6) 13. Vgl. *U. Rapaport,* Les Iduméens en Égypte: Revue de Philologie III,43 (1969) 73-82; *Fraser,* Ptolemaic Alexandria I 280f; II 438ff.

und enthielt das Gebet (προσευχή), bei dem wohl auch der Hymnengesang miteingeschlossen war, die Gesetzeslesung und die Auslegung. Dieser opferlose Wortgottesdienst mit stark ethischer Ausrichtung mußte auf die Umwelt einen fast philosophischen Eindruck machen. Es ist kein Zufall, wenn die frühesten griechischen Berichterstatter wie Theophrast, Hekataios, Megasthenes, Klearch von Soloi, ja selbst noch Strabo (beziehungsweise als sein Gewährsmann vielleicht Poseidonios) die Juden und ihren Gesetzgeber Mose als barbarische Philosophen schildern.[11] Die jüdischen Apologeten bis Philo und Josephus konnten daran anknüpfen und den in den jüdischen »Proseuchen« verkündigten ethischen Monotheismus als *die wahre philosophische Religion* deklarieren.[12] Die neue Bezeichnung für das gottesdienstliche Gebäude, προσευχή, deutet zugleich auf diese neue Form des Gottesdienstes hin. Das Wort selbst ist eine Neuschöpfung der Septuaginta.[13] Die ersten Proseuchen, das heißt die ersten Synagogen überhaupt, begegnen uns in Inschriften aus der Zeit des Ptolemaios III. Euergetes (246-222 v. Chr.).[14] Als offizielle Bezeichnung für den Gott Israels erscheint in den Synagogeninschriften θεὸς ὕψιστος, eine interpretatio graeca des »Himmelgottes« der persischen Zeit. Daraus wird dann die offizielle Bezeichnung des jüdischen Gottes in der ganzen späteren Antike.[15] Das k^ere (der gesprochene Ersatz) für das Tetragramm im jüdischen Gottesdienst, κύριος, war dagegen für den Griechen als Gottesbezeichnung gänzlich unverständlich. Die Transkription des jüdischen Gottesnamens in der Septuaginta »Iao« wurde demgegenüber wohl in Ägypten so wenig öffentlich gebraucht wie in Palästina. Eben

---

[11] *Hengel*, Judentum und Hellenismus 464ff; *Gager*, Moses passim.
[12] *Hengel*, Proseuche 162 Anm. 2.
[13] *Hengel*, Proseuche 161f.
[14] CIJ 1440 = OGIS 726 aus Schedia bei Alexandrien; CIJ 1532 A (abgedruckt in CPJ III 164) = SB 8939 aus Arsinoë-Krokodeilonpolis im Fajum.
[15] Θεὸς ὕψιστος: CIJ 1433; 1443 (gewidmet von dem Polizeioffizier Ptolemaios und den Juden in Athribis); vgl. auch die Inschriften in Delos CIJ 726-731 und die beiden Rachegebete aus Rheneia, der Grabinsel von Delos, CIJ 725. Θεὸς μέγας: CIJ 1432 = OGIS 742; 1532: Θεὸς μέγας μέγας ὕψιστος, die jüdische Herkunft ist hier nicht gesichert. Zum Ganzen: *Hengel*, Judentum und Hellenismus 544ff.

deshalb fand dieser — geheime — Gottesname Eingang in die jüdisch-synkretistische Magie.[16] Später ersetzte man auch — wohl unter palästinischem Einfluß — »Iao« wieder durch das Tetragramm in althebräischer oder Quadratschrift oder aber durch das k̲e̲re κύριος, das in den Handschriften freilich erst in nachchristlicher Zeit wirklich verbreitet wurde.[17]

Die erstaunlich wörtliche *Übersetzung des Pentateuchs* bezeugt im Grunde gerade das treue Festhalten der Juden am »väterlichen Gesetz«. Die Übersetzer waren Männer, die die Koine des frühhellenistischen Ägyptens vorzüglich beherrschten, vermutlich besaßen sie, sei es aus dem Gottesdienst oder der staatlichen und rechtlichen Praxis, eine praktische Übersetzungserfahrung. Die *Septuaginta* entbehrt so allen rhetorischen Glanzes. Sie stellt sich vielmehr als solide »handwerkliche« Übersetzung dar, wie wir sie auch bei Rechtsurkunden und Verträgen finden. Ihre einzigartige Sprachgestalt erhält sie durch diese zwar nicht sklavische, aber doch wörtliche Übersetzung. Ob dahinter auch ein gesprochenes »Judengriechisch« stand, ist bis heute umstritten.[18] Von einem »hellenistisch-philosophischen Einfluß« kann man nicht reden.[19] Die folgenschwerste »Interpretation« ist die Übersetzung der Selbstdefinition Jahwes in Ex 3,14 »Ich bin, der ich bin« mit ἐγώ εἰμι ὁ ὤν: »When the ›Seventy‹ platonized the Lord himself ... they interpreted words, which, obscure in the original, called for some elucidation when rendered into Greek«[20]. Philo sieht dann später in ὁ ὤν die einzig

---

[16] *Ganschinietz*, Art. Iao, in: PRECA IX (1914) 698-711.

[17] Vgl. *S. Jellicoe*, The Septuagint and Modern Study 270ff. Zur magischen Wirkung des Gottesnamens vgl. Artapanos FGrHist 726 = Euseb, pr. ev. IX,27,24f.

[18] *Bickerman*, Septuagint; vgl. jedoch *H. S. Gehman*, The Hebraic Character of LXX Greek: VT 1 (1951) 81-90; 3 (1954) 141ff, sowie *N. Turner*, Grammatical Insights into the New Testament, Edinburgh 1965, 183ff, zum Problem des Judengriechisch. S. auch *S. Daniel*, Recherches sur le vocabulaire du culte dans la Septante, Paris 1966, 364ff.382ff.

[19] *J. Freudenthal*, Are There Traces of Greek Philosophy in the LXX?: JQR 2 (1890) 205-222; *R. Marcus*, Jewish and Greek elements in the LXX, in: Louis Ginzberg Jubilee Volume II, New York 1945, 227-245.

[20] *Bickerman*, Septuagint 34f; vgl. *J. Whittaker*, Moses atticizing: Phoenix 21 (1967) 196-201.

zureichende Gottesbezeichnung. Eine universalistische Ausweitung bedeutete es auch, wenn in der Septuaginta das »ṣ^eba'ôt« beziehungsweise »šaddaj« mit παντοκράτωρ beziehungsweise κύριος τῶν δυνάμεων übersetzt wurde. Die Bezeichnung παντοκράτωρ hatte man auch einzelnen griechischen Gottheiten beigelegt, so zuweilen Hermes,[21] und der griechische Hörer sah in den δυνάμεις nicht die Engel als den himmlischen Hofstaat Jahwes, sondern die Kräfte des Kosmos. Der Gott der griechischen Bibel war so von Anfang an ohne Einschränkung ein universaler Gott, der keine anderen Kräfte und Mächte gleichberechtigt neben sich duldete. Dies war ein Novum in der Antike und legte den Grund zu einer Begegnung mit dem — häufig religionskritischen — philosophischen »Monotheismus« der Griechen seit Xenophanes. Unter Berufung auf den einen wahren Gott konnten die hellenistischen Juden die Motive der philosophischen Religionskritik bis hin zum Euhemerismus übernehmen, um damit den Polytheismus ihrer Umwelt zu widerlegen. Im übrigen finden wir in der Septuaginta eine vorsichtige Abschwächung von anstößigen Anthropomorphismen,[22] ganz wenige schwache Anklänge an griechische Mythologie,[23] eine Modernisierung des geographischen Weltbildes,[24] gewisse politische Rücksichtnahmen auf die ptolemäischen Könige[25] und einzelne rechtliche Angleichungen des mosaischen Rechts an die in Ägypten herrschende Rechtspraxis.[26] Die konservative Haltung der Übersetzer begün-

---

[21] W. *Michaelis*, ThW III 913f.
[22] Vgl. Gen 18,25; Ex 4,16; 15,3; 24,10f; Num 12,8; Dtn 14,23 u. a.; s. C. T. *Fritsch*, The Anti-anthropomorphisms of the Greek Pentateuch, Philadelphia 1943; vgl. jedoch H. M. *Orlinsky*, HUCA 30 (1959) 153ff, speziell zu Ijob.
[23] Vgl. die γίγαντες Gen 6,4; 10,8f u. ö., die σειρῆνες in den Übersetzungen der Propheten Jes 13,21; 34,13 u. ö.; H. A. *Redpath*, Mythological Terms in the LXX: American Journal of Theology 9 (1905) 34f; H. *Kaupel*, Sirenen in der LXX: BZ 23 (1935/6) 158-165.
[24] H. A. *Redpath*, The Geography of the LXX: American Journal of Theology 7 (1903) 289-307.
[25] *Bickerman*, Septuagint 33f.
[26] E. *Bickerman*, Two legal interpretations of the LXX: Revue internationale des droits de l'antiquité III,3 (1956) 81-104, zur uminterpretierenden Übersetzung von ›mohar‹ »Brautpreis« mit φερνή »Mitgift« und zu der Ergänzung Ex 22,4 bei Flurschaden durch das Vieh. Auch

stigte die Entstehung der im Pseudo-Aristeasbrief festgehaltenen Legende, daß die 72 Übersetzer alle palästinische Juden gewesen seien, wobei der Verfasser selbstverständlich voraussetzt, daß diese Palästiner durchweg über eine perfekte griechische Bildung verfügten.[27] Auf religiöse Auseinandersetzungen weist der Umstand hin, daß die laszive kanaanäische Naturreligion teilweise mit Begriffen der — dionysischen — Mysterien umschrieben wurde, eine polemische Tendenz, die dann in der Sapientia Salomonis und bei Philo weitergeführt wurde.[28] Auf der anderen Seite deutete man Ex 22,27: Θεοὺς οὐ κακολογήσεις im Sinne des Verzichts auf Polemik gegen fremde Götter.[29] Der Status als Minderheit erforderte eine gewisse Vorsicht gegenüber den ganz anderen Religionen der Umwelt. Spätestens ab dem 2. Jahrhundert wuchs die *antijüdische Haltung* sowohl in der »griechischen« Bürgerschaft Alexandriens wie bei den Ägyptern der Chora.[30] In den wohl erst im 2. Jahrhundert v. Chr. übersetzten prophetischen Schriften und Hagiographen ist die Tendenz zur »Aktualisierung« beziehungsweise »Hellenisierung« — letzteres vor allem in den Proverbien und Ijob — teilweise wesentlich stärker. Zugleich nehmen aber auch die Änderungen mit ausgesprochen »antihellenistischer« Tendenz zu. So etwa, wenn aus den Philistern »Hellenen« gemacht werden oder wenn in dem — vermutlich in Jerusalem übersetzten — Esterbuch der Agagiter Haman zu einem Makedonen wird.[31]

Noch stärker als die Übersetzungsliteratur der Septuaginta zeigen die Reste der frühen jüdisch-hellenistischen Literatur die beachtliche griechische Bildung ihrer Verfasser sowie auch die Verschmelzung

---

der Ersatz der »Arztkosten« (ἰατρεῖα) Ex 21,19 bei Körperverletzung und der Wegfall der Unterscheidung zwischen den beiden hebräischen Begriffen für Pfand »*ḥᵃbol*« und »*ᶜᵃbôṭ*« zugunsten des einen Begriffs ἐνέχυρον entspricht griechischem Rechtsdenken, s. *M. David*, Deux anciens termes bibliques pour le gage: OTS 2 (1943) 79-86.

[27] Ps. Aristeas 121, vgl. *Hengel*, Judentum und Hellenismus 111.
[28] Num 25,3.5; Dtn 23,18, vgl. 1 Kön 15,12; Ps 105(106),28; Jer 16,5; Hos 4,14; Am 7,9; Weish 12,3f; 14,15.22f; Philo, spec. leg. I,319-323.
[29] Philo, vit. Mos. II,205; spec. leg. I,53; Jos. Ant. IV,207; c. Ap. II,237.
[30] CPJ I 24f.63f.96f; *Fraser*, Ptolemaic Alexandria I 88.688f.715f.
[31] Vgl. Jes 9,12; Jer 26(46),16; 27(50),16: μάχαιρα ἑλληνική für ›*ḥäräb hajjônah*‹; Ester 9,24 und E (16),10.14; vgl. CPJ I 24 Anm. 61.

von jüdischem und griechischem Denken. Sie erweist den hohen »Hellenisierungsgrad« der geistigen Führungsschicht der jüdischen Diaspora in Ägypten. »The Jews as a whole were on a higher cultural level than the Egyptians, and, as the surviving works of Jewish-Greek literature of the third and second centuries show, the Greek culture which they acquired was of a superior quality«[32]. Durch den römischen Raritätensammler *Alexander Polyhistor* (etwa 105 - nach 49 v. Chr.) sind uns einige Fragmente *jüdisch-hellenistischer Schriftsteller aus ptolemäischer Zeit* erhalten, die wohl noch alle dem 2. beziehungsweise 3. Jahrhundert v. Chr. zuzurechnen sind. Hierbei fällt zunächst auf, daß sie durchweg — im Gegensatz zur palästinischen Literatur mit Ausnahme von Ben-Sira — nicht anonym oder pseudonym, sondern unter ihrem eigenen Namen schreiben. Das heißt sie verfügen — wie die Griechen seit dem 7./6. Jahrhundert v. Chr. — über die Vorstellung des »geistigen Eigentums«, die im zeitgenössischen Palästina so noch kaum vorhanden war.[33] Zwar finden wir auch in Ägypten weiterhin die traditionelle anonyme und pseudepigraphische Literatur, aber diese hatte mehr volkstümlichen Charakter und war an gewisse aus der palästinischen Heimat überkommene Formen gebunden: die Novelle, die Apokalypse und die Weisheitsschrift. Während die Themata der neuen, jüdisch-hellenistischen Verfasser durchweg der Verherrlichung der eigenen »heiligen Geschichte« dienen, ist die literarische Form ihrer Worte ganz dem griechischen Literaturbetrieb angepaßt. Bei dem Chronographen Demetrios, der zur Zeit Ptolemaios' IV. Philopator (222-205) schrieb, finden wir eine streng »wissenschaftliche«, chronographische Geschichtsschreibung, die das hohe Alter der jüdischen Religion nachweist und zugleich durch die Methode der ἀπορίαι καὶ λύσεις exegetische Schwierigkeiten lösen will.[34] Einen phantasievollen, historisch-aretalogischen

---

[32] *Fraser*, Ptolemaic Alexandria I 57.
[33] *Hengel*, Anonymität 234.
[34] Text bei *A.-M. Denis*, Fragmenta Pseudepigraphorum quae supersunt Graeca, Leiden 1970, 175ff. Vgl. *ders.*, Introduction aux pseudépigraphes grecs d'Ancien Testament, Leiden 1970, 248ff; *Hengel*, Anonymität 235; *Fraser*, Ptolemaic Alexandria I 690ff; *B. Z. Wacholder*, Biblical Chronology in the Hellenistic World Chronicles: HThR 61

Roman verfaßte dagegen *Artapanos,* der Joseph und Mose zu »ersten Erfindern« machte und den jüdischen Gesetzgeber als Hermes-Thot beziehungsweise »Musaios«, den Vater des Orpheus, nicht nur zum Entdecker von Schrift und Literatur, sondern sogar zum Begründer der ägyptischen (und indirekt auch der griechischen) Religion werden ließ.[35] In der Form eines Dramas und in der Sprache des Aischylos und Euripides beschrieb der Tragiker *Ezechiel* den Exodus aus Ägypten. Im Gegensatz zum allgewaltigen Schicksal der Griechen waltet jedoch bei ihm die Fürsorge des Gottes Israels, der den Gang der Geschichte lenkt.[36] Es ist durchaus möglich, daß dieses Drama in jüdischen Gemeinden aufgeführt wurde, zumal die Proseuchen häufig große Höfe besaßen und die Gemeinde in Berenike (Kyrenaika) sogar über ein Amphitheater verfügte.[37] Andere, wie der Samaritaner *Theodotos* und der ältere *Philo,* schilderten die Geschichte des Gottesvolkes beziehungsweise die heiligen Städte Sichem und Jerusalem in der Form des Epos mit archaischen Hexametern.[38] Die gleiche Form verwendet die *jüdische Sibylle,*[39] deren Urschrift um 140 v. Chr. in der Sprache Homers und in Nachahmung politischer vaticinia ex eventu, wie sie uns etwa in Lykophrons[40] Alexandra begegnen, der griechischen Welt das kommende Gericht und Gottesreich, zugleich aber auch eine Deutung der ganzen Weltgeschichte verkündigte. Der Verfasser legte das ganze Werk einer Schwiegertochter Noahs in den Mund, sie sei später nach Griechenland ausgewandert und mit der ältesten ery-

---

(1968) 451-481(454ff); *E. Bickerman* in: Christianity ... (s. o. S. 48 Anm. 48) 72-84.

[35] *Denis,* Fragmenta 186ff; *ders.,* Introduction 255ff; *Hengel,* Anonymität 239ff; *Fraser,* Ptolemaic Alexandria I 704ff.

[36] *Denis,* Fragmenta 207ff; *ders.,* Introduction 273ff; *B. Snell,* Ezechiels Mosedrama: Antike und Abendland 13 (1967) 150-164; *ders.* (ed.), Tragicorum Graecorum Fragmenta I, Göttingen 1971, 288-301 Nr. 128; *Fraser,* Ptolemaic Alexandria I 707f.

[37] CIG III 5361, dazu *Hengel,* Proseuche 182.178 Anm. 90.

[38] *Denis,* Fragmenta 204ff.203f; *ders.,* Introduction 272f.270f; *Fraser,* Ptolemaic Alexandria I 707.

[39] *Hengel,* Anonymität 286ff; *V. Nikiprowetzky,* La troisième Sibylle, Paris 1970. *J. J. Collins,* The Sibylline Oracles..., 1974.

[40] Er schrieb nach der Schlacht von Kynoskephalai 197 v. Chr.; s. *St. Josifović,* in: PRECA Suppl. XI (1968) 888-930 (925ff).

thräischen Sibylle identisch. Hier verwendete man die klassische Form zur offenen antihellenistischen Polemik: Die Theogonie Hesiods wurde euhemeristisch »entmythologisiert«, die Titanen und olympischen Götter verwandelte er in Urkönige, die nach Noah den Krieg auf die Erde brachten. Den größten Dichter der Griechen, Homer, konnte man als gefährlichen Lügner entlarven. Diese — pseudepigraphische — Kombination von homerischer Sprachform und jüdisch-apokalyptischem Inhalt hatte eine ungeheure Wirkung. Sie wurde bis ins Mittelalter immer wieder nachgeahmt, und die darin vollzogene Verbindung von Welt- und Heilsgeschichte hat zusammen mit dem Danielbuch die abendländische Geschichtsphilosophie entscheidend geformt.[41] Neben der Sibylle finden sich noch weitere »apologetische« Fälschungen, die sich in griechischem Gewande zu dem einen Gott Israels bekennen. Dazu gehören Zitate aus den griechischen Tragikern und Lustspieldichtern, angebliche Verse des Pythagoras, das Lehrgedicht des Pseudo-Phokylides, die Fragmente des Pseudo-Hekataios und anderes mehr.[42]

Philosophisch-apologetischen Charakter besitzen die durch Euseb erhaltenen Fragmente *Aristobuls*,[43] der vermutlich zur Zeit Ptolemaios' VI. Philometor (180-145) als Berater des judenfreundlichen Königs in jüdischen Angelegenheiten wirkte. Bei ihm finden wir die ersten Ansätze zu einer allegorischen Umdeutung anstößiger Stellen des Pentateuchs, weiter die Behauptung, daß Pythagoras und Plato schon das Gesetz Moses gekannt hätten, eine These, aus der sich dann bei Philo das Motiv vom Diebstahl der Griechen weiterentwickelt. Zur Begründung der jüdischen wahren Philosophie zitiert er nicht nur ein gefälschtes Testament des Orpheus,[44] sondern

---

[41] *K. Löwith*, Meaning in History, Chicago 1949; deutsch: Weltgeschichte und Heilsgeschehen (Stuttgart 1953).
[42] *Denis*, Fragmenta 149ff.199ff; ders., Introduction 215ff.262ff; *Hengel*, Anonymität 296ff.301ff.
[43] *Denis*, Fragmenta 217ff; ders., Introduction 277ff; *Walter*, Thoraausleger Aristobulos; *Hengel*, Judentum und Hellenismus 295ff; *Fraser*, Ptolemaic Alexandria I 694ff. Zu seiner Person vgl. noch 2 Makk 1,10.
[44] *Denis*, Fragmenta 163ff; ders., Introduction 230ff; *Walter*, Thoraausleger Aristobulos 202ff; *Hengel*, Anoymität 293f; dasselbe liegt in mehreren Rezensionen vor. Die älteste Form ist bei Ps. Justin, de monarchia erhalten.

auch teilweise gefälschte Homer- und Hesiodverse, die die Bedeutung der Siebenzahl beziehungsweise des 7. Tages hervorheben, außerdem den Anfang der Phainomena des Aratos. Die gefälschten und echten Verse gehen wohl ihrerseits wieder auf ein Florilegium jüdisch-pythagoreischen Ursprungs zurück. Die göttliche Weisheit ist mit der Siebenzahl identisch und bildet als das Urlicht die noetische Grundstruktur der Welt. Hier wird erstmals die alttestamentliche Offenbarung mit griechischen Philosophumena zu einem System verbunden, das den Versuch einer geistigen Synthese wagt. Nicht die Assimilation, sondern die echte Verarbeitung der im überlegenen griechischen Denken begegnenden Herausforderung war das Ziel dieses frühen jüdischen Denkers. Man darf wohl schon vor ihm und dann nach ihm bis hin zu Philo eine jüdisch-philosophische Schultradition in Alexandrien voraussetzen,[45] deren Intentionen dann später sowohl von den christlichen Gnostikern als auch durch die Katechetenschule eines Pantaenus, Clemens von Alexandrien und Origenes fortgesetzt wurden. Durch letztere wurden uns diese jüdisch-hellenistischen Traditionen überhaupt nur erhalten. Das rabbinische Judentum hat später die jüdisch-hellenistische Literatur verleugnet und abgestoßen. Der wenig später entstandene *Pseudo-Aristeasbrief*[46] verbindet die verschiedensten hellenistischen Literaturformen zu einer apologetischen Schrift, die in einer doppelten Frontstellung steht. Einmal verteidigt sie die griechische Erziehung und Kultur wie auch die Loyalität zum ptolemäischen Königshaus gegen den durch die Makkabäerkämpfe erwachenden radikalen jüdischen Nationalismus, zum andern wendet sie sich gegen die Verächter des jüdischen Volkes und Gesetzes. Diese doppelte Frontstellung war wohl für die griechisch gebildete jüdische Oberschicht in Alexandrien überhaupt typisch. Die schon von Aristobul

---

[45] *Walter*, Thoraausleger Aristobulos 41ff.58ff.141-149; W. *Bousset*, Jüdisch-christlicher Schulbetrieb in Alexandria und Rom (FRLANT NF 6) Göttingen 1915; M. J. *Shroyer*, JBL 55 (1936) 261ff.

[46] A. *Pelletier*, Lettre d'Aristée à Philocrate (SC 89) Paris 1962; V. *Tcherikover*, The Ideology of the Letter of Aristeas: HThR 51 (1958) 59-85. Zur Datierung: E. *Van 't Dack*, La date de la lettre d'Aristée, in: Antidotum W. Peremans, Louvain 1968, 263-278; *Fraser*, Ptolemaic Alexandria I 696ff; Bibliographie bei S. P. *Brock/C. T. Fritsch/S. Jellicoe*, A Classified Bibliography to the Septuagint, Leiden 1973, 44ff.

begonnene allegorische Auslegung wird im Aristeasbrief zum Zweck der Apologie des Gesetzes noch weiter ausgestaltet. Von der äußeren Form her gesehen ist das Werk ein fingierter Briefroman, in den jedoch ein Reisebericht, gelehrte Dialoge und vor allem ein königliches Symposium eingebaut sind, das selbst wieder einen Königsspiegel enthält. Auffällig ist bei der Gesetzesdeutung Aristobuls und Pseudo-Aristeas' wie dann auch später bei Philo ein gewisser »neupythagoreischer« Einfluß. Hier könnte man darauf verweisen, daß schon der alexandrinische Schriftsteller Hermippos im 3. Jahrhundert v. Chr. Pythagoras mit den Juden in Verbindung brachte und daß die schwer datierbare neupythagoreische Schrift des Pseudo-Ekphantos und dann der Philosoph Numenios im 2. Jahrhundert n. Chr. Anleihen beim jüdischen Schöpfungsbericht machen konnten. Leitzterer glaubte sogar an die Abhängigkeit Platos von Mose.[47]

Ein Geschichtswerk, das die jüngste Vergangenheit, nämlich den gescheiterten hellenistischen Reformversuch und den Makkabäeraufstand — vermutlich bis zum Tode des Judas Makkabaios —, behandelte, schrieb *Jason aus Kyrene*. Es hat durchaus wissenschaftlichen Charakter und gehört zur in hellenistischer Zeit beliebten Gattung der pathetischen Geschichtsschreibung.[48] Ein unbekannter Epitomator hat dann das Werk von fünf Büchern zu einem, dem sogenannten 2. Makkabäerbuch, zusammengefaßt.

Das Ziel dieser frühen jüdisch-hellenistischen Literatur aus Alexandrien mit ihrem Reichtum an Literaturformen und ihrer doch sehr einheitlichen Tendenz der Verherrlichung des eigenen Volkes, seiner gottgelenkten Geschichte, seines Gesetzes und seiner wahrhaft philosophischen Religion war weniger die Gewinnung von Andersgläu-

---

[47] *Walter*, Thoraausleger Aristobulos 166ff; *Heinemann*, Philons griechische und jüdische Bildung 498ff; Hermippos nach Jos. c. Ap. I,164f; zu Ps. Ekphantos s. *W. Burkert* in: Pseudepigrapha I (Entretiens sur l'antiquité classique 18) Vandoeuvres-Genève 1972, 50-53; Numenios: *H. Ch. Puech*, Numenios d'Apamée et les théologies orientales, in: Mélanges J. Bidez, Bruxelles 1934, 745-778; *Dörrie*, Der Kleine Pauly IV 192ff.

[48] *Hengel*, Judentum und Hellenismus 176ff; *H. Cancik*, Mythische und historische Wahrheit (SBS 48) Stuttgart 1970, 108-126. *J. G. Bunge*, Untersuchungen zum zweiten Makkabäerbuch (phil. Diss.) Bonn 1971.

bigen als *die Befriedigung der literarischen Bedürfnisse der wachsenden jüdischen Oberschicht in Alexandrien selbst,* für die die traditionelle jüdische Erbauungsliteratur palästinischer Provenienz nicht mehr ausreichte, obwohl auch diese Zug um Zug ins Griechische übersetzt wurde. Das schönste Beispiel für eine solche Übersetzungstätigkeit ist der Prolog des Enkels von Ben-Sira, der dessen Weisheitsbuch ins Griechische übertrug.[49] Von Nichtjuden wurde dagegen diese Literatur, ganz ähnlich wie die Septuaginta, kaum beachtet.[50] Eine Ausnahme bildeten hier am ehesten die sibyllinischen Schriften. Noch stärker dürfte nach außen hin die *magische und astrologische »Geheimliteratur«* jüdischer Provenienz gewirkt haben. Mose galt für die Antike nicht nur als großer Gesetzgeber, sondern noch viel mehr als Erzmagier.[51] Auch pseudepigraphische astrologische Schriften jüdischer Herkunft waren im Umlauf.[52] Das Interesse am jüdischen Schrifttum außerhalb des Judentums selbst wächst dann erst in der Kaiserzeit, vor allem ab dem 2. Jahrhundert n. Chr., unter christlichem, neupythagoreischem und hermetischem Einfluß.

---

[49] *H. J. Cadbury,* The Grandson of Ben-Sira: HThR 48 (1955) 219-225; *P. Auvray,* Notes sur le prologue de l'Ecclésiastique, in: Mélanges A. Robert, Paris 1957, 281-287.

[50] *Gager,* Moses; *Hengel,* Anonymität 307f. Die von *Fraser,* Ptolemaic Alexandria I 584.714.716; II 1000.1002 Anm. 255, vermutete Kenntnis der Septuaginta von Jes 14,12 u. a. durch Kallimachos bzw. von Hld 6,8-10 durch Theokrit ist chronologisch undenkbar. Auch eine Bekanntschaft von Agatharchides mit der LXX von Koh 12,8 ist unwahrscheinlich (II,784 Anm. 204). Das Motiv, daß der Geist zum Geber bzw. Ursprungsort zurückkehrt, findet sich auch in der griechischen Literatur: *Hengel,* Judentum und Hellenismus 228 Anm. 132 zu Koh 3,28.

[51] Vgl. die aus hellenistischen Quellen stammenden Aufzählungen bei Plinius, hist. nat. XXX,11 und Apuleius, Apol. 90, wo jeweils Mose an der Spitze der »jüdischen« Magier steht.

[52] *Hengel,* Judentum und Hellenismus 427ff.438ff; *Gager,* Moses 134ff; *W. und H. G. Gundel,* Astrologumena (Sudhoffs Archiv Beiheft 6) Wiesbaden 1966, 51-59. Schon Hermippos (um 220 v. Chr.), der Schüler des Kallimachos, der u. a. Pythagoras zu einem Nachahmer der Juden machte (s. o. Anm. 47), soll nach Vettius Valens II,28f (p. 96 *Kroll*) astrologische Bücher des »sehr bewundernswerten Abraham« gekannt haben, in denen das Horoskop für Reisen gestellt wurde. Artapanos, der samaritanische Anonymus und Eupolemos machen Abraham übereinstimmend zum Übermittler bzw. Erfinder der Astrologie.

Die jüdische Diaspora entfaltete so in Ägypten, und hier besonders Alexandrien, ein außerordentlich reges geistiges Leben. Zumindest die Oberschicht erwarb sich — über die selbstverständliche Kenntnis der griechischen Sprache hinaus — eine zum Teil erstaunliche rhetorische und philosophische Bildung. Das heißt zugleich, daß sie sich den Zugang zu den Bildungsinstitutionen der griechischen Welt, zur griechischen Schule, zum Gymnasium und zum weiterführenden rhetorischen und philosophischen Studium, verschaffte. Sowohl in der Kyrenaika wie in Kleinasien erscheinen später jüdische Namen auf Ephebenlisten.[53] Der umfassend gebildete Philo von Alexandrien war gewiß nicht der einzige Jude, der über eine universale ἐγκύκλιος παιδεία verfügte. Seine vielfache Deutung von Texten des Pentateuchs im Blick auf die »allgemeine Bildung« setzt sicher eine ältere Tradition gerade in diesem Punkt voraus. Der Weg hin zu einer solchen Bildung wurde wahrscheinlich von höheren Schichten der jüdischen Diaspora in Alexandrien bereits im 3. Jahrhundert v. Chr. beschritten. Daß sich die hellenistische Bildung nicht auf kleine Zirkel in der ägyptischen Hauptstadt beschränkte, ergibt sich aus den zahlreichen völlig hellenisierten *Grabepigrammen und Inschriften von Leontopolis,* die aus spätptolemäischer beziehungsweise frührömischer Zeit stammen, wo — mit wenigen Ausnahmen — eigentlich nur die Namen auf jüdische Gräber hinweisen.[54] Wir hören darin von der todbringenden Moira, dem ewig dunklen Hades und dem finsteren Abstieg zur Lethe. Für den jüdischen Amtsträger Abramos, der in zwei jüdischen »Politeumata« die Leitung besessen hatte und wegen seiner Weisheit gerühmt wird, hat der Dichter nur den zeitlos-konventionellen Wunsch: »Möge die Erde auf Dir alle Zeit leicht für Dich sein!«[55]

Trotz dieser völligen äußeren »Hellenisierung«, die sich nicht nur auf die Sprache und literarische Bildung beschränkte, sondern weite Teile der Lebensgestaltung umfaßte, assimilierte sich die jüdische Diaspora nicht bedingungslos an ihre hellenistische Umwelt. Man

---

[53] *Hengel,* Judentum und Hellenismus 126 Anm. 83.
[54] CIJ II Nr. 1451-1530 (mit Ergänzungen Nr. 1530 A-D in CPJ III 162f).
[55] CPJ III 162 Nr. 1530 A, vgl. ebd. 151 Nr. 1484.1488; dazu *L. Robert,* Hellenica I, Paris 1940, 18-24.

mochte die obligate Ausbildung im Gymnasium durchlaufen, Homer und die klassische Dichtung kennengelernt und weitere rhetorisch-philosophische Studien getrieben haben, man mochte das Theater und Spiele besuchen, gesellschaftliche Kontakte mit Nichtjuden unterhalten, ja eine erfolgreiche Beamtenlaufbahn im ptolemäischen Staat eingeschlagen haben, aber man übernahm nicht die griechische polytheistische Religion. Man heiligte den Sabbat, mied unreine Speisen und besuchte den synagogalen Gottesdienst, bei dem immer mehr, neben Gebet und Hymnus, der vom Stil der Diatribe geprägte rhetorisch ausgefeilte Lehrvortrag in den Mittelpunkt rückte und der dem gebildeten Juden das Bewußtsein gab, die wahre Philosophie zu vertreten.[56] In einem ähnlichen, im Grunde vielseitig gebildeten Milieu erwarb zum Beispiel der junge Pharisäer Paulus aus Tarsos seinen rhetorisch meisterhaften Stil, in dem sich rabbinische Exegese und Popularphilosophie mit einem apokalyptischen Weltbild verbinden. Eine derartige Bildung konnte selbst durch griechischsprachige Lehrhäuser in Jerusalem vermittelt werden.

Die Grenzen des Bewegungsspielraums waren freilich verschieden. So läßt zum Beispiel der Pseudo-Aristeasbrief den jüdischen Gottesglauben durch den Höfling Aristeas auf folgende Weise erklären: »Diese verehren denselben Herrn und Schöpfer aller Dinge, welchen alle Menschen verehren. Wir aber benennen ihn nur anders, Zeus und Dis. Dadurch aber drückten die Alten treffend aus, daß der, durch den alles belebt und geschaffen wird, auch alles leite und beherrsche«[57]. Der Verfasser benutzt dabei die stoische Etymologie von Dis aus διά und von Zeus aus ζῆν. Demgegenüber ersetzt Aristobul in seiner Vorlage des Orpheus-Testaments und in dem Zitat aus Aratos den Namen Zeus durch θεός und betont ausdrücklich: »Wie es sich gehört, haben wir interpretiert, indem wir das in den Gedichten vorkommende ›Dis‹ oder ›Zeus‹ entfernten, denn ihr Sinn bezieht sich auf Gott, deshalb wurde es von uns so ausge-

---

[56] Vgl. *H. Thyen*, Der Stil der Jüdisch-Hellenistischen Homilie (FRLANT 65) Göttingen 1955; vgl. o. S. 136f.
[57] Ps. Aristeas 16, vgl. Jos. Ant. XII,22 und c. Ap. II,168; ganz anders dagegen die euhemeristische Etymologie des Zeusnamens in Sib III,141. Zum Problem *Hengel*, Judentum und Hellenismus 481ff.

drückt ... Denn alle Philosophen sind sich darüber einig, daß man von Gott heilige Begriffe haben müsse, am meisten aber dringt darauf unsere Philosophenschule (αἵρεσις)«[58]. Hier zeichnet sich eine innerjüdische Kontroverse darüber ab, wie weit die Übertragung heidnischer Gottesnamen auf den wahren Gott zulässig sei. Daß derartige kritische Abgrenzungen notwendig waren, beweisen nicht nur die griechischen und römischen Versuche, den Gott Israels mit anderen Göttern, zum Beispiel mit Dionysos, Sabazios oder Jupiter, zu identifizieren,[59] sondern auch die Tatsache, daß zwei Juden der ptolemäischen Zeit am Pan-Tempel von *ar-Ridīsīya* bei Apollinopolis (Edfu) in Oberägypten zwei Inschriften anbrachten, in denen sie Gott danken (θεοῦ εὐλογία bzw. εὐλογεῖ τὸν θεόν), einer für die Rettung aus Lebensgefahr auf dem Meer. Ein gewisser Lazaros rühmt sich sogar, daß er die Reise zum Paneion dreimal gemacht habe.[60] Für Nichtjuden lag die Identifizierung des Gottes der Juden mit einer bekannten Göttergestalt noch näher, da der eigentliche Name des jüdischen Gottes, Iao, ein Arcanum war. Lukan spricht daher von einem »incertus deus«[61]. Vor allem Dionysos schien zu einer Identifikation mit dem jüdischen Gott geeignet. Daß dieser Identifikationsversuch verbreitet war, zeigen nicht nur Plutarch, Cornelius Labeo und der späte Kompilator Johannes Lydus, sondern schon der Protest des Tacitus: »Weil aber ihre Priester gelegentlich mit Flöten und Pauken Musik machen, sich mit Efeu bekränzen, auch ein goldener Rebstock sich im Tempel fand, so glaubten einige an eine Verehrung des Pater Liber, des Bezwingers des Morgenlandes. Dazu aber wollen die Bräuche nicht passen; denn die von dem Gott Liber eingeführten Zeremonien sind festlich und

---

[58] Euseb, pr. ev. 13,12,7f (GCS 43,2 p. 195 *Mras*).

[59] *Hengel*, Judentum und Hellenismus 473ff.

[60] OGIS 73.74 = CIJ II 445 Nr. 1537f; vgl. jetzt *A. Bernhard*, Le Paneion d'el kanais. Les Inscriptions Grecques, Leiden 1972, Nr. 34.42 S. 95f.105ff; auch der Nr. 24.73 S. 85f.147 erwähnte »Lazaros« dürfte jüdischer Abstammung sein, s. *J. und L. Robert*, REG 86 (1973) 202.

[61] Lukan, Phars. II,592f, vgl. Livius b. Schol. Lukan II,531, dazu *E. Bickerman*, Anonymous Gods: Journal of the Warburg Institute 1 (1938) 187-196 (zit. 195).

[62] Tac. hist. V,5,5; weitere Belege bei *Hengel*, Judentum und Hellenismus 480f Anm. 44.546ff.

fröhlich, der Brauch der Juden aber abgeschmackt und schäbig«[62]. Es ist durchaus möglich, daß schon der schwärmerische Dionysosverehrer Ptolemaios IV. Philopator nach seinem Sieg bei Raphia versuchte, Juden der Oberschicht in Ägypten durch Druck und Versprechungen zur Einweihung in die Dionysosmysterien zu bewegen, da er selbst ihren Gott für eine Art von semitischem Dionysos hielt.[63] Einige Jahrzehnte später versuchten radikale jüdische Reformer Hand in Hand mit dem König Antiochos IV. und heidnischen Militärsiedlern, die Jahweverehrung auf dem Zion in den Kult des Zeus Olympios/Baal Schamem zu verwandeln, da es sich für den Außenstehenden doch im Grunde um denselben Himmelsgott handeln mußte.[64] Die Juden jedoch haben in der Diaspora wie im Mutterland in überwiegender Mehrzahl dieser Versuchung widerstanden. Die Legende des 3 Makk bezeugt: »Die meisten aber blieben mit edler Seele stark und fielen nicht von ihrer Religion ab«[65]. Für einen jüdisch-paganen Synkretismus in vorrömisch-hellenistischer Zeit haben wir so für Ägypten kaum echte Belege. Die heute viel verhandelte Herausbildung einer »jüdischen Gnosis« war meines Erachtens erst nach Philo in römischer Zeit möglich. Für die ptolemäische Epoche besitzen wir dagegen keinerlei Quellen.[66] Zu einer wirklichen Verschmelzung zwischen Jüdischem und Paganem kam

---

[63] 3 Makk 1,30; *Hengel*, Judentum und Hellenismus 480; *Fraser*, Ptolemaic Alexandria I 43ff.202ff; II 344ff. S. o. S. 57.

[64] *Bickermann*, Der Gott der Makkabäer; *Hengel*, Judentum und Hellenismus 515ff.

[65] 3 Makk 2,32.

[66] Es sollte bei der nicht endenwollenden Spekulation über eine angebliche — chronologisch — vorchristliche Gnosis beachtet werden, daß das sämtliche Quellen und Lebensbereiche des vorrömischen Alexandriens erfassende Werk von *Fraser*, Ptolemaic Alexandria, in seinem überaus gründlichen Index den Begriff »Gnosis« überhaupt nicht kennt. Unsere Quellen geben keinerlei Anhaltspunkte für eine zeitlich vor dem Christentum liegende gnostische Spekulation in Alexandrien, dem Ort, wo vermutlich die Gnosis aus einem vulgär-synkretistischen Platonismus entstand. Man hat zuweilen den Eindruck, daß manche Gnosisforscher durch die allzu intensive Beschäftigung mit ihrer diffizilen Materie den Sinn für die Realitäten der Geschichte, zu denen vor allem die Chronologie der Quellen gehört, verloren haben. Dem Gnostiker ist zu verzeihen, wenn er weder Zeit noch Stunde kennt, dem Historiker nicht.

es nur im Bereich der Magie und Astrologie, die Ägypter, Juden und Griechen ab dem 2. Jahrhundert v. Chr. mehr und mehr interessierten und alle Volksschichten erreichten.

§ 11 Zur Hellenisierung der Diaspora ausserhalb Ägyptens

Von der frühhellenistischen Diaspora *außerhalb Ägyptens* und ihrer »Hellenisierung« besitzen wir nur ganz wenige Nachrichten. In der späten prophetischen Weissagung weisen außer Joel 4,6, das gegen den Verkauf jüdischer Sklaven an die Griechen polemisiert, auch noch Jes 11,11f und vor allem 66,19 auf eine jüdische Auswanderung in den ägäischen Raum Griechenlands und Kleinasiens hin. Die Texte dürften aus dem 4. oder dem Anfang des 3. Jahrhunderts stammen. Ihnen entsprechen einige Inschriften aus Griechenland aus dem 4. und 3. Jahrhundert v. Chr. (s. o. S. 121 u. S. 147), die vor allem jüdische Sklaven betreffen.

Über das Schicksal der 2 000 babylonischen Juden in Phrygien, die Antiochos III. während seiner Anabasis nach den östlichen Provinzen (212-205) samt ihren Familien zur Befriedung der zurückgewonnenen Provinz ansiedelte, hören wir nichts mehr.[1] Wenige Jahre später kam dieses Gebiet nach der Schlacht von Magnesia 190 v. Chr. unter die Herrschaft der Attaliden von Pergamon. Da wir für die römische Zeit eine große Zahl von jüdischen Inschriften aus dem Inneren Kleinasiens, aus *Phrygien* und *Lydien*, besitzen, dürfen wir annehmen, daß der Grundstock zur kleinasiatischen Diaspora durch diese Kleruchen gelegt wurde.[2] In einer Grabinschrift aus dem phrygischen Hierapolis ist von der κατοικία der in Hierapolis wohnenden Juden die Rede. Diese für eine Synagogengemeinde ungewöhnliche Bezeichnung könnte auf die jüdischen Militärsiedler zurückgehen.[3] Eine frühe Spenderliste des 2.

---

[1] Jos. Ant. XII,147-153; s. o. S. 60f.118 Anm. 11.
[2] CIJ II Nr. 750-780, vgl. *L. Robert*, Hellenica XI/XII, Paris 1960, 380-439; *A. Th. Kraabel*, Judaism in Western Asia Minor (Diss. Harvard 1968).
[3] CIJ II Nr. 775.

Jahrhunderts v. Chr. aus dem ionischen Iasos nennt einen Niketas Sohn des Jason von Jerusalem (Ἱεροσολυμίτης), der für das Fest der Dionysia 100 Drachmen stiftete. Schürer bemerkt dazu mit Recht: »Die Unterstützung eines heidnischen Festes durch einen Juden erinnert an die analogen Vorgänge in Jerusalem vor Beginn der makkabäischen Erhebung«[4]. Ob dieser Niketas noch wirklicher Jude war und ob er die Gabe für das Fest des Dionysos freiwillig oder gezwungen leistete, wissen wir nicht. Der Druck auf Juden scheint in der vorrömischen Zeit in den griechischen Städten an der Westküste Kleinasiens stärker gewesen zu sein als etwa im ptolemäischen Ägypten. Noch vor Marcus Agrippa erhoben um 13 v. Chr. die *ionischen Städte* gegen die bei ihnen wohnenden Juden die Forderung: »Wenn die Juden wirklich zu ihnen gehörten, sollen sie auch ihre Götter verehren«[5]. In eine ähnliche Richtung geht die Anklage des Rhetors Apollonios Molon (81 v. Chr. rhodischer Gesandter in Rom), daß die Juden »Menschen, die andere Meinungen über Gott vertreten, nicht akzeptieren«[6]. Auf der anderen Seite kamen seit dem erfolgreichen Freiheitskampf gegen die Seleukiden in Judäa die guten politischen Beziehungen zwischen dem neuen jüdischen Staat und Rom auch den Juden im ägäisch-kleinasiatischen Raum zugute, wie zum Beispiel das Dekret der Pergamener zur Zeit Hyrkans I. (135-104 v. Chr.) erweist, in dem am Ende auf die Freundschaft zwischen Abraham und den Vorvätern der Pergamener Bezug genommen wird. Hier handelt es sich offenbar um eine Zwecklegende, die an die Verwandtschaft zwischen Juden und Spartanern erinnert (s. u. S. 161f) und die vielleicht in den Kreisen jener jüdischen Militärsiedler entstand, die nach Magnesia unter die Herrschaft des pergamenischen Reiches gekommen waren.[7] Auch die Noah-Münze des phrygischen Apameia mit der Darstellung des Verlassens der Arche nach der Flut dürfte auf eine jüdische Lokalsage aus hellenistischer Zeit zurückgehen. Auffällig ist dabei, daß hier die Arche in der Form eines Toraschreins dargestellt wird.[8]

---

[4] CIJ II Nr. 749; *Schürer*, Geschichte des jüdischen Volkes III 16f.
[5] Jos. Ant. XII,126.
[6] C. Ap. II,258.
[7] Jos. Ant. XIV,255.
[8] *B. V. Head*, Historia Numorum, London ²1911 (repr. 1963) 666f.

Die beträchtliche Ausbreitung der Juden auch im kleinasiatisch-ägäischen Raum in der zweiten Hälfte des 2. Jahrhunderts v. Chr. zeigen unter anderem die Briefe, die ein römischer Konsul 142 oder 139 v. Chr. zugunsten des jüdischen Ethnos an eine Reihe von Stadtstaaten und Territorien in der Ägäis und Kleinasien schrieb, wobei er die Auslieferung geflüchteter jüdischer Hellenisten an den Hohenpriester Simon empfahl.[9] Wenig später bezeugt die früheste ausgegrabene Synagoge für den Umschlaghafen *Delos* eine große blühende jüdische Gemeinde.[10] Die aus der gleichen Zeit stammenden beiden Fluchtafeln von der Grabinsel Rheneia, die Gott um Rache für die Ermordung zweier jüdischer Mädchen anflehen, sind nicht nur das erste epigraphische Zeugnis für die Septuaginta, sondern beleuchten auch, wie in der Frömmigkeit dieser Diasporajuden die Engel eine besondere Rolle spielten.[11]

Schon in vormakkabäischer Zeit scheinen Verbindungen zwischen Jerusalem und Sparta bestanden zu haben. Nur so ist es erklärlich, daß der Inaugurator der hellenistischen Reform nach 175, der abgesetzte und geflüchtete Hohepriester Jason, Sohn Simons des Gerechten, aus dem alten Geschlecht der Oniaden, nach einem gescheiterten Aufstandsversuch über Ägypten schließlich bis nach Sparta gelangte und dort sein Leben beendete. Diese sonderbare Ortswahl hängt wohl mit dem Glauben der jüdischen Hellenisten an eine archaische Verwandtschaft zwischen Juden und Lakedämoniern

---

[9] 1 Makk 15,15-24. Erwähnt werden Karien, Pamphylien, Lykien, Halikarnassos, Myndos, Knidos, Phaselis, Side und die Inseln Samos, Kos und Rhodos; vgl. *Tcherikover*, Hellenistic Civilization 288ff; *A. Giovannini/H. Müller*, Die Beziehungen zwischen Rom und den Juden im 2. Jh. v. Chr.: Mus Helv 28 (1971) 156-171.

[10] CIJ I Nr. 725-731; *A. Plassart* in: Mélanges Holleaux, Paris 1913, 201-215 = RB 11 (1914) 523-534; *Hengel*, Synagogeninschrift 161 Anm. 53; 174 Anm. 97; *Ph. Bruneau*, Recherches sur les cultes de Délos... (Bibliothèque des Écoles françaises d'Athènes et de Rome 217) Paris 1970, 480-493. Die Synagoge wurde am Ort eines Gymnasiums errichtet, das nach der Plünderung von Delos durch Mithridates 88 aufgegeben worden war.

[11] CIJ I Nr. 725; vgl. *A. Deissmann*, Licht vom Osten, Tübingen [4]1923, 351-362: »und besonders die ganze Art des Gebetes sind Anpassungen an die hellenistische Umgebung« (361). Vgl. dazu die spätere, kaiserzeitliche Inschrift aus Argos CIJ I Nr. 719.

über Abraham zusammen. Jason wäre wohl kaum dorthin geflohen, wenn er dort nicht Bekannte oder Freunde besessen hätte.[12] Etwa aus derselben Zeit finden wir auch jüdische Grabinschriften in *Athen*.[13] Jüdische Sklaven sind in Attika dagegen schon wesentlich früher, bereits im 4. und 3. Jahrhundert v. Chr., nachweisbar (s. o. S. 121). Noch in der ersten Hälfte des 3. Jahrhunderts v. Chr. entstand der Bericht des Klearch von Soloi über die Begegnung des Aristoteles mit einem griechisch gebildeten Juden aus Jerusalem, »der nicht nur seiner Sprache nach Hellene war, sondern auch in seiner Seele«. Diese Begegnung, die sich schon um 340 v. Chr. ereignet haben müßte, ist zwar vermutlich ins Reich der Fabel zu verweisen, doch kann man daraus schließen, daß Klearch, der aus Zypern stammte, derartigen griechisch gebildeten Juden zu seiner Zeit begegnet ist.[14] Es spiegelt sich bei ihm das Interesse der Schule des Aristoteles an der »barbarischen Philosophie« wider, das uns auch in dem Fragment des Theophrast über die Juden und bei Megasthenes entgegentritt. Die Juden wurden dabei mit den indischen Gymnosophisten und Brahmanen in Verbindung gebracht.[15] Eher als in Ägypten kann man in *Kleinasien*, wo die Juden noch sehr viel stärker in der Minderheit waren, damit rechnen, daß unter der Herrschaft der Attaliden jüdisch-synkretistische Mischbildungen entstanden, in denen etwa der phrygische Sabazios mit dem κύριος Σαβαώθ der Juden identifiziert wurde. Auf diese Weise würde sich die sonderbare Nachricht des Valerius Maximus erklä-

---

[12] 2 Makk 5,9; s. u. S. 161f.
[13] *L. B. Urdahl*, Jews in Attica: Symbolae Osloenses 43 (1968) 39-56; vgl. IG II² 12609: Grabinschrift eines »Simon Ananiu« (46) aus dem 2. Jh. v. Chr.
[14] Jos. c. Ap. I,180 aus der Schrift περὶ ὕπνου, s. *F. Wehrli*, Die Schule des Aristoteles III, Basel/Stuttgart ²1969, 10f fr. 6, dazu der Kommentar 48f: »K's Fiktion dient dazu, griechischer Glaubenslehre durch einen Vertreter des bewunderten Ostens erhöhte Würde zu geben«. Vgl. *Hengel*, Judentum und Hellenismus 467ff. Text mit Kommentar und Bibliographie auch bei *Stern*, Greek and Latin Authors I 49ff.
[15] *W. Jaeger*, Diokles von Karystos, Berlin 1938, 134ff; *ders.*, Greeks and Jews: JR 18 (1938) 127-143 = Scripta Minora II, Rom 1960, 169-183; *L. Robert*, Inscriptions de la Bactriane: CRAI 1968, 443-454; vgl. *Stern*, Greek and Latin Authors I 8ff.45ff.

ren, daß um 139 v. Chr. der Praetor Cornelius Hispalus die Juden, die den Kult des Iupiter beziehungsweise Iovis Sabazius einführen wollten, aus Rom vertrieben habe. Allerdings kann diese Nachricht auch auf einer einfachen Namensverwechslung zwischen Iao Sabaoth und Iovis Sabazius beruhen.[16] Der in Kleinasien, Makedonien, Thrakien und Ägypten wie auch im Bosporanischen Reich bezeugte Kult des »Ζεύς« beziehungsweise »θεὸς ὕψιστος« oder die gerade im römischen Kleinasien verbreitete Verehrung des θεὸς ἄγγελος, der zum Teil mit dem Ζεὺς ὕψιστος identifiziert wurde,[17] muß durchaus nicht immer auf jüdischen Einfluß zurückgehen, obwohl natürlich Querverbindungen wahrscheinlich sind.[18] So fällt zum Beispiel auf, daß die eindeutig jüdischen — da aus Synagogen kommenden — θεὸς ὕψιστος-Inschriften häufig aus vorchristlich-hellenistischer Zeit stammen, während der pagane Kult des »höchsten Gottes« erst im römischen Reich richtig aufblühte. Einen weiteren Ansatzpunkt zu synkretistischen jüdisch-paganen Mischbildungen finden wir im Zusammenhang mit der Sabbatobservanz, die offenbar auch auf Nichtjuden trotz aller Polemik anziehend wirken konnte.[19] So gibt es in Phrygien vereinzelte Zeugnisse für den Kult eines θεὸς Σαβαθικός. Eine Versinschrift nennt ihn den »größten Gott« (μέγιστος ὑπάρχων), »der die Welt besitzt« (τοῦ κατέχοντος τὸν κόσμον)[20]. Aus derselben augusteischen Zeit stam-

---

[16] Val. Max. I,3,3. Der Bericht liegt in der Epitome des Julius Paris und der kürzeren des Nepotianus vor, die sich gegenseitig ergänzen, s. *Hengel*, Judentum und Hellenismus 478ff; W. *Fauth*, Art. Sabazios, in: Der Kleine Pauly IV, München 1972, 1479f. Daß das Ganze eine Erfindung des Val. Max. sei, der damit Tiberius gefallen wollte, so S. *Alessandri*, La presunta cacciata dei Giudei da Roma nel 139 a. Cr.: Studi classici e orientali 17 (1968) 187-198, ist völlig unwahrscheinlich. Vgl. zum Ganzen *Stern*, Greek and Latin Authors I 357ff.
[17] L. *Robert*, Reliefs votifs et cultes d'Anatolie: Anatolia 3 (1958) 115f. 120ff; vgl. Hellenica XI/XII (1960) 432ff. M. P. *Nilsson*, Geschichte der Griechischen Religion II (²1961) 540 Anm. 7; 577 Anm. 1.
[18] C. *Roberts/Th. Skeat/A. D. Nock*, The Gild of Zeus Hypsistos: HThR 29 (1936) 39-88; *Hengel*, Judentum und Hellenismus 544ff; G. *Bertram*, Art. ὕψιστος, in: ThW VIII 613ff; C. *Colpe*, Art. Hypsistos, in: Der Kleine Pauly II 1291f; *Kraabel*, Judaism in Western Asia Minor.
[19] E. *Lohse*, Art. Σάββατον, in: ThW VII 17f.
[20] J. *Keil/A. v. Premerstein*, Bericht über eine zweite Reise in Lydien

men im westlichen Kilikien zwei Inschriften, die einen Kultverein der Σαββατισταί bezeugen, der unter der Leitung eines Συναγωγεὺς einen θεὸς Σαββατιστής verehrte.[21] Das Σαββαθεῖον in Thyateira dürfte dagegen eine Synagoge sein.[22] Gleichzeitig begegnet uns im ägyptischen Naukratis eine Σύνοδος Σαμβατική, die wohl einen ähnlichen Kult pflegte.[23] Deutlicher jüdischer Einfluß liegt auch in der σύνοδος περὶ θεὸν ὕψιστον in Tanaïs an der Donmündung vor, in der sich »Verehrer des höchsten Gottes« (σεβόμενοι θεὸν ὕψιστον) zusammengeschlossen hatten. In anderen Städten dieses Gebietes waren diese »Gottesfürchtigen« dagegen direkt mit der jüdischen Synagogengemeinde verbunden.[24] Speziell in Kleinasien setzen sich diese synkretistischen Zeugnisse fort bis hin zu der Sekte der Hypsistarier im 4. Jahrhundert n. Chr.[25] Es ist sehr wahrscheinlich, daß sich derartige jüdisch-pagane Mischbildungen, die plötzlich um die Zeitenwende hervortreten, schon in vorchristlich-hellenistischer Zeit herausbildeten. Den Ort dazu wird man eher in Kleinasien selbst als in Ägypten suchen dürfen. Hier in Kleinasien mögen sich auch erstmals Kreise sympathisierender Nichtjuden, sogenannter »Gottesfürchtiger«, gebildet haben, die sich dem Judentum nicht völlig anschlossen, jedoch mit der Synagogengemeinde verbunden waren. Hier hatte die paulinische Heidenmission darum auch besonderen Erfolg. Im 1. Jahrhundert n. Chr. sind sie für die römi-

---

(Denkschriften der kaiserlichen Akademie der Wissenschaften in Wien 54, 1911) 117f Nr. 224, vgl. auch die Sabaziosinschrift 113 Nr. 218. Vgl. die Definition des jüdischen Gottes bei Hekataios v. Abdera Diod. 40,3,4, s. *Stern*, Greek and Latin Authors I 26: τὸν περιέχοντα τὴν γῆν οὐρανὸν μόνον εἶναι θεόν und Strabo XVI,2,35, s. *Stern*, Greek and Latin Authors I 294: ἓν τοῦτο μόνον θεὸς τὸ περιέχον ἡμᾶς ἅπαντας καὶ γῆν καὶ θάλατταν.

[21] *Schürer*, Geschichte des jüdischen Volkes III 562f Anm. 136; OGIS 573. Zum Folgenden s. V. *Tcherikover*, The Sambathions, in: CPJ III 43-56.
[22] CIJ 752.
[23] SB 12, s. *Tcherikover*, The Sambathions, in: CPJ III 47.
[24] E. *Schürer*, Die Juden im bosporanischen Reiche und die Genossenschaften der sebomenoi theon hypsiston (SAB 1897) 200-225; E. R. *Goodenough*, The Bosporus Inscriptions to the Most High God: JQR 47 (1956/7) 221-244; M. *Hengel*, Proseuche 173ff.
[25] *Hengel*, Proseuche 179; B. *Wyss*, in: Phyllobolia P. von der Mühll (1946) 174.

schen Satiriker, aber auch für Lukas, der wohl aus ihren Kreisen stammt, eine verbreitete Selbstverständlichkeit.[26]
Man kann bei den synkretistischen Randgruppen, deren Bedeutung nicht überschätzt werden darf, fragen, ob es sich um pagane Vereinigungen handelte, die sich vom Judentum beeinflussen ließen, oder ob darin paganisierte Juden die entscheidende Rolle spielten. Vermutlich war in der Regel ersteres der Fall. Ein Jude, der mit dem Gesetz brach, wird sich wohl kaum einem halbjüdischen Kult zugewandt, sondern ganz an seine hellenistische Umwelt assimiliert haben. Auch außerhalb Ägyptens zeigt das Diasporajudentum der hellenistischen Zeit eine erstaunliche Widerstandsfähigkeit gegenüber der Versuchung einer wirklichen Assimilation, die das Proprium des jüdischen Glaubens, seine Bindung an das Gesetz und den einen Gott, aufgab. Es bewies im Gegenteil seine Stärke durch eine aktive Mission. Auf der anderen Seite läßt sich zeigen, daß diejenigen Diasporagemeinden, die von der vormakkabäischen Zeit her eine eigenständige Tradition besaßen — zum Beispiel in Ägypten, der Kyrenaika, Kleinasien und der Ägäis —, eine freiere Haltung gegenüber der hellenistischen Kultur einnahmen als jene Gemeinden, die erst in der Zeit nach dem Makkabäeraufstand und unter starkem Zustrom aus Palästina entstanden, so zum Beispiel in Rom und Italien. Die Rolle Alexandriens als Zentrum eines hellenistisch-jüdischen Schulbetriebs ganz eigener Prägung war dabei einzigartig und ohne Konkurrenz in der übrigen antiken Welt. Der beschriebene Unterschied erweist sich etwa bei einem Vergleich der jüdischen Grabinschriften von Leontopolis um die Zeitenwende mit den zahlreichen nachchristlich-jüdischen Inschriften in Rom, aber auch bei einer Gegenüberstellung der jüdisch-alexandrinischen Literatur bis zu Philo und des in Rom entstandenen Werkes des hellenisierten Palästinajuden Josephus.
Es ist eigenartig, daß wir über die frühe Entwicklung des Diasporajudentums in dem Gebiet, das in nachchristlicher Zeit den größten jüdischen Bevölkerungsanteil besaß, nämlich in *Syrien* und *Phönizien*, fast überhaupt nichts wissen. Von der Judenschaft in An-

---

[26] Zu den »Gottesfürchtigen« und Sympathisanten unter den Nichtjuden s. jetzt *F. Siegert*, JSJ 4 (1973) 109-164 und *H. Hommel* in: Istanbuler Mitteilungen 25 (1975) 167-195.

tiochien berichtet Josephus, daß sie ähnlich wie in Alexandrien seit der Stadtgründung die ἰσοπολιτεία besessen habe. In Wirklichkeit wird es sich nur um besondere Korporationsrechte der dortigen jüdischen Gemeinde gehandelt haben.[27] In den Quellen tritt die Gemeinde erstmals zur Zeit der hellenistischen Reform hervor. So soll sie über die Ermordung des in das Asyl des Apollo- und Artemistempels von Daphne geflüchteten Hohenpriesters Onias III. durch Andronikos empört gewesen sein.[28] An der Tatsache, daß der jüdische Hohepriester einen heidnischen Tempel als Asyl aufsuchte, hatte man offenbar keinen Anstoß genommen. Während des gewaltsamen Reformversuchs in Jerusalem unter Antiochos IV. Epiphanes wurde sie allem Anschein nach nicht belästigt. Die judenfeindlichen Maßnahmen des Königs und der radikalen Reformer blieben auf Palästina beschränkt. Unter den »auf Antiochos folgenden Königen« erhielt die große Synagoge in Antiochien als königliche Stiftung einen Teil jener Gefäße, die Epiphanes im Tempel in Jerusalem geraubt hatte. Josephus spricht in diesem Zusammenhang von einem ἱερόν. Vielleicht bestand das Bestreben, nachdem sich Jerusalem mehr und mehr vom Seleukidenreich distanziert hatte, hier — ähnlich wie in Leontopolis oder in ʿIrāq al-Amīr (ʿArāq el-Emīr) im Ostjordanland — ein Konkurrenzheiligtum zu schaffen.[29] Später wurde die Legende vom Martyrium einer jüdischen Mutter und ihrer sieben Söhne in der dortigen jüdischen Gemeinde gepflegt. Möglicherweise ist dort — freilich wohl erst in römischer Zeit — auch der stark stoisch geprägte Traktat des sogenannten 4. Makkabäerbuchs entstanden.[30] Eine eigenständige Bedeutung als Zentrum jüdisch-hellenistischer Kultur und Literatur gewann Antiochien im Gegensatz zu Alexandrien jedoch nicht. Es war den Seleukiden nie gelungen, ihre Hauptstadt zu einer mit Alexandrien auch nur von ferne vergleichbaren geistigen Metropole zu machen.

---

[27] Jos. Ant. XII,119-124; Bell. VII,44; c. Ap. II,39; vgl. *Tcherikover*, Hellenistic Civilization 328f.
[28] 2 Makk 4,35.
[29] Jos. Bell. VII,44f; *Hengel*, Judentum und Hellenismus 499.
[30] *E. Bickerman*, Les Maccabées de Malala: Byzantion 21 (1951) 63-83; R. *Renehan*, The Greek Philosophic Background of Fourth Maccabees: RheinMus 115 (1972) 223-238.

Vermutlich — mehr als eine Vermutung kann dies angesichts der Quellenlage nicht sein — ist die »Hellenisierung« der Juden in Phönizien und Syrien langsamer erfolgt als in Ägypten, da hier die jüdische Bevölkerung an der aramäischen Sprache der breiten Bevölkerungsschichten einen stärkeren Rückhalt besaß. Das in phönizischen Städten gesprochene Kanaanäisch war andererseits mit dem Hebräischen verwandt. In römischer Zeit hat sich jedoch auch hier, zumindest in den größeren Städten und in der Oberschicht, das Griechische völlig durchgesetzt.[31] Dies gilt selbst für weite Teile von Palästina vor allem im Küstengebiet. Da seit jeher ein vielfältiger Kontakt zwischen dem jüdischen Kerngebiet in Palästina, den phönizischen Küstenstädten und den syrischen Metropolen im Norden, wie Damaskos, Apameia und Antiochien, bestand, wird die innere Entwicklung des Judentums in Syrien auf jeden Fall in enger Verbindung mit dem Mutterland selbst betrachtet werden müssen. Vor allem seit Beginn der seleukidischen Herrschaft waren die Verbindungen zwischen Palästina und Syrien stärker als die mit Alexandrien. Dies bestätigt selbst noch der Weg der urchristlichen Mission, die nicht in Alexandrien, sondern in Antiochien ihr erstes heidenchristliches Zentrum fand.

§ 12 Der Einfluss der hellenistischen Zivilisation im jüdischen Palästina bis zur Makkabäerzeit

Gerade in Palästina lernten die Juden die Makedonen und Griechen in der Zeit nach dem Alexanderzug durchaus nicht als Kulturmacht kennen, sondern wurden mit deren absoluter militärisch-politischer Überlegenheit konfrontiert. Noch stärker als unter der persischen Herrschaft wurden sie jetzt zum passiven Objekt der Geschichte und waren hilflos den wechselnden Machtkonstellationen im sy-

---

[31] Vgl. CIJ II 870-875.877-881 und die so zahlreichen griechischen Inschriften der jüdischen Grablege in Bet Šeʿarim, die zum Teil von Juden aus den phönizischen und syrischen Städten stammen. S. dazu *M. Schwabe/B. Lifshitz,* Beth Shearim II, Jerusalem 1967, Nr. 96f.147f. 164.172.199 u. ö.; *J. N. Sevenster,* Do You Know Greek? (Suppl. NovTest 19) Leiden 1968; *B. Lifshitz,* Euphrosyne 4 (1970) 113-133; *M. Treu,* Die Bedeutung des Griechischen für die Juden im römischen Reich: Kairos 15 (1973) 122ff.

risch-palästinischen Raum während der Diadochenkämpfe ausgeliefert. Daß sie in den griechischen Quellen jener Zeit entweder gar nicht oder nur am Rande (Agatharchides und Hekataios von Abdera) erwähnt werden, beweist nur ihre politische Machtlosigkeit. Die Erneuerung der prophetischen Weissagung in der frühen »Apokalyptik« der anonymen Verfasser von Deuterosacharja[1] oder der Jesajaapokalypse zeigt, daß man unter dem Eindruck der Kriegsgreuel und der Hybris der neuen Herren in intensiver Weise das Eingreifen Gottes zur Errettung seines Volkes erwartete. Dabei konnten jetzt an Stelle der traditionellen Gegner, der Assyrer und Babylonier, die Griechen als die endzeitlichen Feinde des Gottesvolkes dargestellt werden.[2] Das heißt, am Anfang stand nicht die Kulturbegegnung, sondern eher die polemische Konfrontation, die sich im Bild des grausamen und gottlosen »4. Reiches« der späteren Apokalyptik fortsetzt. Die von Pseudo-Hekataios berichtete Auswanderung von Juden nach Ägypten unter der Herrschaft des Ptolemaios I. Soter wird — wie der Pseudo-Aristeasbrief nahelegt — zum großen Teil unter äußerem Zwang erfolgt sein (s. o. S. 33f). Das Werk des Chronisten demonstriert dagegen, daß vor allem das makedonische Militärwesen, der Festungsbau und die Domänenwirtschaft der Ptolemäer imponierten;[3] gleichzeitig regte die härter gewordene Fremdherrschaft dazu an, das Bild der eigenen Vergangenheit in idealen Farben zu malen, dabei aber auch die wertenden Kontraste von Gut und Böse zu verstärken.
Während die Zerstörung Samarias und die Gründung einer makedonischen Militärkolonie das politische und wirtschaftliche Übergewicht der nördlichen Bluts- und Religionsverwandten stark einschränkte (s. o. S. 19f), wurde das eigentliche jüdische Gebiet der alten persischen Untersatrapie Jehud durch die in der Küstenebene und im Ostjordanland gegründeten griechisch-makedonischen Militärkolonien in keiner Weise beeinträchtigt.[4] Die großen Handels-

---

[1] Vgl. *H. Gese*, Anfang und Ende der Apokalyptik dargestellt am Sacharjabuch: ZThK 70 (1973) 20-49(41ff).
[2] Sach 9,13; Dan 7,7ff; 8,5ff; äth. Hen. 90,1ff; vgl. auch die Hirtenallegorie Sach 11,4ff.
[3] 2 Chr 26,9-15; s. o. S. 34f.
[4] *Alt*, Kleine Schriften II 396ff.

straßen führten an Jerusalem vorbei, und der Eifer, mit dem die phönizischen Küstenstädte — zumindest äußerlich — griechische Sprache und Lebensform übernahmen, mußte im judäischen Bergland durchaus nicht sofort imitiert werden. Nachdem sich allerdings mit der Wende vom 4. zum 3. Jahrhundert die politischen Verhältnisse in Palästina stabilisiert hatten und der neue Herrscher Ptolemaios I. Soter umsichtig daran ging, das frisch gewonnene Glacis Palästina militärisch und wirtschaftlich auszubauen — eine Politik, in der ihm sein nicht minder genialer Sohn Ptolemaios II. Philadelphos nachfolgte —, da konnte sich auch das schon wegen seiner geographischen Lage konservative palästinische Judentum dem Geist der neuen Zeit nicht mehr verschließen. Die Kleinheit des jüdischen Gebiets um Jerusalem und die relative Armut der Bevölkerung im Gegensatz zu den reichen phönizisch-philistäischen Küstenstädten dürfen uns zudem nicht darüber hinwegtäuschen, daß in den verschiedenen jüdischen Weisheitsschulen im Lande *ein reges geistiges Leben* herrschte, das seine Impulse nicht zuletzt aus der wachsenden jüdischen Diaspora in Ägypten, Babylonien und Syrien empfing. Da, wie wir sahen, die Juden als Militärsiedler, Kaufleute, Handwerker, Bauern oder Sklaven in Ägypten relativ rasch die griechische Sprache und zum Teil auch griechische Lebensform annahmen, wird dieser Einfluß durch Rückwanderer auch auf das Mutterland selbst zurückgewirkt haben.[5] Die jüdische Literatur des 4. und 3. Jahrhunderts, wie sie uns in den späten Werken des alttestamentlichen Kanons und in den Apokryphen fragmentarisch erhalten ist, zeigt eine große Vielfalt der Inhalte und der literarischen Formen; sie war auch durchaus nicht nur religiös bestimmt, sondern hatte zum Teil profanen, »belletristischen« Charakter.[6] Auch wenn man bei der Statuierung von »hellenistischem Einfluß« in dieser Frühzeit sehr zurückhaltend sein muß, so stoßen wir hier doch auf ein geistiges Milieu, das bereit war, sich in vielseitiger Weise anregen und beeinflussen zu lassen, zumal gewisse Tendenzen in der Entwick-

---

[5] *Hengel*, Judentum und Hellenismus 30f; *Smith*, Palestinian Parties 71.
[6] *M. Smith*, in: Fischer Weltgeschichte V (Griechen und Perser, hrsg. von *H. Bengtson*) Frankfurt/M. 1965, 364ff; *ders.*, Palestinian Parties 158ff, der diese Literatur »pious members of the assimilationist party« zuschreiben will (159); *Hengel*, Judentum und Hellenismus 207ff.

lung der jüdischen Weisheit, aber auch in der Apokalyptik, durchaus auf eine Begegnung mit griechischen Ideen hin angelegt waren.[7] In den Papyrusdokumenten, die mit der Reise zusammenhängen, die *Zenon* als Agent des Finanzministers Apollonios im Jahre 259 v. Chr. nach Palästina unternahm, finden wir eine Vielzahl von Kontakten zwischen griechischen Offizieren, Beamten, Kaufleuten und Abenteurern mit semitischen Eingeborenen, darunter auch Juden. Die ptolemäische Verwaltung suchte ihre Kolonie in ähnlicher Weise straff zu verwalten und wirtschaftlich auszubeuten wie das ägyptische Mutterland selbst. Zu diesem Zweck drangen griechische Agenten und »Zöllner« bis in das letzte Dorf vor. Die zahlreichen Besatzungen und Militärkolonien, die die Grenzprovinz gegen die Seleukiden im Norden und die arabischen Stämme im Osten wie auch gegen innere Unruhen zu schützen hatten, waren selbst ethnisch gemischt und begünstigten den Prozeß der wirtschaftlichen und kulturellen Integration. Auch Jerusalem scheint eine ständige Besatzung besessen zu haben, mit der die jüdische Bevölkerung zusammenleben mußte. Darüber hinaus kam es zu dauernden Kontakten mit den zahlreichen durchziehenden Heeren, die sich — etwa beim Winterquartier — in den Dörfern bei der Landbevölkerung einquartierten. Es waren wohl derartige Kontakte, die bei jungen Juden den Wunsch weckten, ebenfalls Söldner zu werden, um ähnliche Vorrechte zu genießen wie die fremden Soldaten. Morton Smith zählt zwischen dem Tod Alexanders d. Gr. und der römischen Eroberung durch Pompeius (323-63 v. Chr.) »at least 200 campaigns fought in or across Palestine«[8]. Anders als in Ägypten, wo die einheimische Aristokratie keine Rolle mehr spielte, waren jedoch die ptolemäischen Behörden und Militärs bereit, in der Provinz eng mit der örtlichen Oberschicht zusammenzuarbeiten und sie auch an den Erträgen partizipieren zu lassen.[9] So finden wir als Befehlshaber einer gemischten makedonisch-jüdischen Militärkolonie in der Ammanitis im Ostjordanland nicht etwa einen Griechen, sondern

---

[7] *Hengel,* Judentum und Hellenismus 196ff.453ff.
[8] *Smith,* Palestinian Parties 63ff (zit. 64); *Hengel,* Judentum und Hellenismus 24ff.
[9] *Rostovtzeff,* Social and Economic History I 213ff; *Tcherikover,* Hellenistic Civilization 64ff.132ff.

den jüdischen Magnaten Tobias, dessen Familie schon in der Perserzeit jenes Gebiet beherrscht und dessen Vorfahren einst dem Nehemia größte Schwierigkeiten bereitet hatten.[10] Nach Josephus war er der Schwager des Hohenpriesters. Zenon besuchte ihn mit großem Gefolge auf seiner Burg in der Ammanitis, später steht er im Briefverkehr mit Apollonios und dem König in Alexandrien und behandelt sie fast wie seinesgleichen. Dem König übersendet er seltene Tiere für seinen Zoo, Apollonios wird mit jungen Sklaven bedacht. Auch in diesem Briefwechsel erweist er sich als sehr liberaler Jude. Selbstverständlich verfügte er über einen griechischen Sekretär. Als Befehlshaber einer ptolemäischen Einheit mit makedonischen Untergebenen muß er zudem selbst der griechischen Sprache in Wort und Schrift mächtig gewesen sein.[11]
Nach dem *Tobiadenroman* bei Josephus gewann sein Sohn Joseph — vermutlich unter Ptolemaios III. Euergetes — in Jerusalem große politische und wirtschaftliche Bedeutung. Er wurde nicht nur προστάτης, Vertreter des jüdischen Ethnos gegenüber dem ptolemäischen Königtum, sondern es gelang ihm auch, in Alexandrien die Generalsteuerpacht für die ganze Provinz »Syrien und Phönizien« zu ersteigern, da er über besonders gute Beziehungen zum Königshaus verfügte. Einzelne hellenistische Städte, die dem neuen Steuerpächter Widerstand leisten wollten, unterwarf er mit Gewalt. In Alexandrien unterhielt er einen ständigen Agenten, der sein riesiges Vermögen verwaltete und durch »Geschenke« die Verbindung mit dem Hofe und den königlichen Beamten aufrechterhielt. Daß dieser Joseph weitgehend hellenisiert war und auch seine Söhne in »griechischer Lebensform« erzog, dürfte selbstverständlich sein. Anders ist sein steiler Aufstieg nicht vorstellbar. Der jüngste Sohn, Hyrkan, erhielt später den Oberbefehl über die Familienbesitzungen in der Ammanitis einschließlich der ptolemäischen Militärsiedlung, wo er die »Barbaren tributpflichtig machte« (κἀκεῖ διέτριβεν φορολογῶν τοὺς βαρβάρους), das heißt er unterwarf sich die dorti-

---

[10] *Tcherikover/Fuks*, CPJ I 115ff Nr. 1-5; *B. Mazar*, The Tobiads: IEJ 7 (1957) 137-145; 229-238; *Smith*, Palestinian Parties 92.132f.258 Anm. 38; s. auch o. S. 44.
[11] *V. Tcherikover*, Palestine under the Ptolemies: Mizraim 4/5 (1937) 37. 49f; *Hengel*, Judentum und Hellenismus 110f.486ff.

gen nabatäisch-arabischen Stämme. Seine Brüder dagegen behielten in Jerusalem großen politischen Einfluß.[12] Ihre Nachkommen wurden die Vorkämpfer der radikalen hellenistischen Reform nach dem Regierungsantritt Antiochos' IV. Epiphanes 175 v. Chr.[13] Vor allem durch die Familie der Tobiaden fand ein neuer, luxuriöser Lebensstil Eingang in dem abgelegenen und zurückgebliebenen Jerusalem, der den strengen Grundsätzen altisraelitischer Tradition gewiß widersprach und den Kohelet knapp und treffend umschreibt: »Zum Vergnügen veranstaltet man Festgelage, und Wein erfreut das Leben, und das Geld gewährt alles«[14].

Das allmähliche Eindringen der hellenistischen Zivilisation zeigt sich auch am Auftauchen der griechischen Namen. Im phönizischen Bereich finden wir schon im 3. Jahrhundert zahlreiche griechische Namen und griechisch-semitische Doppelnamen. In der in der Mitte des 3. Jahrhunderts gegründeten *phönizischen Kolonie von Marisa,* dem Hauptort Idumäas, nur 40 km südwestlich von Jerusalem, begegnet uns eine bunte Mischung von phönizischen, idumäischen, jüdischen und griechischen Namen in einem kulturell bereits völlig hellenisierten Milieu.[15] Auch im samaritanischen Sichem (Sikima) befand sich vermutlich eine derartige sidonische Kolonie. Es wurden dort ebenfalls einzelne Inschriftenreste mit griechischen Namen gefunden.[16] Das Urteil von Goodenough über die Gräber von Marisa mag auch für Sichem, ja für weite Teile Palästinas an der Wende vom 3. zum 2. Jahrhundert v. Chr. gelten: »It seems reasonable to suppose, that we have here a picture of the sort of syncretizing hellenization against which, as it affected Jews, the Maccabees revolted. Had syncretism gone on in this way among the Jews,

---

[12] Jos. Ant. XII,160ff, s. o. S. 58f. Zit. XII,222.
[13] Jos. Bell. I,31ff; Ant. XII,239f: Die Söhne des Tobias unterstützen den radikalen Menelaos. Vgl. *Schürer/Vermes/Millar,* History I 149f Anm. 30.
[14] Koh 10,19, vgl. *Hengel,* Judentum und Hellenismus 92ff (s. o. S. 50f).
[15] *J. P. Peters/H. Thiersch,* Painted Tombs in the Necropolis of Marissa, London 1905; *F.-M. Abel,* Tombeaux récemment découverts à Marisa: RB 34 (1925) 267-275; *Hengel,* Judentum und Hellenismus 115ff.
[16] *G. E. Wright,* Shechem, London-New York 1964, 183; *Hengel,* Judentum und Hellenismus 117.

Judaism would probably be now as little known as the other religions of the ancient Levant«[17].

Griechische Namen finden sich selbst bei »konservativen« Juden in Palästina: Die Väter der von den Makkabäern Jonatan und Simon nach Sparta beziehungsweise Rom geschickten Gesandten, Numenios, Sohn des Antiochos, Antipater, Sohn des Jason, und Alexander, Sohn des Dorotheos, dürften um die Wende vom 3. zum 2. Jahrhundert v. Chr. geboren sein.[18] Der zweite Sohn des Hohenpriesters Simon des Gerechten erscheint unter dem Namen Jason. Er verdrängte seinen konservativen Bruder Onias III. und wurde 175 der eigentliche Förderer der hellenistischen Reform, der Jerusalem in eine griechische Polis verwandeln wollte. Mit königlicher Genehmigung errichtete er unter allgemeinem Beifall der Jerusalemer Aristokratie neben dem Tempel ein Gymnasium und ließ deren Söhne als Epheben ausbilden.[19] Nach wenigen Jahren mußte er allerdings vor den noch radikaleren Brüdern Menelaos, Lysimachos und Simon, aus der Priesterfamilie Bilga, weichen, die eng mit den Tobiaden verbunden waren. Jason floh nach einem gescheiterten Aufstandsversuch über Petra und Ägypten nach Sparta zu seinen angeblichen Verwandten.[20] Gemäß rabbinischen Nachrichten wurde dafür später die Priesterordnung Bilga »für alle Zeiten« vom Opferdienst ausgeschlossen, und zwar angeblich deshalb, weil eine Priestertochter, Mirjam, einen griechischen Offizier geheiratet und den Altar im Tempel entweiht habe. Offenbar waren die Mitglieder dieser Ordnung in der Zeit der Reform hemmungslose Assimilationisten gewesen. Noch Eleazar Kalir nennt sie in seiner Aufzählung der Priesterordnungen »die griechische«. Auch einige andere Indizien weisen auf jüdische Mischehen im frühhellenistischen Palästina hin.[21] Selbst die freie Liebe durfte nicht fehlen.

---

[17] *E. R. Goodenough*, Jewish Symbols in the Greco-Roman Period I, New York 1953, 74.

[18] 1 Makk 12,16; 14,22.24; 15,15; vgl. Jos. Ant. XIII,169; XIV,146. Dazu und zum Folgenden s. *Hengel*, Judentum und Hellenismus 119f.

[19] 2 Makk 4,7ff; 1 Makk 1,11ff; vgl. *Hengel*, Judentum und Hellenismus 135ff.503ff.

[20] 2 Makk 3,4; 4,23ff.29.39ff; dazu *Hengel*, Judentum und Hellenismus 508ff.

[21] T. Sukka 4,28 (Z. 200); j Sukka 55d,40ff; b Sukka 56b. Zu Mischehen

Meleager von Gadara im Ostjordanland beklagt sich in einem Epigramm darüber, daß sich seine Geliebte Dema am kalten Sabbat bei einem jüdischen Liebhaber wärmt.[22] Ein Zeitgenosse von Jason und Menelaos war wohl auch jener sonst unbekannte Antigonos von Socho, der nach Pirqe Abot 1,3 die Tora von Simon dem Gerechten empfing und die Lohnerwartung als sklavisch ablehnte. Man machte ihn später zum geistigen Vater der Sadduzäer. Die beiden einzigen namentlich genannten Offiziere der makkabäischen Reitertruppen aus dem Ostjordanland, vermutlich aus der Kleruchie des Tobias und Hyrkan, heißen Dositheos und Sosipatros.[23] Johannes, aus dem Priestergeschlecht Haḳḳoṣ, der um 200 v. Chr. mit Antiochos III. verhandelte (s. o. S. 64), nannte seinen Sohn Eupolemos. Er wurde unter Judas Makkabaios Leiter der ersten Gesandtschaft in Rom und verfaßte vermutlich ein Geschichtswerk über die jüdischen Könige in griechischer Sprache.[24] Unter den Hasmonäern setzte sich trotz aller Widerstände der toratreuen Kreise in der Oberschicht diese Vorliebe für griechische Namen und Kultur fort. Es fällt dabei auf, daß wir derartige fremde Namen in gleicher Weise bei den Vertretern der hellenistischen Reform wie bei ihren makkabäischen Gegnern finden. Auch unter den 72 Ältesten des Aristeasbriefes, die zur Übersetzung der Tora nach Alexandrien kommen, finden sich zahlreiche Träger griechischer Namen wie Theodosios, Theodotos, Theophilos, Dositheos und Jason. Für den Verfasser des Briefes war dies offenbar eine Selbstverständlichkeit.[25]

Noch wichtiger als die griechischen Namen einzelner Übersetzer ist die Tatsache, daß der Verfasser ohne weiteres annimmt, daß die 72 jüdischen Gelehrten aus Palästina »nicht nur die jüdische Literatur beherrschten, sondern auch eine gründliche Kenntnis des

---

s. *Smith*, Palestinian Parties 84ff.154.174.195, der freilich den Sachverhalt übertreibt.

[22] Anth. Gr. 5,160, vgl. 172f.

[23] 2 Makk 12,19.24.35; s. o. S. 118 und vgl. *Hengel*, Judentum und Hellenismus 502.

[24] 2 Makk 4,11; vgl. 1 Makk 8,17; s. u. S. 165 Anm. 44.

[25] Ps. Aristeas 47-50.

griechischen erworben hatten«[26]. Das heißt, daß der Verfasser um die Mitte des 2. Jahrhunderts v. Chr. eine perfekte *Kenntnis der griechischen Sprache* bei gebildeten palästinischen Juden für durchaus möglich hält. Bereits in der ersten Hälfte des 3. Jahrhunderts v. Chr. setzt Klearch von Soloi griechische Bildung von Juden aus Jerusalem voraus.[27] Auch für die Teilnehmer der verschiedenen jüdischen Gesandtschaften, zunächst in Antiochien, dann später in Sparta und Rom, war die einwandfreie Beherrschung der griechischen Sprache in Wort und Schrift eine der Grundlagen ihres politischen Erfolgs.[28]

Ähnliches gilt vom *Verkehr mit dem Diasporajudentum* in Ägypten, Kleinasien und der Ägäis, wo die Kenntnis des Aramäischen rasch verloren gegangen war. Wenn der Tempel in Jerusalem seine Bedeutung als religiöses Zentrum des Judentums der hellenistischen Welt erhalten und ausbauen wollte, mußte er mit den dortigen Gemeinden in Fühlung bleiben. Auch die Festpilger, die aus den westlichen Gebieten kamen, brachten ihre griechische Muttersprache nach Jerusalem.[29] Die verschiedenen Urkunden in griechischer Sprache aus dem Jerusalem des 2. Jahrhunderts v. Chr. bei Josephus und in den Makkabäerbüchern weisen auf eine geübte griechische Kanzlei im Tempel hin. Später versuchten die Hasmonäer ganz bewußt, den religiös-politischen Einfluß des Jerusalemer Heiligtums auf die Diaspora zu verstärken, und förderten zu diesem Zweck sogar die Verbreitung jüdisch-nationaler Literatur in der griechischsprechenden Diaspora sowie wohl auch ihre Übersetzung ins Griechische. Herodes setzte diese Politik gerne fort und machte sich — noch stärker als die Hasmonäer — zum politischen Anwalt und Beschützer des Diasporajudentums. Unter ihm wurde Jerusalem erst recht zu einer — in der Oberschicht — griechischsprechenden Stadt.[30]

---

[26] 121: ἀλλὰ καὶ τῆς τῶν Ἑλληνικῶν ἐφρόντισαν οὐ παρέργως κατασκευῆς.

[27] Jos. c. Ap. I,176-181; s. o. S. 147 Anm. 14.

[28] 2 Makk 4,5f; 14,4ff; 1 Makk 8; 12,1ff; 14,16ff u. ö.

[29] Ein schönes Beispiel dafür aus römischer Zeit ist die Theodotosinschrift CIJ II 333 Nr. 1404, vgl. dazu *Sevenster*, Do You Know Greek? 131ff; *Hengel*, ZThK 72 (1975) 184f, vgl. 156ff die Bedeutung der griechischen Sprache in Jerusalem in neutestamentlicher Zeit.

[30] Vgl. 2 Makk 2,15; vgl. auch das Kolophon zum griechischen Buch Ester

Erste leichte Spuren eines griechischen Spracheinflusses finden wir bei Kohelet, bei Ben-Sira und bei den Musikinstrumenten im Danielbuch. In der späteren jüdisch-rabbinischen Literatur sind sie dann außerordentlich zahlreich.[31] Das literarische Hebräisch und Aramäisch, wie es uns etwa in den Schriften der Bibliothek von Qumran begegnet, macht gegenüber den gesprochenen Idiomen der späteren talmudischen Literatur einen ausgesprochen künstlichen, puristischen Eindruck. Dies legt die Vermutung nahe, daß die Volkssprache schon wesentlich früher Fremdwörter aufnahm, ein Tatbestand, der jetzt auch durch die aramäische Kupferrolle von Qumran bestätigt wird.[32]

Die Einrichtung eines Gymnasiums mit Ephebie in Jerusalem 175 v. Chr. wäre undenkbar, wenn nicht die Kenntnis griechischer Sprache und teilweise auch griechischer Literatur um diese Zeit in der Jerusalemer Oberschicht bereits weit verbreitet gewesen wäre. Dies setzt auch die Existenz einer griechischen Elementarschule — vermutlich auf privater Basis — in der jüdischen Hauptstadt voraus.[33]

Ein weiteres Indiz für das Eindringen griechischen Denkens in die Hauptstadt ist die Behauptung der angeblichen *Verwandtschaft der Juden mit den Spartanern* durch Abraham, die vermutlich bereits in griechenfreundlichen Kreisen Jerusalems während des 3. Jahrhunderts v. Chr. entstand. Ausgangspunkt ist der Brief des spartanischen Königs Areus an den Hohenpriester Onias II. Da König Areus I. bereits 265 v. Chr. im chremonideischen Krieg bei Korinth fiel und zudem die Initiative in Fragen der »Verwandtschaft« kaum von den Spartanern ausging, dürfte es sich bei diesem Brief um eine Fälschung handeln. In ähnlicher Weise beriefen sich die Phönizier auf ihre Verwandtschaft mit den Griechen durch Kadmos; nach Hekataios waren die Ahnen der Griechen einst mit den Danaern unter Führung des Kadmos aus Ägypten ausgewandert, zur gleichen Zeit als Mose nach Palästina aufbrach. Nach dem jüdischen

---

und dazu *E. Bickerman*, The Colophon of the Greek Book of Esther: JBL 63 (1944) 339-362.
[31] Dan 3,5.7.10.15; *Hengel*, Judentum und Hellenismus 112ff.
[32] *Hengel*, Judentum und Hellenismus 114 Anm. 23.
[33] *Hengel*, Judentum und Hellenismus 138ff.

Historiker Kleodemos Malchos heiratete Herakles in Libyen eine Enkelin Abrahams. In Kleinasien beriefen sich die Pergamener auf die einstige Freundschaft ihrer Vorfahren mit Abraham. Während die Römer ihre Abstammung von Flüchtlingen aus Troia behaupteten, erhoben verschiedene Städte im Südwesten Kleinasiens den Anspruch, lakedämonische Kolonien zu sein. Ein als Inschrift erhaltenes Schreiben der Tyrer nach Delphi nennt die Delpher »Verwandte«.[34] Derartiges galt nach E. Bickerman »als Eintrittsbillet in die europäische Kultur«[35], das heißt in die Gemeinschaft der »Hellenen«. Insofern bereiteten derartige Konstruktionen bereits im 3. Jahrhundert die Verwandlung Jerusalems in eine griechische Polis nach 175 v. Chr. ideologisch vor. Auffällig ist dabei, daß selbst der Makkabäer Jonatan bei seinem Versuch, politische Verbindung mit den Spartanern anzuknüpfen, auf diese jüdisch-hellenistischen Legende Bezug nahm, die dem Griechenhaß und dem nationalen Selbstbewußtsein seiner hasidischen Mitstreiter sicher widersprach. Es zeigt sich hier, daß die Hasmonäer den »Hellenisierungsprozeß« des palästinischen Judentums kaum aufhielten, sondern, sobald sie selbst an die Macht kamen, eher fortsetzten.[36] Daß gerade die Verwandtschaft der Juden mit den Spartanern behauptet wurde, mag freilich auch mit dem konservativen Festhalten beider Völker an ihrem von dem Gesetzgeber Mose beziehungsweise Lykurg gegebenen Gesetz, ihrer Absonderung gegenüber den Fremden und dem Stolz auf ihre militärische Vergangenheit zusammenhängen.

Auch *höhere, literarische griechische Bildung* gewann allmählich in

---

[34] 1 Makk 12,6-23(10.21); 2 Makk 5,9; Jos. Ant. XII,226f; XII,167; ältere Literatur bei *R. Marcus,* Josephus VII (Loeb's ed. 1961) 769; *Hengel,* Judentum und Hellenismus 133f; *B. Cardauns,* Juden und Spartaner: Hermes 95 (1967) 317-324; *S. Schüller,* Some Problems Connected with the Supposed Common Ancestry of Jews and Spartans . . .: JSS 1 (1956) 257-268; *Schürer/Vermes/Millar,* History I 184f Anm. 33. *Smith,* Palestinian Parties 177f, verlegt die ersten Kontakte sogar in die persische Zeit.

[35] PRECA XIV,1,786 in Anspielung auf ein Wort von Heinrich Heine.

[36] Vgl. auch das Grabmal in Modeïn, 1 Makk 13,25ff; Jos. Ant. XIII, 210ff; *C. Watzinger,* Denkmäler Palästinas II, Leipzig 1935, 22f, und das Grab Jasons, *L. Y. Rahmani u. a.,* Atiqot 4 (1964).

Palästina Raum. So finden wir zum Beispiel in Gaza und Sidon zwei ausführliche, in der Form einwandfreie Versinschriften aus der Zeit um 200 v. Chr. In Gaza handelt es sich um die Grabinschrift zweier ptolemäischer Offiziere und ihrer Familienangehörigen,[37] in Sidon um die Ehrung des Suffeten Diotimos für seinen Sieg bei den panhellenischen nemäischen Wagenrennen in Argos. Das Gedicht hebt dabei ausdrücklich die mythologische Verwandtschaft zwischen Argivern, Thebanern und Phöniziern hervor.[38] Ein Graffito aus einem der Gräber von Marisa enthält ein kunstvolles erotisches Gedicht von der Gattung des Lokrischen Liedes.[39] Eine besondere Pflanzstätte griechischer Kultur wurde die Festung Gadara im Ostjordanland. Strabo, der allerdings Gadara mit dem in der Makkabäerzeit jüdisch gewordenen Gazara (Gezer)[40] verwechselt, nennt vier berühmte Schriftsteller, die aus dieser von allen Zentren der antiken Kultur weitabgelegenen Stadt stammen: »Philodemos der Epikureer, Meleager, Menipp der Satiriker und Theodoros der Rhetor aus unseren Tagen«[41]. Menipp wurde vermutlich noch gegen Ende des 4. Jahrhunderts geboren und angeblich als Sklave nach Sinope im kleinasiatischen Pontos verkauft. Man könnte daraus schließen, daß er nicht von griechischen Neusiedlern, sondern von Syrern abstammte, wenn das Motiv des Sklaven und gefeierten Literaten nicht so verbreitet wäre. Er wäre dann ein Beispiel dafür, wie vollständig sich schon damals Semiten an die griechische Kultur assimilieren konnten. Später erwarb er sich das Bürgerrecht von Theben. Nach Diogenes Laertius, der ihn einen »Phönizier« nennt, wurde er der Schüler des Kynikers Metrokles. Er ist der Schöpfer

---

[37] *P. Roussel*, Épitaphe de Gaza commémorant deux officiers de la garnison ptolémaïque: Aegyptus 13 (1933) 145-151; *W. Peek*, Griechische Grabgedichte, Darmstadt 1960, 112 Nr. 162. Vermutlich hat eine Seuche mehrere Todesopfer in der Familie gefordert. Vgl. *Hengel*, Judentum und Hellenismus 26 Anm. 77.

[38] *E. Bickerman*, Sur une inscription grecque de Sidon (Mélanges R. Dussaud I) Paris 1939, 91-99; *Hengel*, Judentum und Hellenismus 131f.

[39] *W. Crönert*, Das Lied von Marisa: RheinMus 64 (1909) 433ff; *Hengel*, Judentum und Hellenismus 152 Anm. 185.

[40] *Schürer/Vermes/Millar*, History I 191; vgl. auch die Fluchinschrift CIJ 1184.

[41] XVI,2,29 (759).

der philosophisch-polemischen Gattung der Satire. Die von ihm neueingeführte Stilform der Mischung von Prosa und Poesie hat offenbar semitische Wurzeln. Ein späterer Syrer, Lukian von Samosata, hat dann, unter Berufung auf Menipp, die griechische Satire in vollkommener Weise ausgestaltet. Meleager, der Schöpfer der Anthologia Graeca, wurde in der Mitte des 2. Jahrhunderts geboren und erhielt seine Ausbildung in Tyros, wo unter Antipatros von Sidon (etwa 170-100 v. Chr.) sich die für die griechische Lyrik bedeutsame »phoinikische Schule« entwickelte. Meleager selbst nennt seine Heimatstadt das »assyrische Attika«, eine spätere Grabinschrift gibt ihr den Ehrennamen χρηστομουσία.

Im 2. Jahrhundert v. Chr. lehrten in den phönizischen Städten auch bedeutsame *Philosophen* wie der Stoiker Boëthos von Sidon und der Epikureer Zenon von Sidon. Meleager und der jüngere Philodemos waren beide vom lebensfrohen Geist Epikurs geprägt. Neben Gadara entwickelte sich auch Askalon im 2. Jahrhundert v. Chr. zu einem geistigen Zentrum, das eine Reihe von bedeutenden Philosophen und Schriftstellern hervorbrachte.[42] Die geistige Entwicklung des hellenistischen Palästinas erlitt freilich durch die jüdisch-hasmonäische und arabisch-ituräische Expansion einen schweren Rückschlag. Fast alle palästinischen Dichter und Philosophen wanderten nach dem Westen, vor allem nach Italien, aus. Die zum Teil erhaltene philosophische Papyrusbibliothek von Herculaneum geht auf den Epikureer Philodemos von Gadara zurück. Wie weit das lebendige geistige Milieu der phönizischen Städte, aber auch einzelner griechischer Siedlungen, wie Gadara, auf das jüdische Gebiet hinüberwirkte, muß offen bleiben. Immerhin zeigen die Vorgänge während der hellenistischen Reform, daß die *Hellenisten in Jerusalem* auf gute Kontakte, gerade mit den phönizischen Städten als Zentren hellenistischer Zivilisation, besonderen Wert legten. Darum beteiligten sich an den von Alexander begründeten, alle fünf Jahre veranstalteten Festspielen in Tyros auch die Bürger der neuzugründenden Polis »Antiocheia« von Jerusalem im Auftrag des Hohenpriesters Jason. Allerdings wagten sie dann doch nicht, die ihnen vom Hohenpriester für ein Opfer an den tyrischen Herakles-Mel-

---

[42] *Hengel*, Judentum und Hellenismus 152-161.

kart übergebenen 300 Drachmen dem Gotte selbst zu spenden, so daß das Geld zur Ausrüstung von Schiffen verwendet wurde.[43] Selbst der promakkabäische jüdisch-palästinische »Historiker« Eupolemos erzählt noch stolz, daß Salomo einstmals dem König Suron von Tyros eine goldene Säule geschickt habe, die dieser »im Tempel des Zeus«, das heißt des phönizischen Baal Schamem, aufstellen ließ, eine Nachricht, die auch von tyrischen Geschichtsschreibern bestätigt wird.[44] So berichteten zum Beispiel die phönizischen »Historiker« Laïtos und Menander, daß Salomo die Tochter des phönizischen Königs geheiratet habe, als König Menelaos von Sparta nach der Eroberung Troias Tyros besuchte.[45] Derartige Ausmalungen der eigenen nationalen Geschichte gaben die Möglichkeit, einerseits ihre Verbindung mit der überlegenen griechischen Kultur zu betonen und zugleich auf das größere Alter der eigenen Überlieferung hinzuweisen, durch die man Lehrmeister der Griechen geworden sei. Auf einem ähnlichen Niveau steht die Behauptung des Meleager von Gadara, daß Homer ein Syrer gewesen sei, »da er nach der Sitte seiner Heimat die Achäer keine Fische essen läßt, obwohl der Hellespont davon überfließt«[46]. Auch die hellenisierende Bezeichnung Jerusalems als Ἱεροσόλυμα, die erstmals bei Hekataios und in den Zenon-Papyri auftaucht, in der Septuaginta jedoch nur spät und bei den hellenisierten Autoren erscheint,[47] dürfte keine Zufallsbil-

---

[43] 2 Makk 4,18ff; vgl. 4,32.39.
[44] Euseb, pr. ev. IX,34,16 = *Jacoby*, FGrHist 723 F 2; *Hengel*, Judentum und Hellenismus 173; vgl. Dios bei Jos. c. Ap. I,112f; Menander c. Ap. I,118; Theophilos, Euseb, pr. ev. IX,34,19 = *Jacoby*, FGrHist 733. Das Motiv findet sich schon bei Herodot II,44,1. Dazu *Hadas*, Hellenistic Culture 95f, der in diesem Hinweis ein Zeichen eines »considerable latitudinarism, or perhaps a tendency towards syncretism« sieht.
[45] Clem. Alex. strom. I,114,2, und Tatian, ad Graec. 37 = *Jacoby*, FGrHist 784 F 1a und b.
[46] Athen. IV,157b, vgl. *Hadas*, Hellenistic Culture 83.
[47] PCZ 59004 = CPJ Nr. 2a/Kol. I,3; PCZ 59005 = CPJ Nr. 2b; Hekataios v. Abdera nach Diodor 40 fr. 3,3 = *Jacoby*, FGrHist 264 F 5,3. Wir wissen freilich nicht sicher, ob nicht Photios, der uns dieses Fragment überliefert, oder Diodor nachträglich den Namen »gräzisiert« haben. Auch Ps. Hekataios (2. Jh. v. Chr.) kennt die griechische Namensform, s. Jos. c. Ap. I,197. Klearch v. Soli (1. Hälfte 3. Jh. v. Chr.) hat dagegen noch Ἱερουσαλήμη, c. Ap. I,179. Hier hat wohl der latei-

dung sein, sondern eine bewußte interpretatio graeca früher jüdisch-hellenistischer Kreise, die mit homerischer Tradition zusammenhängt. Durch die Vorsilbe ἱερο- wurde die Heilige Stadt, ähnlich wie das phrygische Hiera- bzw. Hieropolis oder wie das syrische Hierapolis-Bambyke beziehungsweise die verschiedenen kleinasiatischen Ἱεραὶ-κῶμαι, als Tempelstadt ausgewiesen. Dies entspricht der Nachricht des Polybios, die Josephus (Ant. XII, 136) zitiert: »Die Juden, die um das Hierosolyma genannte Heiligtum (ἱερόν) herumwohnen . . .«. Die Nachsilbe -σόλυμα verbindet dagegen die Bewohner mit dem schon von Homer, Ilias VI, 184, erwähnten »ruhmvollen Volk der Solymer« (Σολύμοισι . . . κυδαλίμοισι), ein Volk, das nach Eratosthenes (Plin. h. n. V, 127) nicht mehr existierte. Da Homer, Odyssee V, 283, auch von »Solymer Bergen« in der Nähe Äthiopiens spricht, kann Josephus in seinem Bericht über das Alter des jüdischen Volkes in contra Apionem deren Bewohner, die nach einem Gedicht des Choïrilos von Samos im Heere des Xerxes mitziehen, als Juden bezeichnen (c. Ap. I, 173f); auch Pseudo-Manetho nennt die späteren Bewohner von Hierosolyma Σολυμῖται (c. Ap. I, 248 vgl. 241). Die interpretatio graeca der Heiligen Stadt auf diese Weise sollte deren Bedeutung in den Augen der Griechen erhöhen. Die Umformung des Namens liegt damit auf derselben Linie wie die angebliche Verwandtschaft mit den Spartanern.

Fragmente eines *jüdisch-samaritanischen Geschichtswerkes,* das ähnlichen Tendenzen huldigt und das nach der Eroberung Palästinas durch die Seleukiden, aber noch vor Ausbruch des Makkabäeraufstandes vermutlich in Palästina entstand, sind uns durch Alexander Polyhistor erhalten. Danach hat Henoch, den die Griechen Atlas nennen, die Geheimnisse der Astrologie von den Engeln erhalten und der Nachwelt überliefert. Abraham, »der an Adel und Weisheit alle übertraf«, habe sie dann auf Gottes Befehl nach Westen

---

nische Übersetzer (hierosolyma) »gräzisiert«. Der griechische Name wurde von allen späteren nichtjüdischen Schriftstellern seit dem 3. Jh. v. Chr. übernommen (Berossos, Ps. (?) Manetho, Agatharchides v. Knidos. S. *J. Jeremias,* ZNW 65 (1974) 273ff, und *Reinach,* Textes, Index s. v. Jérusalem 370. In der LXX findet sich dagegen die neue Form in den späteren Schriften: 1-4 Makk; 1 Esra; Tobias.

gebracht und zuerst die Phönizier und erst später die ägyptischen Priester in Heliupolis belehrt. Die biblische Reihenfolge der Wanderung Abrahams wird dabei bewußt umgestellt. Wie später in der Sibylle werden die heidnischen Götter euhemeristisch abgewertet und durch das Motiv des »ersten Erfinders« (πρῶτος εὑρέτης) der höheren Ehre des eigenen Volkes dienstbar gemacht. Die samaritanische Herkunft ergibt sich aus der Hervorhebung des »Stadtheiligtums von Hargarizim« als der Ort, wo Abraham von dem Priesterkönig Melchisedek »Gaben empfing«[48].

Aber auch in der hebräischen Weisheitsliteratur läßt sich teilweise der Geist der neueren Zeit, ja unmittelbarer Einfluß griechischen Denkens nachweisen. Dies gilt vor allem für das in vielem rätselhafte Buch *Kohelet*, in dem schon die ältere Forschung den Einfluß griechischer Philosophie vermutet hat. Das Werk ist wohl im Jerusalem des 3. Jahrhunderts unter ptolemäischer Herrschaft entstanden, es atmet in gewisser Weise den Geist der frühhellenistischen Aufklärung.[49] Dies zeigen schon gewisse sprachliche Beziehungen. So erinnern die von Kohelet gerne gebrauchten »Schicksalsbegriffe« wie »*miḳräh*«, Todesgeschick, und »*ḥeläḳ*«, zugemessenes Teil, an die griechische μοῖρα und τύχη. Einen weiteren Gräzismus sah man in dem häufigen »unter der Sonne«. Für den entscheidenden Begriff »*häbäl*«, Nichtigkeit, vermutete man ein griechisches Äquivalent in τῦφος, für »ʿ*aśah ṭôb*« im griechischen εὖ πράττειν oder εὖ δρᾶν, bei dem »*ṭôb ᵃšär jafäh*« dachte man an das bekannte καλὸς κἀγαθός oder an τὸ καλὸν φίλον.[50] Auch die Betonung der Zeit als Schicksalsbegriff hat griechische Parallelen. Hinzu kommt die unpersönliche Gottesvorstellung, die Zurückhaltung gegenüber Kult und Ge-

---

[48] Euseb, pr. ev. IX, 17 und 18,2 = *Jacoby*, FGrHist 724; vgl. *Hengel*, Judentum und Hellenismus 162ff; *A.-M. Denis*, Introduction aux pseudépigraphes grecs d'Ancien Testament, Leiden 1970, 261.

[49] *Hengel*, Judentum und Hellenismus 210-240; *R. Braun*, Kohelet und die frühhellenistische Popularphilosophie passim; *Smith*, Palestinian Parties 159ff. »Though there is no reason to suppose that he knew Epicurus' work, the similarities of temper and attitude are unmistakable« (160). Vgl. auch *Bickerman*, Four Strange Books of the Bible 139-167.

[50] *Braun*, Kohelet 44ff.

bet, das völlige Fehlen der jüdischen Geschichte, mit Ausnahme der umstrittenen Erwähnung Salomos am Anfang, wie auch der Gesetzestradition und vor allem der fast fatalistische Gedanke, daß der Mensch seinem »Geschick« ausgeliefert sei und daß ihm nur übrig bleibe, so lange es ihm gewährt ist, sich seines »Teils« zu erfreuen. Gerade diese Aufforderung zum »carpe diem« sowie die Vorstellung, daß nach dem Tode »der Odem des Menschen zur Höhe aufsteigt«, hat eine Fülle von griechischen Entsprechungen.[51] Ein Vergleich mit der griechischen gnomischen Tradition zeigt, daß Kohelet mit dieser vertraut gewesen sein muß. Ob er sie aus mündlicher Überlieferung oder literarisch kannte, kann offen bleiben. Vermutlich war beides gegeben. Fast zu jedem Vers lassen sich Parallelen aus der griechischen Dichtung und Popularphilosophie beibringen.[52] Es ist dabei jedoch zu betonen, daß Kohelet diese neuen, von außen kommenden Anregungen zusammen mit der traditionellen jüdisch-orientalischen Weisheitslehre, mit der er sich vor allem kritisch auseinandersetzte, in höchst eigenständiger, künstlerisch vollendeter Weise zu einem einheitlichen Gesamtwerk verarbeitet hat. Vermutlich wurde sein anstößiges Werk, das vor allem mit dem alten Schema eines gerechten, gottgewirkten Tat-Folge-Zusammenhangs brach und so Zweifel an Gottes Gerechtigkeit und Güte wach werden ließ, von einer fremden Hand später überarbeitet und entschärft.[53]

Ein anderer Weisheitslehrer ist *Ben-Sira*, der etwa eine oder zwei Generationen später als Kohelet lebte, dessen Werk er kannte und verwendete. Im Gegensatz zu diesem verbirgt er sich nicht unter einem rätselhaften Decknamen und nennt — als erster Schriftsteller der hebräischen Literatur — seinen Verfassernamen. Auch dies ist ein Zeichen einer neuen Zeit.[54] Das Bewußtsein des »geistigen Eigentums« drang jetzt auch in das palästinische Judentum ein. Darüber hinaus gibt sich der Verfasser offen als »Weiser« und »Schrift-

---

[51] *Hengel*, Judentum und Hellenismus 226ff.
[52] S. die Übersichten bei *Braun*, Kohelet 146ff.158ff.
[53] K. *Galling*, Der Prediger (HAT I 18) Tübingen ²1969, 75ff: »Die Korrekturen von QR² stehen dem Skopus der jeweiligen Sentenz entgegen« (76).
[54] Sir 50,27, dazu *Hengel*, Judentum und Hellenismus 145.

gelehrter« zu erkennen, der die Jugend in sein »Lehrhaus« einlädt und der sich — im Gegensatz zur älteren Weisheit eines Ijob oder Kohelet — bewußt in die heilsgeschichtliche Tradition Israels stellt. Vielleicht gehörte er zu den »Tempelschreibern«, die im Erlaß Antiochos' III. erwähnt sind. Er kann dabei zuweilen selbst mit prophetischem Anspruch auftreten und schließt in seine Aufgabe als Schriftgelehrter die Auslegung der prophetischen Schriften ein.[55] Noch mehr steht jedoch für ihn die Tora im Mittelpunkt, die Gott Mose am Sinai übergab und die er in kühner Weise mit der präexistenten Weisheit, die Gott auf alle Geschöpfe ausgegossen hat, identifiziert.

Diese urzeitliche und universale Weisheit hat auf Gottes Geheiß hin auf dem Zionsberg in Jerusalem ihre Heimstatt gefunden: Die Mittlergestalt der Weisheit, die in ihrer Universalität mit der platonischen Weltseele oder dem stoischen Logos verglichen werden könnte, wird hier exklusiv mit Israel, Gottes erwähltem Volk, und seinem Heiligtum verbunden. In dem Weisheitshymnus Kapitel 24, dem Mittelpunkt seines Werkes, übernimmt er im Anschluß an Spr 8,22ff aretalogische Formen, die uns aus den ägyptischen Isisaretalogien bekannt sind und die man in Palästina vielleicht zu Ehren der phönizisch-kanaanäischen Astarte verwendet hatte.[56] Hier zeigt sich ein entscheidender Charakterzug, der ihn grundsätzlich von Kohelet unterscheidet. Auch er verwendet, in nicht geringerem Maße als dieser, neue »hellenistische« Formen und Inhalte, jedoch nicht um die überkommene religiöse Tradition Israels zu kritisieren, sondern um sie im Geisteskampf der Gegenwart zu verteidigen. Darum wendet er sich gegen die Frevler und Apostaten, das heißt die Hellenisten der jüdischen Oberschicht, die das Gesetz verlassen wollen,[57] gegen die Leugner der Willensfreiheit, die Gott selbst für ihr Versagen verantwortlich machen, und vor allem gegen jene, die Gottes gerechte Vergeltung bezweifeln. Mit stoischen Argumenten verteidigt er die Zweckmäßigkeit der Welt und Gottes

---

[55] Sir 24,30f; 33,16a.25ff; 38,34 - 39,8 (Zählung nach V. Hamp); *Hengel*, Judentum und Hellenismus 246ff.
[56] 1,1-20; 24,1-34; vgl. *Hengel*, Judentum und Hellenismus 284ff; *Marböck*, Weisheit.
[57] 41,8f; 10,6-25; 16,4; *Hengel*, Judentum und Hellenismus 270ff.

Vorsehung und Gerechtigkeit, das heißt, er versucht so etwas wie eine »popularphilosophische« Theodizee zu entwerfen. Das Übel in der Welt ist — ähnlich wie bei Chrysipp — zur gerechten Bestrafung der Sünder da.[58] Das Verhältnis Gottes zur Welt kann er in fast pantheistisch klingenden Formeln umschreiben: »und der Rede Ende sei: Er ist Alles« (oder: »Er ist das All«)[59]. Nimmt er einerseits Motive der sozialen Predigt der Propheten auf, indem er gegen die Ausbeutung der Armen durch die reichen Großgrundbesitzer polemisiert,[60] so weiß er andererseits den Reichtum zu schätzen, kennt die griechischen Mahlsitten, verteidigt die Konsultation des Arztes und preist das Ansehen und die politische Bedeutung des Weisen, der im Auftrage der Großen fremde Länder bereist.[61] Auch er kennt — ähnlich wie Kohelet — die griechische Gnomik,[62] verherrlicht aber nicht Weisheit und Helden fremder Völker, sondern allein die Tora und die großen Gottesmänner der heiligen Geschichte von Adam und Henoch bis zu seinem Zeitgenossen, dem Hohenpriester Simon dem Gerechten,[63] dessen Söhne er freilich vor Zwiespalt warnt:[64] Die hellenistische Reform warf bei Abschluß seines Werkes etwa um 180 v. Chr. bereits ihre Schatten voraus. Das eschatologische Gebet mit der Bitte um Befreiung vom Joch der Heiden zeigt deutlich, daß er der seleukidischen Fremdherrschaft sehr kritisch gegenüberstand. In weisheitlicher Vorsicht weiß er jedoch seine Kritik zu kaschieren, und auch dieses Gebet ist eingerahmt von einem fast philosophisch universalen Gottesbegriff.

---

[58] 39,24-34; *Hengel*, Judentum und Hellenismus 256ff; vgl. *Marböck*, Weisheit 134ff; *R. Pautrel*, Ben Sira et le stoïcisme: RechSR 51 (1963) 535-549; *J. L. Crenshaw*, The Problem of Theodicy in Sirach ...: JBL 94 (1975) 47-64.

[59] 43,27, vgl. *Marböck*, Weisheit 150 Anm. 13; 170 Anm. 46.

[60] 34(G31),24-27; 13,2-5; 4,1ff.8ff; 21,5; *Hengel*, Judentum und Hellenismus 249f; *Tcherikover*, Hellenistic Civilization 144ff.

[61] 10,27; 13,24; 25,3 u. ö.; 31,12ff; 32,3ff; 34,9ff; 38,1.12 (vgl. dagegen das wenig frühere 2 Chr 16,12); 39,4; dazu *Marböck*, Weisheit 160ff.

[62] Eine Vielzahl von Parallelen bringt *Middendorp*, Stellung 7-34.

[63] 44,1 - 50,24; *Th. Maertens*, L'Éloge des Pères (Ecclésiastique XLIV-L) Bruges 1956; *E. Bickerman*, La chaîne de la tradition pharisienne: RB 59 (1952) 44ff; *Hengel*, Judentum und Hellenismus 248f.

[64] Sir 50,23f.

Es beginnt mit der Bitte: »Rette uns, du Gott des Alls ...« und schließt: »und alle Enden der Erde sollen erkennen, daß du der ewige Gott bist«[65]. Die viel verhandelte Frage, ob Ben-Sira ein »Antihellenist« oder ein »Hellenistenfreund« gewesen sei, stellt vor eine falsche Alternative.[66] Sie muß von der zwiespältigen historischen Situation in Judäa in vormakkabäischer Zeit her beurteilt werden. Außerdem sollte man zwischen hellenisierender Form und der fremdenfeindlichen Grundtendenz unterscheiden.[67] Er war ein religiös konservativer, toratreuer, nationaldenkender jüdischer »Sôfer« (Schriftgelehrter), der glaubte, der Tradition der Väter verpflichtet zu sein, der aber dennoch mehr, als er es wohl selbst wußte, vom Geiste seiner Zeit und das heißt von der hellenistischen Gedankenwelt geprägt war. Darüber kann jedoch kein Zweifel bestehen, daß er sich als Gegner der hellenistischen Reformer in der Stadt verstand und daß er, wenn er die Ereignisse nach 175 n. Chr. noch erlebt hat, gewiß nicht auf der Seite eines Jason, Menelaos, Alkimos oder der Tobiaden, sondern auf seiten der Makkabäer gestanden ist. Bei ihm wird jener Geist sichtbar, der uns später bei den frühen Sadduzäern wiederbegegnet, die ja ebenfalls konservative, nationaldenkende Juden waren, sich erbittert gegen die Römer und die Machtergreifung des Herodes wehrten und doch die hellenistische Zivilisation und ihre Machtmittel nicht verachteten, sondern die von den Hasmonäern vollzogene Verwandlung Judäas in eine »hellenistische« Monarchie unterstützten.

Es wäre zum Schluß noch auf die Oppositionsbewegung der *Ḥasidim*[68] einzugehen, die sich kurz vor oder zu Beginn der hellenistischen Reform organisatorisch zusammenschlossen. Selbst, ja gerade bei ihnen, die dem Geist des Hellenismus in besonders schroffer Ab-

---

[65] Sir 36,1-22, s. o. S. 72.
[66] In jüngster Zeit hat *Middendorp,* Stellung, versucht, Ben-Sira als ausgesprochenen »Hellenisten« darzustellen. Aber auch er muß zugeben, daß Ben-Sira auf der Seite des Hohenpriesters Simon steht und Gegner der Tobiaden ist, 167ff. Zurückhaltender urteilt *Marböck,* Weisheit 168ff. S. meine Rezension des Buches von Middendorp, JSJ 5 (1974) 83-87.
[67] S. *Smith,* Palestinian Parties 79ff und seine Warnung vor falschen Alternativen.
[68] 1 Makk 2,42; 7,13 und 2 Makk 14,6; vgl. *Hengel,* Judentum und Hellenismus 319ff; *Schürer/Vermes/Millar,* History I 157.

lehnung gegenüberstanden, wird der Einfluß der neuen Zeit sichtbar. Dies gilt von der freien Organisationsform des religiösen Vereins, die später vom »jaḥad« (κοινόν) der Qumran-Essener und von den »ḥᵃbûrôt« der Pharisäer aufgenommen wurde[69] und die man als Zeichen eines neuen religiösen Individualismus, der auf der freien Entscheidung — der »Umkehr« — des einzelnen beruhte, verstehen muß. Zeichen des Geistes einer neuen Zeit sind auch viele ihrer religiösen Anschauungen, die sich vor allem in dem aus ihren Kreisen kommenden apokalyptischen Schrifttum niedergeschlagen haben. Es wäre dabei falsch, wollte man die von apokalyptischem Denken geprägten *Ḥasidim* in einen bewußten Gegensatz zur jüdischen Weisheit oder auch zum Tempelkult[70] stellen. In Wirklichkeit ging die Spaltung des Volkes durch die Priester- und Levitenschaft sowie durch den Schriftgelehrtenstand hindurch. Ein neues Phänomen in der ḥasidischen Apokalyptik war, daß in ihr der Anspruch auf besondere Offenbarungen göttlicher Weisheit erhoben wurde. Der Begriff des Geheimnisses erhielt darin zentrale theologische Bedeutung.[71] Neben die durch Tradition vermittelte Weisheit trat eine »höhere Weisheit«, die durch eine revelatio specialis empfangen wurde, durch Visionen und Träume, durch Himmels- und Höllenreisen, durch Engelerscheinungen und Inspiration. Es handelt sich dabei um die gleichen Offenbarungsformen, die uns auch in der hellenistischen Umwelt begegnen, man sprach gewissermaßen dieselbe »religiöse Koine«.[72] Die Blütezeit der jüdischen Apokalyptik ab dem 2. Jahrhundert v. Chr., die in der Form der Sibylle dann rasch auf die Diaspora übergriff, läuft parallel zu der Er-

---

[69] *Hengel*, Judentum und Hellenismus 447ff; W. *Tyloch*, Les Thiases et la Communauté de Qumran, in: Fourth World Congress of Jewish Studies. Papers I, Jerusalem 1967, 225-228.

[70] So etwas zu einseitig in dem sonst sehr verdienstvollen Buch von O. *Plöger*, Theokratie und Eschatologie (WMANT 2) Neukirchen Kreis Moers 1959. Dies zeigen schon die Bedeutung des Tempels im Danielbuch und der Kampf von Ḥasidim, Essenern und Pharisäern um die Reinheit des Tempels und seines Kultes.

[71] So vor allem das persische Lehnwort »raz« bei Daniel 2,18f.27-30.47 und das Qumranschrifttum und äth. Hen. 16,3; 38,3; 103,2; 104,12. Vgl. *Hengel*, Judentum und Hellenismus 370f.

[72] *Hengel*, Judentum und Hellenismus 381-394.

neuerung der »Offenbarungsreligion« in der hellenistischen Welt, die dort freilich zeitlich etwas später einsetzte und erst in der Kaiserzeit ab dem 2. Jahrhundert n. Chr. ihren Höhepunkt erreichte. Ein weiterer wesentlicher Punkt war die Entstehung der individuellen, den Tod überwindenden Hoffnung in Verbindung mit der Vorstellung des Totengerichts. Die Entwicklung der Zukunftshoffnung über den Tod hinaus hatte dann wieder wesentlichen Einfluß auf die Begräbnissitten und Grabformen, die sich in späthellenistisch-römischer Zeit besonders intensiv entwickelten. In Palästina nahm diese Erwartung die typisch jüdische Form der leiblichen Auferstehung von den Toten an, daneben entwickelte sich aber auch — gewiß unter griechischem Einfluß — der Gedanke der Unsterblichkeit der Seele, der vor allem in der Diaspora wirksam wurde. Beides war jedoch durchaus variabel und kombinierbar. Die Entfaltung der Hoffnung über den Tod hinaus hängt dabei eng mit der vor allem durch die Verfolgungen aufgebrochenen Frage der Theodizee zusammen. In Griechenland waren die Unsterblichkeitshoffnung, die Erwartung eines Totengerichts und die Vorstellung von Orten der Belohnung und der Strafe für die Toten sehr viel älter. Einflüsse von dieser Seite auf die frühe jüdische Apokalyptik sind daher nicht ausgeschlossen. Dies gilt besonders für den Gedanken der astralen »Unsterblichkeit« und der Zukunftshoffnung für die weisen Lehrer, die uns schon am Ende des Danielbuches begegnet.[73] Schließlich wäre auch die mit der Weltreichsidee verbundene Vorstellung von der Einheit der Weltgeschichte zu nennen, die sich in der Auseinandersetzung mit den hellenistischen Monarchien herausgebildet hat. Die nahe Gottesherrschaft wird in Kürze der übermächtig gewordenen Hybris des Weltreichs ein Ende bereiten. Das Bild von den vier absteigenden Metallen als Symbolen für die Weltreiche im Traum Nebukadnezars erinnert an die vier metal-

---

[73] Dan 12,2f; äth. Hen. 104,2. *T. F. Glasson*, Greek Influence in Jewish Eschatology, London 1961; *Hengel,* Judentum und Hellenismus 357-369; *G. W. E. Nickelsburg*, Resurrection, Immortality and Eternal Life in Intertestamental Judaism (Diss. Harvard 1972); *G. Stemberger*, Der Leib der Auferstehung (Analecta Biblica 56) Rom 1972; *E. M. Meyers*, Jewish Ossuaries, Reburial and Rebirth (Biblica et Orientalia 24) Rom 1971.

lenen Weltzeitalter Hesiods, die das antike Geschichtsdenken entscheidend formten.[74] Die religionsgeschichtlich völlig neue, unter eschatologischem Vorzeichen stehende universale Missionsidee des griechischsprechenden Urchristentums und hier besonders des Paulus ist eine letzte Konsequenz der universalen hellenistisch-apokalyptischen Vorstellung von der einen »οἰκουμένη«, der Einheit der bewohnten, zivilisierten Welt. Umgekehrt hat die jüdische und iranische Apokalyptik ihrerseits wieder die antike Dichtung beeinflußt. Das schönste Beispiel dafür ist die 4. Ekloge Vergils.[75]
Die Aufnahme hellenistischer Zivilisation, ihrer Sprache, ihrer Literatur und ihres Denkens, durch das antike Judentum und seine Auseinandersetzung mit ihr ist so überaus spannungsreich und vielfältig. Sie hatte im palästinischen Mutterland nur teilweise eine andere Form als in der Diaspora, sie ging durch fast alle Schichten und Gruppen des Volkes hindurch und betraf sowohl den politisch-wirtschaftlichen als auch den geistig-religiösen Bereich. Die Reaktion der einzelnen Bevölkerungsschichten und Gruppen war ebenfalls recht verschieden. Die Aristokratie zeigte sich gegenüber der neuen Lebensform und ihrer Bildung am stärksten aufgeschlossen, sie war auch in besonderer Weise von der Assimilation bedroht. Aber auch der oppositionelle Weise, der ḥasidische Apokalyptiker oder der jüdisch-hellenistische »Apologet«, die alle das Erbe der Väter unverkürzt bewahren wollten, blieben in diesem politischen und geistigen Kampf nicht unbeeinflußt vom Denken der neuen Zeit. Gerade durch die Aufnahme und intensive Verarbeitung fremder Ideen gewann das antike Judentum die innere Kraft, dem Sog der fremden und verführerischen Zivilisation zu widerstehen und selbst im fremden Sprachgewand und in Verbindung mit neuen Denk- und Ausdrucksformen das ihm anvertraute religiöse Erbe zu bewahren und seinem göttlichen Auftrag in der Geschichte treuzubleiben. *Aufs Ganze gesehen kann man darum das Judentum der hellenistisch-römischen Zeit im Mutterland wie in der Diaspora*

---

[74] *Hengel*, Judentum und Hellenismus 332ff; *B. Gatz*, Weltzeitalter, goldene Zeit und sinnverwandte Vorstellungen (Spudasmata 16) Hildesheim 1967.
[75] *H. C. Gottoff*, On the Fourth Eclogue of Vergil: Philologus 111 (1967) 66-79; *Gatz*, Weltzeitalter 87ff.

als »hellenistisches Judentum« bezeichnen.[76] Gerade der christliche Theologe wird jene hellenistisch-frühromische Geschichte des antiken Judentums im palästinischen Mutterland wie in der Diaspora als eine echte »praeparatio evangelica« betrachten dürfen. Es ist kein Zufall, daß Euseb eine so große Zahl jüdisch-hellenistischer Fragmente aus der Diaspora und Palästina in sein Werk, das diesen Namen trägt, aufgenommen hat.

---

[76] S. *Hengel,* Judentum und Hellenismus 192ff.567; *Smith,* Palestinian Parties 81: »We shall do better to recognize ›hellenistic‹ as a cultural classification distinct both from ›Greek‹ and from ›oriental‹, and see the civil conflicts of the Seleucid and Ptolemaic empires as conflicts between various groups of a single cultural continuum — the hellenistic«.

Literatur

Abel F.-M., Alexandre le Grand en Syrie et en Palestine: RB 43 (1934) 528-545; RB 44 (1935) 42-61.
— Géographie de la Palestine, I.II, Paris ³1967.
— Histoire de la Palestine depuis la conquête d'Alexandre jusqu'à l'invasion arabe, I.II, Paris 1952.
— La Syrie et la Palestine au temps de Ptolémée Ier Soter: RB 44 (1935) 559-581.
Bengtson H., Griechische Geschichte von den Anfängen bis in die römische Kaiserzeit (HAW III/4) München ⁴1969.
— Die Strategie in der hellenistischen Zeit, I-III (Münchener Beiträge zur Papyrusforschung und antiken Rechtsgeschichte 26.32.36) München 1937-52, verb. Neudr. 1964/67.
Berve H., Das Alexanderreich auf prosopographischer Grundlage, I.II, München 1926.
Bi(c)kerman(n) E. J., Chronology of the Ancient World, London 1968.
— La Coelé-Syrie. Notes de Géographie historique: RB 54 (1947) 256-268.
— Der Gott der Makkabäer, Berlin 1937.
— Institutions des Séleucides (Bibliothèque archéologique et historique 26) Paris 1938.
— The Septuagint as a Translation: PAAJR 29 (1959) 1-39.
Braun R., Kohelet und die frühhellenistische Popularphilosophie (BZAW 130) Berlin 1973.
Braunert H., Binnenwanderung (Bonner historische Forschungen 26) Bonn 1964.
Deissmann A., Licht vom Osten, Tübingen ⁴1923.
Delcor M., Le Livre de Daniel, Paris 1971.
Denis A.-M., Fragmenta Pseudepigraphorum quae supersunt Graeca, Leiden 1970.
— Introduction aux pseudépigraphes grecs d'Ancien Testament, Leiden 1970.
Feldman L. H., The Orthodoxy of the Jews of Hellenistic Egypt: Jewish Social Studies 22 (1960) 215-237.
Fraser P. M., Ptolemaic Alexandria, I-III, Oxford 1972.
Frey J.-B., Corpus Inscriptionum Iudaicarum, I.II, Rom 1936/52.
Gager J. G., Moses in Greco-Roman Paganism (JBL Monograph Series 16) Nashville-New York 1972.
Hadas M., Hellenistic Culture. Fusion and Diffusion, New York 1959.
Harmatta J., Irano-Aramaica (Zur Geschichte des frühhellenistischen Judentums in Ägypten): Acta Antiqua 7 (1959) 337-409.
Hengel M., Anonymität, Pseudepigraphie und »Literarische Fälschung« in der jüdisch-hellenistischen Literatur, in: Pseudepigrapha I (Entretiens sur l'antiquité classique XVIII) Vandoeuvres-Genève 1972, 229-329.

— Judentum und Hellenismus (WUNT 10) Tübingen ²1973.
— Proseuche und Synagoge. Jüdische Gemeinde, Gotteshaus und Gottesdienst in der Diaspora und in Palästina, in: Tradition und Glaube. Festg. für K. G. Kuhn, Göttingen 1971, 157-184.
— Die Synagogeninschrift von Stobi: ZNW 57 (1966) 145-183.
— Zwischen Jesus und Paulus. Die »Hellenisten«, die »Sieben« und Stephanus: ZThK 72 (1975) 151-206.
Jones A. H. M., The Cities of the Eastern Roman Provinces, Oxford ²1971.
Jüthner J., Hellenen und Barbaren (Das Erbe der Alten N.F. VIII) Leipzig 1923.
Kahrstedt U., Syrische Territorien in hellenistischer Zeit (AGG, phil.-hist. Kl. NF XIX, 2) Berlin 1926.
Kippenberg H. G., Garizim und Synagoge (Religionsgeschichtliche Versuche und Vorarbeiten 30) Berlin-New York 1971.
Launey M., Recherches sur les armées hellénistiques, I.II (Bibliothèque des Écoles françaises d'Athènes et de Rome 169) Paris 1949/50.
Lenger M.-Th., Corpus des Ordonnances des Ptolémées (Académie royale de Belgique, Mémoires LXI, 3) Bruxelles 1964.
Marböck J., Weisheit im Wandel (BBB 37) Bonn 1971.
Middendorp Th., Die Stellung Jesu ben Siras zwischen Judentum und Hellenismus, Leiden 1973.
Mørkholm O., Antiochus IV of Syria (Classica et Mediaevalia Diss. VIII) København 1966.
Niese B., Geschichte der griechischen und makedonischen Staaten, I-III, Nachdr. Darmstadt 1963.
Peters J. P./Thiersch H., Painted Tombs in the Necropolis of Marissa, London 1905.
Peremans W., Vreemdelingen en Egyptenaren in Vroeg-Ptolemaeisch Egypte, Louvain 1943.
Pfister F., Alexander d. Gr. in den Offenbarungen der Griechen, Juden, Mohammedaner und Christen (AAB 1956, Schriften der Sektion Altertumswissenschaft Heft 3).
— Eine jüdische Gründungsgeschichte Alexandrias (SAH, phil.-hist. Kl. 1914, 11).
Préaux C., L'économie royale des Lagides, Bruxelles 1939.
— Les Grecs en Égypte d'après les archives de Zénon, Bruxelles 1947.
Reinach Th., Textes d'auteurs grecs et romains relatifs au Judaïsme, Paris 1895, Nachdr. Hildesheim 1963.
Rostovtzeff M., Dura-Europos and its Art, Oxford 1938.
— The Social and Economic History of the Hellenistic World, I-III, Oxford 1941.
Schalit A., König Herodes (Studia Judaica IV) Berlin 1969.

— (ed.), The World History of the Jewish People, VI, The Hellenistic Age, Jerusalem 1972.
Schmitt H. H., Untersuchungen zur Geschichte Antiochos' des Großen und seiner Zeit (Historia Einzelschriften 6) Wiesbaden 1964.
Schürer E., Geschichte des jüdischen Volkes im Zeitalter Jesu Christi, I-III, Leipzig ^{3,4}1901-09.
Schürer E./Vermes G./Millar F., The History of the Jewish People in the Age of Jesus Christ, I, London 1973.
Seibert J., Alexander der Große (Erträge der Forschung 10) Darmstadt 1972.
— Untersuchungen zur Geschichte Ptolemaios' I. (Münchener Beiträge zur Papyrusforschung und antiken Rechtsgeschichte 56) München 1969.
Sellers O. R., Coins of the 1960 Excavation at Shechem: BA 25 (1962) 87-96.
Sevenster J. N., Do You Know Greek? (Suppl. NovTest 19) Leiden 1968.
Smith Morton, Palestinian Parties and Politics that Shaped the Old Testament, New York-London 1971.
Speyer W., Barbar A/B: Jahrbuch für Antike und Christentum 10 (1967) 251-267.
Stern M., Greek and Latin Authors on Jews and Judaism, I, From Herodotus to Plutarch, Jerusalem 1974.
Tarn W. W./Griffith G. T., Hellenistic Civilization, Cleveland-New York ^{3}1961.
Tcherikover (Tscherikower) V., Hellenistic Civilization and the Jews, New York 1961.
— Die hellenistischen Städtegründungen von Alexander dem Großen bis auf die Römerzeit (Philologus Supplement XIX, Heft 1) Leipzig 1927.
— Palestine under the Ptolemies: Mizraim 4/5 (1937) 7-90.
Tcherikover V. A./Fuks A., Corpus Papyrorum Judaicarum, I-III, Cambridge/Mass. 1957-64.
Thissen H.-J., Studien zum Raphiadekret (Beiträge zur klassischen Philologie Heft 23) Meisenheim am Glan 1966.
Treu K., Die Bedeutung des Griechischen für die Juden im römischen Reich: Kairos 15 (1973) 123-144.
Uebel F., Die Kleruchen Ägyptens unter den ersten sechs Ptolemäern (AAB, Kl. für Sprachen, Literatur und Kunst 1968, 3) Berlin 1968.
Vatin C., Recherches sur le mariage et la condition de la femme mariée à l'époque hellénistique (Bibliothèque des Écoles françaises d'Athènes et de Rome 216) Paris 1970.
Walter N., Der Thoraausleger Aristobulos (TU 86) Berlin 1964.
Weinberg S. S., Tel Anafa: The Hellenistic Town: IEJ 21 (1971) 86-109.
Welles C. B., Royal Correspondence in the Hellenistic Period, New Haven-London 1934.

Welten P., Geschichte und Geschichtsdarstellung in den Chronikbüchern (WMANT 42) Neukirchen-Vluyn 1973.

Westermann W. L./Keyes C. W./Liebesny H., Zenon Papyri, II (Columbia Papyri Greek Series No. 4) New York 1940.

Will É., Histoire politique du monde hellénistique (323-30 av. J.-C.), I.II, Nancy 1966/67.

Stammtafeln und Karten

Die folgenden drei Stammtafeln wurden erstellt unter Benutzung von Stammtafeln in H. Bengtson, Griechische Geschichte von den Anfängen bis in die römische Kaiserzeit (HAW III/4) München ⁴1969, 569-571, und im Lexikon der Alten Welt, Zürich-Stuttgart 1965, 173f.2475f.2759f (H. H. Schmitt).

Die erste Karte ist ein Ausschnitt aus der Karte 29a »Die hellenistische Staatenwelt um 240 v. Chr.« im Großen Historischen Weltatlas, Herausgegeben vom Bayerischen Schulbuch-Verlag, I. Teil, München ⁵1972. Die zweite und dritte wurden gestaltet in Anlehnung an M. Avi-Yonahs Karten »Hellenistic Palestine« in The Jewish People in the First Century, I, ed. S. Safrai/M. Stern, Assen 1974, 82f (Map II) und »The Land of Israel in the Hellenistic Period (333-167 B. C.)« im Atlas of Israel, Jerusalem-Amsterdam ⁽²⁾1970 (IX/5 A); sie sind lediglich ein Versuch, die politische Gliederung des hellenistischen Palästinas wiederzugeben.

1. DIE ANTIGONIDEN

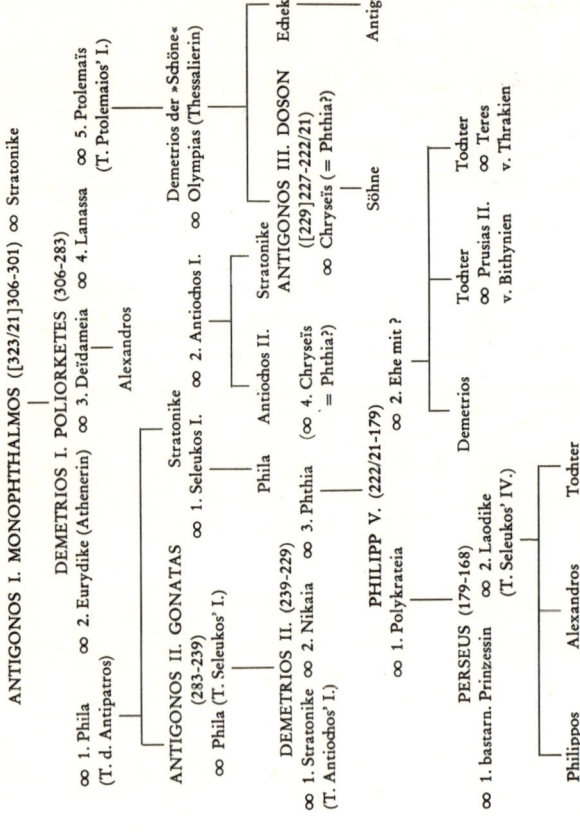

2. DIE PTOLEMÄER (bis Ptolemaios VIII.)

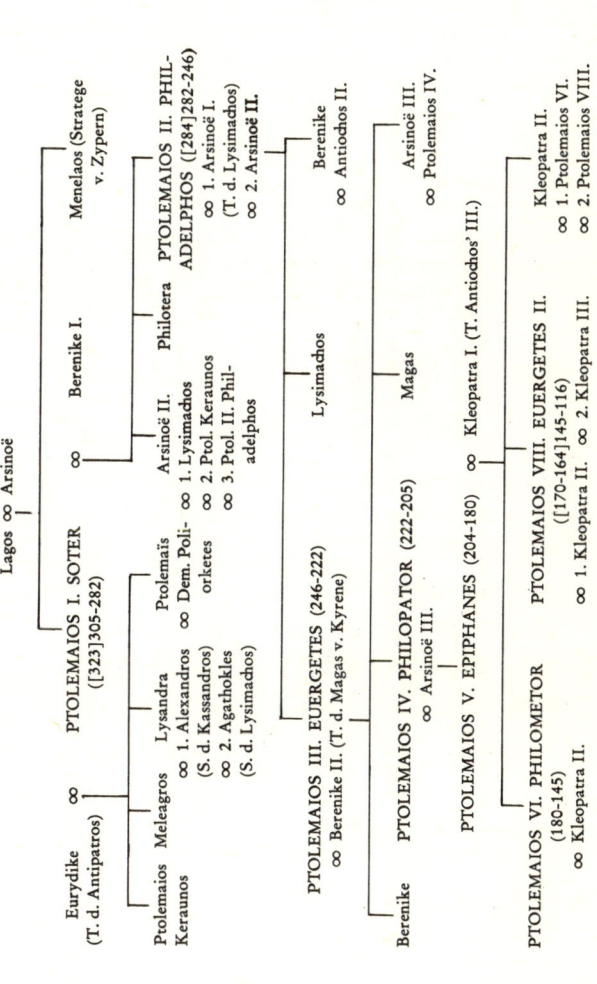

183

3. DIE SELEUKIDEN (bis Antiochos IV.)

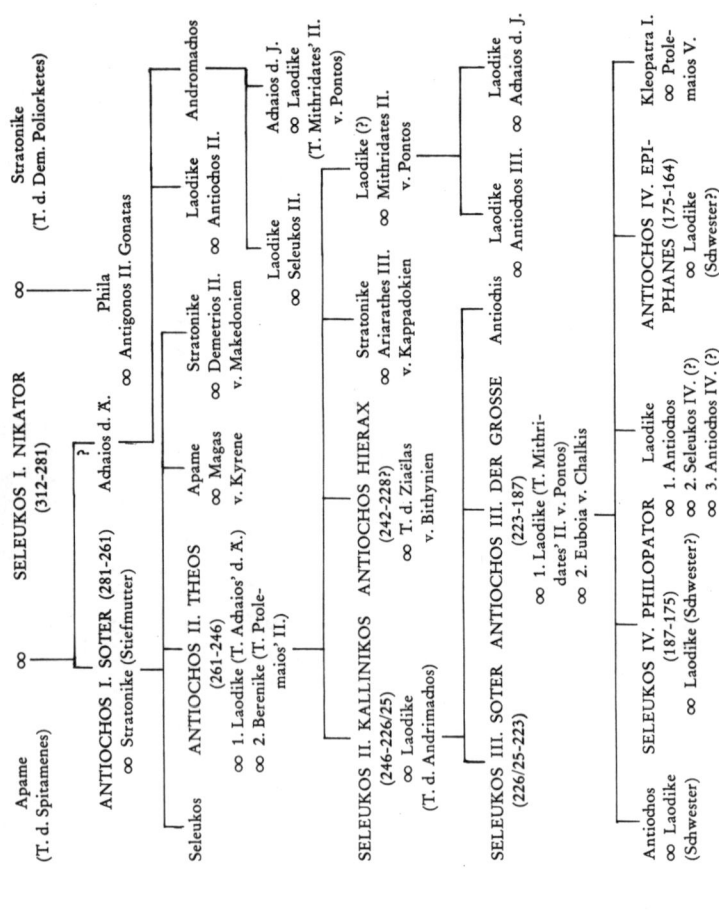